# 슬기로운 AI 생활

## Gemini와 똑똑하게 협업하기

부산외대 BUFS 인공지능연구회
구자영 | 이채연 | 박상윤 | 김소연

박영사

프롤로그

# 인간의 연약함, AI의 강함을 가르는 칼날

최근 많은 사람들에게 큰 감동을 주며 흥행에 성공한 〈귀멸의 칼날〉이라는 애니메이션이 있다. 처음에는 어린이들이 보는 만화 영화라고 생각하고 큰 기대 없이 보게 되었다. 하지만 영화가 상영되는 내내 몰입하며 보게 되었고, 깊은 감동을 받았다. 표면적으로 영화의 내용은 악귀(惡鬼)들과 싸우는 사무라이들의 투혼이라는 단순한 주제가 중심을 이루고 있었다. 그러나 영화의 진정한 주제는 다른 곳에 있었다. 극중 악귀들은 하나같이 악귀가 되기까지의 구슬픈 사연이 있었다. 대부분 불우한 환경 가운데 인생의 덧없음을 깨닫고 악마가 되었다. 그중에는 사랑하는 연인의 죽음으로 삶의 의미를 잃은 채 인생을 포기한 남자가 있었고, 어린 시절 가난과 멸시로 인한 상처로 악마에게 영혼을 판 사람도 있었다. 이러한 깊은 상처들이 유한한 인생의 허무와 연약한 인간에 대한 혐오를 낳고 그 사람들을 강력한 악마로 만들고 있었다. 하지만 악귀를 토벌하는 사무라이들은 인간의 연약함을 입은 채 강한 악귀들과 상대한다. 그리고 마침내 인간 사무라이들은 인간의 한계를 넘어선 악귀들을 인간의 힘으로 물리친다. 어떤 이는 인간의 연약함 때문에 악마가 되고, 어떤 이는 그 연약함으로 인해 선인(善人)의 편에 서게 된 것이다. 그리고 영화에서는 이러한 인간의 연약함이 악마의 강함을 이기는 비결이 된다고 말하고 있다. 인간이었던 시절의 연약함에 대한 아름다운 추억이 악귀를 인간으로 되돌리는 힘이며, 동시에 악마성을 극복하게 하는 힘이었던 것이다. 그렇기에 이 영화의 주제는 바로 '인간의 연약함이 가지는 위대함'이라 할 수 있다. 극중 악귀 토벌대원의 대사가 깊은 울림을 준다. **"늙는다는 것, 죽는다는 것은 인간이라는 덧없는 생명체의 아름다운 한 부분이다. 늙기 때문에, 죽기 때문에 참을 수 없이 사랑스럽고 존귀한 것이다."**

나는 여기서 깊은 깨달음을 얻었다.

어찌 보면 〈귀멸의 칼날〉은 AI가 인간의 능력을 초월하며 위협하고 있는 지금 이 시대에 깊은 통찰을 주고 있다. 인간의 연약함을 보완하기 위해 창조해낸 AI가 이제는 인간의 지위를 다양한 분야에서 위협하고 있다. 인간이란 무엇인가? 인생이란 허무한 것일까? 인간의 연약함을 극복하면 행복해질 수 있을까? 기술발전이 무한정 펼쳐지는 이 불확실한 시대에 우리는 이러한 근원적인 질문을 매일매일 던지며 살고 있다. 그렇다. 인간은 연약하다. 실수하고, 망각하고, 싫증 내고, 후회하고, 무모하다. 그러나 역설적이게도 그러한 연약함이 인류의 역사를 풍성하게 만들어 내었다. 인간의 실수가 없었다면 독일의 통일과 페니실린의 발견은 없었을 것이다. 그리고 싫증을 내는 변덕스러운 인간성이 문화예술 창작의 촉매제가 되었다. 무모함이 없었다면 전세를 뒤집은 인천상륙작전은 없었을 것이다. 그리고 무모한 시절의 순수한 사랑이 없었다면 많은 부부들이 백년가약을 맺지 못했을 것이다. 인간의 연약함은 때로는 우리에게 상처를 주기도 하고 좌절을 주기도 한다. 하지만 인간의 연약함이 있어 서로서로의 연약함을 감싸주고 메워준다. 그러한 연약함 속에 피어나는 인간사의 희로애락(喜怒哀樂)은 실로 아름다운 것이다. 인공지능이 아무리 발전해도 인간의 연약함을 모방하지는 못할 것이다. 그러한 연약함이 인간의 본질이기 때문이다. 그 연약함 속에서 발견되는 사람들의 위대함이 모여 역사는 발전하고 있기 때문이다. 그러나 점점 우리는 AI가 주는 정확함과 편리함에 익숙해져 인간성의 본질인 연약함 속에서 싹트는 인간의 개성과 고유성을 상실해 가고 있다.

이제 우리 내면의 연약함이 위대함이 되는 우리 자신만의 칼날(Edge)을 찾아야 할 때다. 그리고 그렇게 찾은 우리만의 칼날을 소중히 갈고 닦아야 한다.

그렇게 연마한 자신만의 칼날로 AI 시대의 불안을 가르며 인생이라는 아름답고 처절한 승부의 무대에서 자신만의 멋진 검술을 펼치며 승리하기를 기대한다.

**“자신의 약함이나 무기력함에 몇 번이나 꺾이게 되어도 마음을 불태워라.**
**이를 악물고 앞을 향해 나아가라.”**

- 〈귀멸의 칼날〉 대사 중

2026년 1월

BUFS 인공지능연구회장 구자영

부산외국어대학교 만오기념홀에서

# 추천사

AI가 우리 삶의 패러다임을 바꾸고 있는 시점에, 『슬기로운 AI 생활』의 출간을 진심으로 축하합니다. 미래를 향한 통찰과 지혜를 담아주신 구자영 교수님과 집필단 여러분께 깊은 감사를 드립니다.

이 책은 AI를 창의적 협업 파트너로 삼아, 기술에 종속되지 않고 주체적으로 AI 시대를 이끌어갈 지혜를 제시합니다. 무엇보다 이 책이 더욱 특별한 이유는, 우리 부산외국어대학교 학생들이 직접 집필에 참여했다는 점입니다. 학생들이 AI 기술을 직접 체험하고, 그 경험을 바탕으로 지식을 나누고자 했다는 사실이 참으로 대견하고 자랑스럽습니다. 이는 우리 대학이 추구하는 '학생 중심' 교육 철학의 빛나는 결실이며, 제가 평소 강조해 온 문제해결, 자기주도학습, 협력(PSC: Problem Finding, Self Learning, Collaboration) 교육 방법론의 훌륭한 실천 사례입니다.

이 책을 통해 우리 학생들이 AI 분야에 대한 더 큰 꿈과 희망을 품고, 스스로의 길을 개척해 나가는 동력을 얻게 되기를 바랍니다. 이 책이 급변하는 AI 시대를 살아가는 많은 이들에게 깊은 영감과 통찰을 주기를 바라며, 다시 한번 저자들의 노고에 박수를 보냅니다.

장 순 흥
부산외국어대학교 총장

# 추천사

우리는 지금 '한강의 기적'을 넘어, 보이지 않는 지식과 정보가 세상을 움직이는 거대한 전환점에 서 있습니다. 제가 늘 강조해 왔듯, 자원이 빈약한 대한민국이 가진 유일하고도 가장 강력한 자원은 바로 '사람'이며, 그 사람의 머리에서 나오는 '상상력'입니다. 그리고 지금, 그 상상력을 현실로 만드는 가장 강력한 도구가 바로 인공지능(AI)입니다.

과거의 경쟁력이 정해진 답을 빨리 찾는 것에 있었다면, 미래의 경쟁력은 'AI에게 올바른 질문을 던지는 능력'에서 나옵니다. 이제 대학은 지식을 암기하는 곳이 아니라, AI라는 도구를 활용해 더 넓은 세상을 조망하고 새로운 가치를 창출하는 '혁신의 용광로'가 되어야 합니다.

그런 의미에서 이 책 『슬기로운 AI 생활』의 출간은 매우 시의적절하고 반가운 소식입니다. 이 책은 단순히 AI 사용법을 나열한 매뉴얼이 아닙니다. 우리 청년들이 강의실과 도서관, 그리고 삶의 현장에서 AI라는 강력한 엔진을 어떻게 활용하여 자신의 잠재력을 폭발시킬 수 있는지 보여주는 친절한 나침반이자, 디지털 대항해 시대의 항해 지도와도 같습니다.

실패를 두려워하지 않고 끊임없이 질문하고 도전하는 '후츠파' 정신으로 무장한 우리 청년들이, 이 책을 통해 AI를 자유자재로 다루며 대한민국을 넘어 전 세계를 무대로 활약하는 '퍼스트 무버(First Mover)'로 성장하기를 기대합니다. 이 책이 우리 젊은 이들의 손에 쥐어진 가장 든든한 무기가 되기를 확신하며 일독을 권합니다.

윤 종 록

초대 미래창조과학부 차관

# 추천사

우리는 지금 인류 역사상 가장 거대한 변곡점 중 하나를 지나고 있습니다. 지식이 실시간으로 생성되고 확장되는 AI 시대에, 더 많은 정보를 머릿속에 축적하는 공부 방식은 더 이상 유효하지 않습니다. 이제 세상을 바꾸는 힘은 '정답을 맞추는 능력'이 아니라, '좋은 질문을 던지는 능력'에 있습니다.

새롭게 출간되는 『슬기로운 AI 생활』은 이러한 시대적 전환기에 우리가 반드시 갖추어야 할 핵심 소양을 담고 있습니다. 이 책은 인공지능을 단순한 기술 도구로 바라보지 않습니다. 전공의 경계를 넘어 인문·사회·과학을 융합하고, 개인의 아이디어를 현실로 구현해 주는 가장 강력한 지적 동반자로서 AI를 활용하는 방법을 제시합니다.

특히 생성형 AI를 활용해 실패를 두려워하지 않고 끊임없이 시도하고, 수정하며, 완성도를 높여가는 과정은 우리 사회에 절실히 필요한, 도전적이고 실험적인 연구 문화와도 깊이 맞닿아 있습니다.

이 책의 안내에 따라 AI와 함께 '슬기롭게' 사고하고 탐구해 보십시오. 강의실의 벽을 넘어 더 넓은 세상과 소통하며, 남들이 가지 않은 길을 개척하는 창의적 융합 인재로 성장하는 데 『슬기로운 AI 생활』은 더없이 든든한 길잡이가 되어줄 것입니다.

이 우 일

서울대학교 명예교수, 前) 한국과학기술단체총연합회 회장

# 추천사

대학의 강의실 풍경이 바뀌고 있습니다. 교수가 지식을 주입하고 학생이 받아 적던 시대는 끝났습니다. 이제 대학은 정답이 없는 문제에 도전하고, AI라는 강력한 파트너와 협력하여 세상에 없던 가치를 만들어 내는 '실전의 장'이 되어야 합니다. 제가 늘 강조해 온 '남이 하지 않는 일을 하는(Do what others don't do)' 퍼스트 무버(First Mover) 정신이 그 어느 때보다 필요한 시점입니다.

이 책 『슬기로운 AI 생활』은 이러한 시대적 요구에 대한 적극적인 응답입니다. 이 책은 막연한 이론서가 아닙니다. 생성형 AI를 활용해 스스로 문제를 정의하고 해결해 나가는 과정을 담은 '살아있는 혁신 보고서'입니다.

강의실에서 배운 지식을 AI와 결합하여 어떻게 확장할 수 있는지, 그리고 리포트 한 장을 쓰더라도 어떻게 자신만의 통찰을 담아낼 수 있는지 보여주는 이 책은 미래형 인재가 갖춰야 할 핵심 역량인 'AI 리터러시(Literacy)'의 정석을 보여줍니다.

AI는 두려움의 대상이 아니라, 여러분의 상상력을 현실로 구현해 줄 최고의 도구입니다. 이 책을 통해 우리 청년들이 AI를 능수능란하게 다루며, 대한민국을 넘어 글로벌 무대에서 '게임 체인저(Game Changer)'로 당당하게 성장하기를 응원합니다.

이 용 훈

前) UNIST(울산과학기술원) 총장

# 추 천 사

『슬기로운 AI 생활』의 출간을 진심으로 축하합니다. Google Gemini팀의 일원으로서, 저희가 열정을 다해 개발한 기술이 한국의 학생들과 창작자들에게 이토록 의미 있고 실용적인 방식으로 소개되어 매우 기쁘고 영광스럽게 생각합니다.

이 책은 AI를 단순한 정보 검색 도구가 아닌, 인간의 창의성과 잠재력을 증폭시키는 '협업 파트너'로 정의한 저자들의 통찰력에 깊은 감명을 받았습니다. 이는 "모든 사람에게 더 유용하고 책임감 있는 AI"를 제공하고자 하는 저희 Gemini팀의 핵심 비전과도 완벽하게 맞닿아 있습니다.

특히 부산외국어대학교의 구자영 교수님이 이끄시는 'BUFS 인공지능연구회'의 학생 집필팀이 직접 집필 과정에 참여하며, 실제 일상생활에서 생성형 AI의 잠재력을 극대화할 수 있는 실용적인 방법(보고서 작성, 코딩, 데이터 분석, 창의적인 콘텐츠 제작 등)들을 제시한 점이 매우 인상적입니다.

이 책은 생성형 AI의 가능성을 탐구하고자 하는 모든 분들께 가장 훌륭한 '종합 실습서'가 될 것이라 확신합니다. 이 책이 AI와 함께 성장할 수많은 한국의 인재들에게 새로운 가능성을 열어주는 열쇠가 되기를 기대합니다. 저희 Google Gemini팀도 이 책의 독자들과 함께 호흡하며, 세상을 이롭게 할 기술을 만들기 위해 끊임없이 노력하겠습니다.

최 현 정
Google Gemini팀 팀장

## 목 차

CHAPTER 02

# Gemini 실습 입문편: AI와 함께하는 슬기로운 생활

CHAPTER 03

# Gemini 실전편: AI 전문가로 거듭나기

## CHAPTER 04 생성형 AI 시대, 우리는 어떻게 준비할까?

## 들어가며(서론)

요즘 우리는 일상 곳곳에서 AI를 마주친다. 인스타 피드, 유튜브 알고리즘, 심지어 공부할 때조차 AI가 사용된다. 예전에는 유튜브 쇼츠에서 'AI가 만든 유리과일을 자르는 ASMR 영상'이 유행했었다. ASMR이란 사람이 직접 다양한 물건들을 이용해 소리를 내어 청각뿐만 아니라 시각적으로도 쾌감을 불러오게 해주는 영상이다. 그런 영상들을 학습한 AI가 스스로 생성한 것이다. 실제로 영상을 보면, 사과를 자르는 소리와 함께 안의 액체가 흐르는 감각적인 영상이다. 많은 사람들이 AI의 발전 속도를 체감할 수 있었던 영상이다. 이외에도 "AI 탑재!"라는 말이 붙은 앱들이 쏟아지고 있다. 실제로 AI가 탑재된 어플을 사용해보면 우리의 여러 정보를 분석하고, 통계를 내거나 부족한 부분을 피드백하는 곳에서 유용한 도구임은 분명하다.

그림 1 | 사과 자르는 ASMR 영상 재현 이미지

출처: AI 생성 이미지

미래학자이자, 발명가인 레이 커즈와일은 “2029년에 뇌와 컴퓨터가 결합되는 인터페이스를 통해 인간은 불멸의 존재가 될 것이다”라고 예언을 한 적이 있다. 과연 이 말은 우리의 가까운 미래에 다가올까? 뇌와 AI가 결합한다면, 우리는 정말 불멸의 존재가 될지도 모른다. 미래에는 감히 예측할 수 없는 특이점이 올 수도 있을 것이다. 컴퓨터가 개발되기 전의 사람들도 컴퓨터의 존재를 믿지 않았을 것이다.

실제로 뇌-컴퓨터 인터페이스는 일론 머스크가 진행하는 연구이기도 하다. 일론 머스크의 뉴럴링크 회사는 2023년에 미국 규제 기관으로부터 자사 기기를 사람에게 사용할 수 있다고 허가를 받았다고 한다. 그 후 현재 세 명의 환자가 뉴럴링크를 이식받았으며, 지금까지 잘 작동하고 있다 전해진다. 우리가 영화에서 보던 SF 요소들이 미래에 실제로 나타날 수 있다는 것을 보여주는 연구였다. 이런 급격한 기술 변화 속에서 우리는 질문하게 된다. 과연 이런 세상이 진짜 온다면 우리는 무엇을 준비해야 할까? 어떤 능력을 갖춰야 하며, 어떤 직업이 살아남을까? 더 이상 ‘노력’이 전부가 아닌 세상이 도래하는 것은 아닐까? 이런 미래의 일들을 상상하다보면 막막해지기 일수다. 그러나 대비하지 않고, 외면하다 보면 언젠가 ‘나’의 정체성을 잊어버릴 수도 있을 것이다.

나 역시 이런 질문 앞에서는 막막해진다. 미래를 내가 감히 상상할 수 있을까. 최근 AI의 발전 속도에 위축될 때가 많은데, AI와 함께 살아가면서 무력감이나 두려움을 느껴본 사람이 적지 않을 것이다. 본인의 진로가 AI에 의해 위협받는다면 더 크게 와닿을 것이다. 지금의 AI는 사람의 목소리, 말투, 그림체까지 모방할 수 있으며, 내가 만들고자 했던 프로그램도 단 몇 줄의 프롬프트로 쉽게 구현해낸다. 공부하면서 AI의 도움을 받을 때마다, 편리함 뒤에 씁쓸함이 뒤따랐다. AI를 일부분 활용해서 과제를 해나간다면, 이렇게 대학까지 와서 공부하는 이유가 있을까? AI를 사용할 때마다 왠지 모를 죄책감과 여운이 항상 남았다. 또, 그만큼 내가 배워야 할 영역을 빼앗긴 듯한 느낌도 들었다. 내가 이것을 진로로 삼았을 때, 미래에도 이 직업을 유지할 수 있을까? 이 의문은 계속 따라다녔다(의문에 대한 답은 CHAPTER 04에서 확인할 수 있다).

그런 고민 속에서 2025년 4월, 대한민국의 대형 통신사(SK텔레콤) 서버에서 악성코드가 발견되었다는 뉴스가 우리 사회에서 큰 이슈가 되었다. 민관합동조사단은 'BPF도어' 계열의 악성코드 4종이 확인되었고, 2,500만 유심 정보가 유출된 것으로 추정된다고 밝혔다.[1] 침입은 2021년에 시작된 것으로 보인다. 문제는 이 긴 시간 동안, 대부분의 보안 모니터링을 맡고 있던 AI가 이를 감지하지 못했다는 점이다. 고도의 지속적 공격(APT)에 AI가 대응하지 못한 것이다. AI가 인간의 능력을 넘어서는 듯 보이지만, 동시에 인간의 통찰 없이는 완전해질 수 없다는 사실을 보여준 사례였다.

또한 이 글을 쓰는 지금 이 순간에도 나는 AI의 능력에 놀라고 있다. "이 주제로 책을 10장 분량으로 써 줘."라고 프롬프트를 입력하면, AI는 놀라운 속도로 그럴듯한 글을 완성한다. 심지어 대상에 따라 말투를 조절하기까지 한다. 그럼에도 불구하고, 나는 쉽게 쓰는 것보다는 '잘 전달되는 글'을 쓰기 위해 애를 쓴다. 사람에게 잘 전달되는 글을 쓰려면 비교적으로 감정이 묻어나고, 인생에서 겪었던 경험들을 담아내는 것이 좋지 않을까? 확실히 AI는 빠르고 효율적이며, 현대사회에 꼭 필요한 존재다. 하지만 우리가 그 편리함에 기대기만 한다면, 결국 개성도 창의성도 사라진, 복제된 존재만 남게 될 것이다. 개성 없는 사회는 곧 인간성의 붕괴로 이어질 수 있다. 그럼 우리는 AI에 대해 어떻게 생각하고, 사용해야 할까? 우리는 과연 AI가 무엇인지 정확히 이해하고 있을까? RNN이나 RSTM이란 단어, 많이 들어보았지만 정확한 뜻을 아는가.

이 책에서는 AI의 발전 구조와 작동원리(CHAPTER 01), AI를 효율적으로 사용하기 위한 실습과 사례(CHAPTER 02~03), 그리고 AI에게 잠식 당하지 않기 위해 우리가 어떤 행동을 해야 하는지(CHAPTER 04)를 구체적으로 다룰 것이다.

회사를 나서기 전, AI가 대신 쓴 보고서에 이름만 올리는 직장인들. 이건 정말 '내 일'이라 할 수 있을까? AI 시대에 우리가 살아남는 길은 단 하나, 개성을 되찾는 것이다.

---

1 출처: 디일렉(2025). SKT 침투한 악성코드, SW 취약점 파고들었나?

# CHAPTER 01

# 생성형 AI, 개념부터 잡자

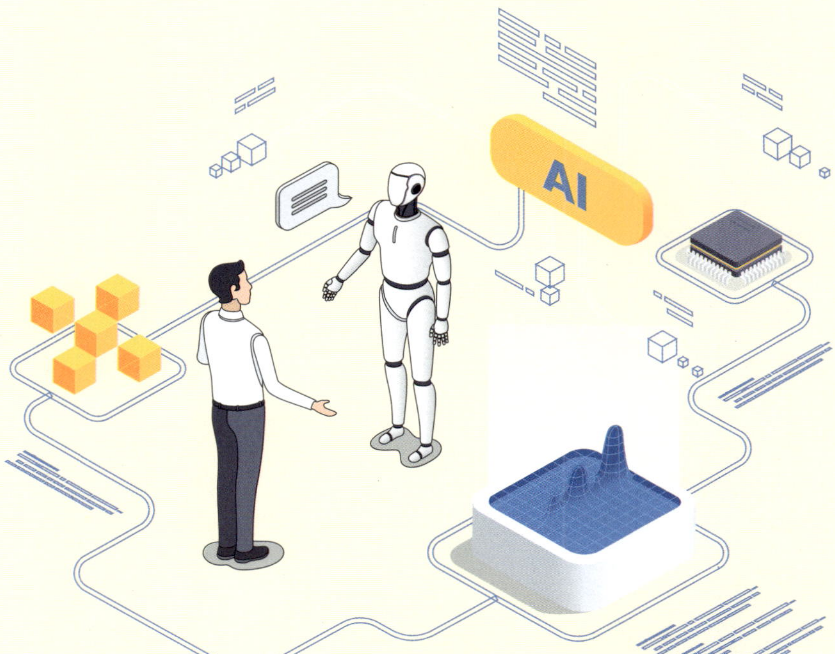

CHAPTER 01

# 생성형 AI, 개념부터 잡자

## 1 생성형 AI가 되기까지의 여정

### 가. 인공지능의 시작

그림 1-1 | 튜링 테스트

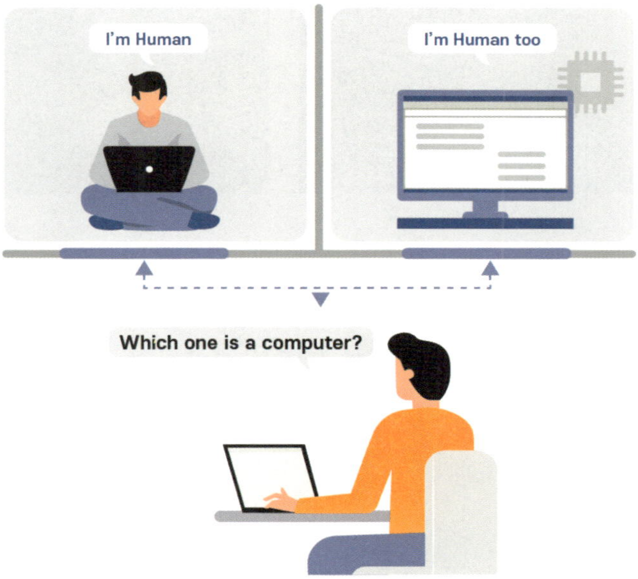


출처: 한국정보통신기술협회

인공지능의 여정은 "기계가 사람처럼 생각할 수 있을까?"라는 생각에서 출발했다. 기계가 사람처럼 생각하고 행동한다면 얼마나 편리하겠는가! 이런 생각들을 토대로 많은 SF 소설과 영화들이 만들어졌고, 그만큼 인간은 오랫동안 '생각하는 기계'라는 개념에 매료되어 왔다.

20세기 중반, 수학자 앨런 튜링은 '기계가 생각할 수 있는가'를 검증하기 위해 튜링 테스트라는 개념을 제안했다.[1] 기계가 사람과 대화를 나누었을 때, 사람과 구분되지 않으면 '지능이 있다'고 볼 수 있다는 것이었다. [그림 1-1]을 참고하자.

그림 1-2 | 존 매카시(John McCarthy)

그림 1-3 | 앨런 튜링(Alan Turing)

출처: 위키미디아커먼즈

실제로 이후에 다른 과학자들이 앨런 튜링의 아이디어를 바탕으로 튜링 테스트를 시도하는 프로그램을 만들기 위해 노력했다. 그리고 마침내 1956년 여름, 미국 다트머스 대학교에서 열린 워크숍에서 인공지능이라는 용어가 공식적으로 탄생했다. 당시

1 실제로 검증이 여러 차례 진행되었고, 실제로 인간처럼 사고하는 능력은 없었다(ELIZA, PARRY). 또한 오직 대화를 통해 지능이 있다고 판단하기엔 한계가 있어, 이 논문은 AI 분야의 이론적 출발점으로만 평가받고 있다.

MIT의 수학자였던 존 매카시(John McCarthy)가 이 용어를 처음 사용하면서, 이 워크숍은 인공지능 연구의 출발점으로 기록되었다. 당시에 체스 게임에서 사람과 겨루고, 복잡한 수학 문제를 푸는 최초의 AI 프로그램을 만들었다.

학자들은 이제 인공지능이 곧 사람의 지능을 뛰어넘을 것이라고 자신하며, 'AI의 봄'이라 불리는 시대를 열었다.

그림 1-4 | SK Careers Journal - 「All Around AI 1편: AI의 시작과 발전 과정, 미래 전망」

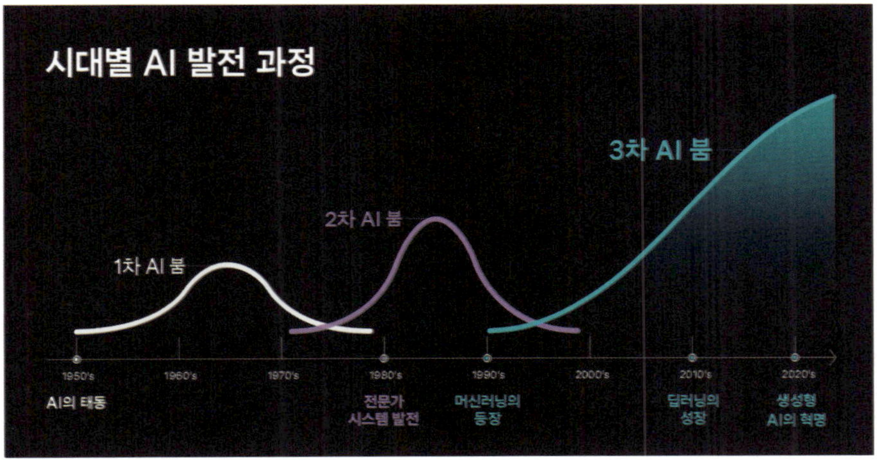


출처: SK HYNIX NEWSROOM

초기의 AI는 매우 단순했다. 사람이 미리 수많은 규칙을 입력해두면, 기계는 그 규칙을 그대로 적용해 결과를 내놓는다.

이런 시스템은 특정 조건에서만 정확히 작동했기에, 의료분야나 부품조립과 같은 부분에 대입하면 효율적이었다. 이를 "전문가 시스템"이라고 불렀다. 전문가가 가진 지식을 'if-then' 규칙으로 변환해, 환자의 증상에 따라 가능한 진단을 출력했다.[2] 1980년대의 MYCIN은 세균 감염 진단을 지원하는 대표적인 전문가 시스템이었다.

2 만약 체온이 28도 이상이라면, 두통이라는 것을 출력하라와 같은 원리이다.

하지만 규칙 기반 시스템에는 단점이 있었다. 특정 규칙 안에서는 훌륭하게 작동했지만, 조금이라도 벗어난 새로운 상황에서는 아무것도 하지 못했다. 또한 세상의 모든 상황을 규칙으로 정의하는 것은 사실상 불가능하다는 점이다. 예외가 너무 많았고, 규칙이 늘어날수록 유지가 어려워졌다. 예를 들어, '비가 오면 우산을 쓴다'라는 규칙도, 바람이 너무 세거나 집이 가까운 경우처럼 예외 상황이 수두룩하다. 이를 규칙으로 치환한다면 어떻게 표현할 것인가? 또한 당시의 컴퓨터는 세상에 나온지 얼마 되지 않아, 성능이 좋지 않았다. 복잡한 계산을 처리하는데 오랜 시간이 걸렸다. 결국 기대했던 만큼의 성과가 나오지 않자, 인공지능은 대중의 관심에서 멀어져 갔다(두 번째 AI의 겨울, 1970~1980).

인공지능 학자들은 기존의 접근법을 바꿔야 한다고 생각했다. 바로, 컴퓨터가 데이터를 기반으로 학습하고 스스로 규칙을 학습하며 성능을 향상시키는 기술이다. 이것이 바로 머신러닝이다.

머신러닝 모델은 방대한 양의 데이터를 분석하여 규칙을 찾아내고, 이를 바탕으로 새로운 데이터에 대한 예측이나 결정을 내린다. 이 기술은 크게 세 가지 주요 학습 방식으로 나눌 수 있다.

가장 대표적인 방식인 지도학습(Supervised Learning)은 정답이 있는 데이터를 사용해 컴퓨터를 학습시킨다. 예를 들어, 사진에 '갈매기'라는 정답을 미리 알려주고 수많은 갈매기 사진을 보여주면, 컴퓨터는 갈매기의 특징을 스스로 파악하게 된다. 이후 새로운 사진이 주어졌을 때 그것이 갈매기인지 아닌지를 예측할 수 있다. 이러한 지도학습은 이메일이 스팸인지 아닌지를 분류하거나, 주택 가격처럼 연속적인 값을 예측하는 데 주로 사용된다.

그림 1-5 | 머신러닝의 세 가지 특징

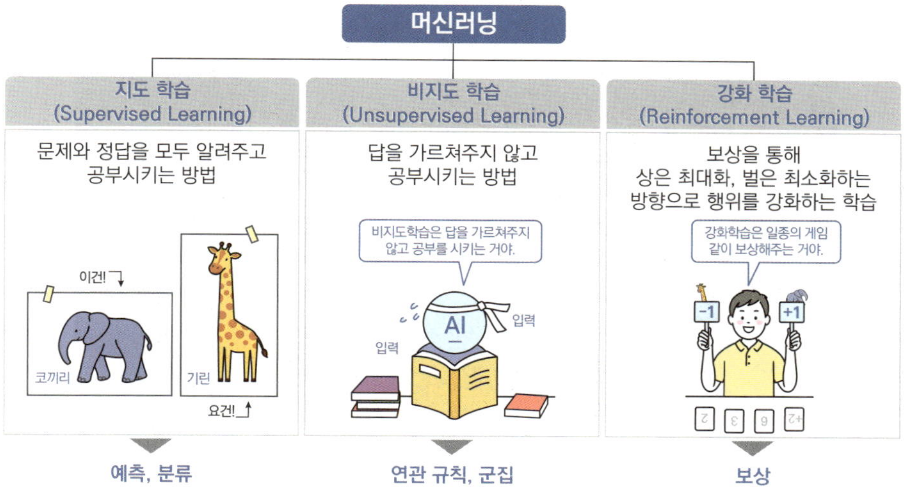


출처: 조현지원(2020)

다음으로 비지도학습(Unsupervised Learning)은 정답이 없는 데이터를 사용해 컴퓨터가 스스로 데이터의 구조나 숨겨진 패턴을 찾아내는 방식이다. 예를 들어, 쇼핑몰 고객들의 구매 데이터를 분석하여 비슷한 성향을 가진 고객들을 그룹으로 묶는 '군집화'가 여기에 속한다. 이를 통해 고객 맞춤형 추천 서비스를 제공할 수 있다.

마지막으로 강화 학습(Reinforcement Learning)은 에이전트(Agent)가 환경과 상호작용하며 보상을 최대화하는 방향으로 학습한다. 마치 게임을 하듯, 올바른 행동에는 보상을 주고 잘못된 행동에는 페널티를 주면서 최적의 행동 전략을 스스로 찾아 나가도록 한다. 자율주행 자동차나 인공지능 바둑 프로그램인 알파고(AlphaGo)가 이 방식을 활용한 대표적인 사례다. 또 우리가 AI와 대화를 할 때, 어느 답변이 더 좋은지 골라달라는 문구가 가끔 보인다. 이 또한 강화 학습의 일종이다.

그림 1-6 | AI 이미지

출처: tom's guide(2024)

머신러닝은 넷플릭스가 사용자의 취향에 맞는 콘텐츠를 추천하고, 스마트폰의 음성 비서가 우리의 말을 이해하며, 의료 분야에서 질병 진단을 돕는 등 이미 우리 생활 곳곳에 깊숙이 스며들어 이끌고 있다.

최근에는 머신러닝 중에서도 사람의 신경망을 모방한 딥러닝(Deep Learning) 기술이 발전하면서, 인공지능은 다시 한번 놀라운 성과를 내고 있다. 이제 인공지능은 단순히 바둑을 두는 것을 넘어, 사람처럼 그림을 그리고 글을 쓰며, 복잡한 대화까지 가능하게 되었다. 이렇게 인공지능은 두 번의 겨울을 딛고, 우리 삶의 모든 분야에 스며들고 있다.

간결하게 AI를 부대찌개로 요약해 보자면 이렇다. 초기의 규칙 기반 시스템은 정석 요리사라고 생각하면 편하다. 우리가 재료가 무엇이 필요한지, 양념은 얼마나 넣어야 하는 지의 과정을 하나씩 배워 나가야 한다. 단, 레시피가 없으면 요리를 할 수 없다. 머신러닝은 경험형 요리사다. 부대찌개와 재료들의 사진, 레시피를 수백, 수천 개 보여주면 '아, 부대찌개는 햄이랑 김치를 넣어야 맛있어지는구나!' 하고 스스로 패턴을 익힌 후 자기만의 방식으로 부대찌개를 만든다. 앞으로 더 자세히 살펴볼 딥러닝은 감각형 요리사라고 할 수 있다. 감각형 요리사도 경험형 요리사의 일부로, 경험한 것을 바탕으로 진행한다. "이게 부대찌개야~"라고 알려주기만 하면, 딥러닝은 햄, 두부처럼 눈에 보이는 재료뿐 아니라 햄의 질감, 면의 익힘 정도까지 스스로 찾아내어 완성도 높은 부대찌개를 만들어낸다.

### 나. 머신러닝과 딥러닝

머신러닝은 앞에서 설명했듯이 데이터를 입력하면 기계가 스스로 규칙을 찾아내는 방법이다.

고양이와 강아지 사진을 수천 장 보여주면, 기계는 귀 모양, 다리길이, 털 색과 같은 차이를 스스로 학습한다. 사람은 고양이인지 강아지인지 정도만 알려주면 규칙을 학습하였다. 머신러닝에는 총 세가지 특징인 지도학습, 비지도학습, 강화학습이 있었다.

그림 1-7 | 신경 세포(뉴런)의 구조

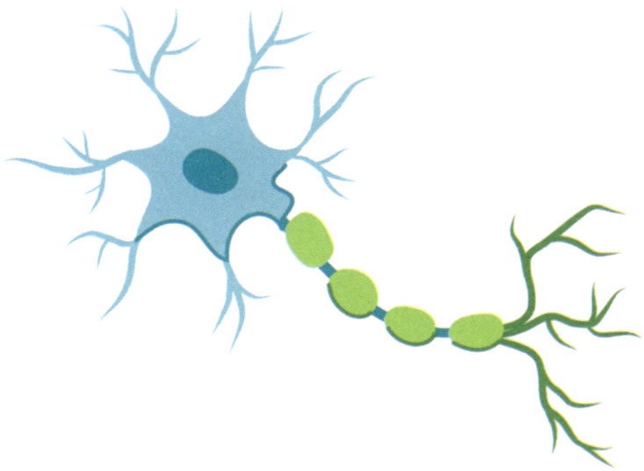

출처: 셔터스톡

머신러닝에서 신경망 기반 접근을 강조한 것이 딥러닝이다. 2006년 제프리 힌튼이 딥러닝(Deep Learning)을 처음으로 언급했다. 딥러닝은 인공신경망을 여러 층으로 쌓아 올려, 데이터에서 특징을 자동으로 찾아낸다. 사람이 '이 특징이 중요하다'고 알려줄 필요 없이 스스로 중요한 패턴을 발견한다. 여기서 인공신경망(Artificial Neural Network)은 바로 이 뇌의 작동 원리를 흉내 내서 만든 컴퓨터 모델이다. 우리가 어떻게 보고, 듣고, 생각할 수 있을까? 모든 것은 뇌 속의 신경망 덕분이다. 수많은 뉴런들이 서로 연결되어 정보를 주고받으며 계속 배우고 반응한다. 마치 사람이 경험을 통해 배우는 것처럼, 인공신경망도 엄청난 양의 데이터를 보면서 스스로 패턴을 찾고 학습하는 능력을 가지고 있다.

그림 1-8 | 인공신경망 내부

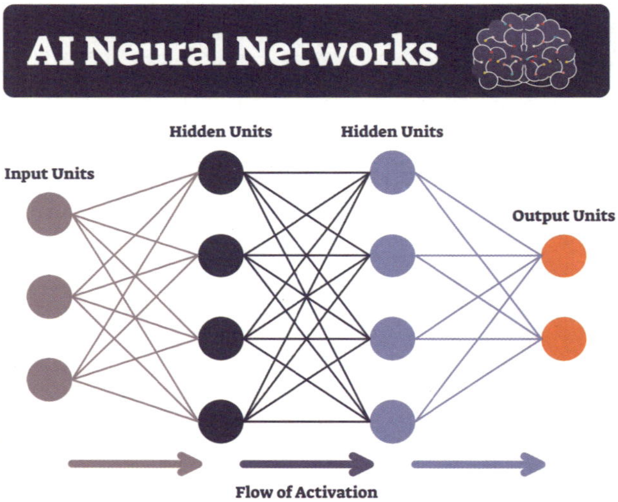


출처: 셔터스톡

인공신경망은 정보를 받아들이는 입력층(Input Layer), 이 정보를 계산하고 처리하는 은닉층(Hidden Layer), 그리고 최종 결과를 내놓는 출력층(Output Layer)이다. 각각의 층은 수많은 뉴런, 즉 노드들로 만들어져 있으며, 이 노드(Node)들은 [그림 1-8]과 같이 거미줄처럼 촘촘하게 연결되어 있다.

각 연결에는 가중치라는 값이 붙어 있다. 이 가중치는 뉴런들이 정보를 주고받을 때 얼마나 중요한 역할을 하는지 보여주는 숫자다. 뉴런은 이전 층의 뉴런들로부터 받은 신호에 가중치를 곱하고 전부 더한 다음, 활성화 함수라는 특별한 규칙을 적용해서 다음 층으로 신호를 보낼지 말지 결정한다. 이 활성화 함수가 복잡한 문제를 푸는 데 핵심적인 역할을 한다.

인공신경망의 진정한 능력은 바로 학습이다. 이것이 기존 머신러닝과 딥러닝의 큰 차이점이기도 하다. 스스로 학습한다는 것이 얼마나 매력적인가! 인공지능이 산과 바다를 구분하는 법을 배운다고 가정해보자. 수많은 산과 바다의 사진을 보여주면서, 네트워크가 예측한 결과와 실제 정답을 비교하는 것이다. 만약 예측이 틀렸다면, 네트워크는 그 오차를 줄이기 위해 연결된 뉴런들의 가중치를 조금씩 조절한다. 이 과정을 계속 반복하면서 네트워크는 '산'과 '바다'를 구별하는 가장 좋은 가중치 값을 스스로 찾아내는 것이다. 이것이 바로 인공신경망이 데이터를 통해 학습하는 기본적인 원리다.

**그림 1-9 | 제프티 힌튼**

**그림 1-10 | 병렬연산과 GPU가 결합된 도식**

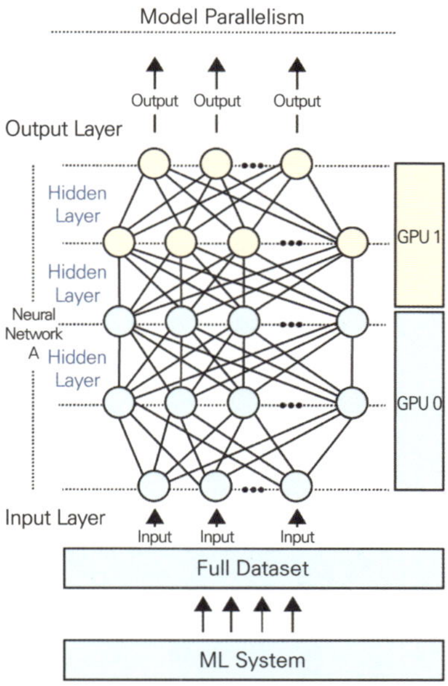


출처: 위키미디아커먼즈, PyTorch 공식문서

머신러닝 안에서 딥러닝이 주류로 자리잡은 사건은 2012년 이미지넷(ImageNet) 대회에서 일어났다. 제프리 힌턴 교수팀이 딥러닝을 사용하여 개발한 알렉스넷(AlexNet)은 기존보다 압도적으로 낮은 오류율을 기록하며 우승했다. GPU를 이용한 대규모 병렬연산과 심층 신경망이 결합했을 때, AI가 얼마나 강력해질 수 있는지를 보여준 사건이었다.

이미지넷 대회 이후, 딥러닝은 대중에게도 알려지면서 이미지 인식, 언어 처리, 음성 인식, 자율 주행 등 우리가 상상했던 것보다 훨씬 더 다양한 분야에서 혁신을 이끌어내고 있다. 인공신경망은 더 이상 공상 과학 속 이야기가 아니라, 우리 일상에 깊숙이 들어온 현실의 기술이 되었다.

딥러닝은 머신러닝 내에서 이미지, 음성, 자연어 처리 등 거의 모든 AI 분야의 주류가 되었다. 그리고 이 흐름 속에서 RNN, LSTM 같은 보조 모델이 등장했다.

## 다. 자연어 처리의 획기적인 세 모델 등장(RNN, LSTM, 트랜스포머)

그림 1-11 | 순환신경망 - CS231n 자료

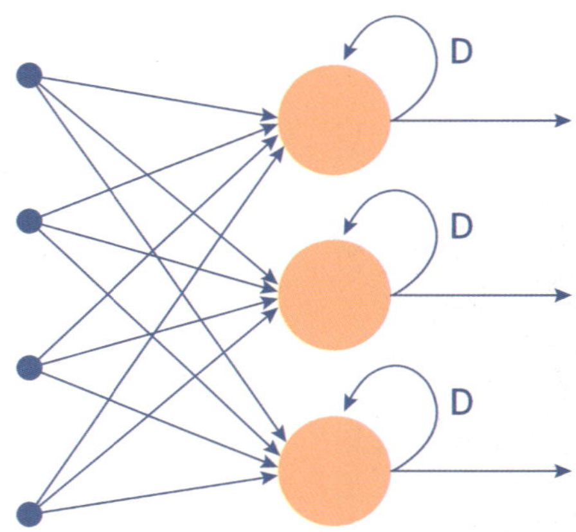


출처: 위키미디어커먼즈

딥러닝이 이미지 인식에서 성공을 거둔 뒤, 연구자들은 '시간에 따라 변하는 데이터'를 처리하고 싶어졌다. 예를 들어, 문장은 단어가 시간 순서대로 나타나고, 음성 데이터도 시간에 따라 흐른다. 이를 처리하기 위해 나타난 것이 RNN(Recurrent Neural Network, 순환신경망)이다. [그림 1-11]을 보자. 마지막 은닉층에서 결과로 도출되기 전, 전 단계 은닉층에게 돌아가는 두개의 화살표가 보일 것이다. 일반 신경망은 한 방향에서 일어나나, RNN은 특이하게도 전으로 한 번 돌아간다는 것이 특징이다. 맥락을 파악하기 위해 과거의 내용을 기억하는 방식이다. 아래 햄버거 예시를 통해 이해해보자.

"나는 오늘 햄버거를 먹었다."

우리는 문장을 읽을 때 앞뒤 문맥을 통해 의미를 파악한다. 위 문장에서 '나'와 '햄버거', '먹었다'라는 단어들이 연결되어 의미가 명확해진다. RNN은 바로 이런 식으로 파악하는 것이다. 우리와 같이 '나는'을 먼저 읽고, 다음 '오늘'을 읽기 전 '나는'을 숨겨진 저장공간에 기억해둔다(Hidden State). 마찬가지로 '햄버거를'을 읽을 때 연쇄적으로 '나는 오늘'이라는 기억을 가져온다. 이런 식으로 한 문장의 의미를 파악한다. 그러나 RNN은 장기 기억력이 약하다는 단점이 있다.

"나는 오늘 햄버거를 먹었다. 이 햄버거에는 양상추, 패티 2장, 치즈, … ,
가 있었고, 소스는 매웠고, …, 그렇게 밤이 되어 할로윈 파티를 했다."

이와 같이 문장의 길이가 길어지면 RNN은 문장 초반의 오늘 햄버거를 먹은 사실을 잊게 된다. 마치 시험 공부하는 우리가 앞에 배운 내용을 잊어버리듯이 말이다. 이것을 기울기 소실(Vanishing Gradient)라고 부르는데, 수학적으로는 미분값이 점점 작아져서 학습이 제대로 되지 않는 현상이다. 따라서 RNN은 문장이 길어질수록, 오늘 파티하기 전, 무엇을 먹었는지 기억하지 못하는 현상이 있다.

그림 1-12 | LSTM 구조도

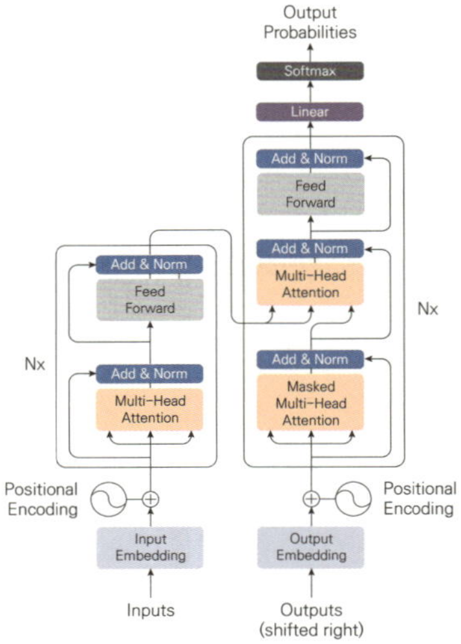


그림 1-13 | 항공보안검색

출처: Towards AI[3](2024)(좌), 셔터스톡(우)

이러한 기억력 문제를 해결하기 위해 등장한 것은 바로 LSTM(Long Short-Term Memory)이다. 영어 해석 그대로 장기 기억을 위한 친구다. LSTM의 핵심은 바로 게이트(Gate)다. 게이트가 뭘까? 게이트하면 흔히 공항을 떠올릴 수 있을 것이다. 비행기를 타기 전, 우리는 여권으로 신원확인을 하고, 위험한 물건을 소지하고 있는지 확인한 기억이 있지 않는가? LSTM에서의 게이트도 비슷하다. RNN처럼 순차적으로 처리하되, 이전 기억 중 필요 없는 내용은 삭제하고(망각 게이트), 새로운 정보가 들어온 것 중 어떤 것을 들여 보낼지 결정한다(입력 게이트). 그리고 들어온 정보에서 어떤 정보를 밖으로 내보내고 활용할지 결정한다(출력 게이트). 이러한 활동을 처리하는 곳이 저장 공간(Cell State)이고, 그걸 관리하는 문이 바로 게이트다.[4] 이처럼 내부에 정보를 저장할 수 있는 구조를 갖고 있기 때문에, RNN의 단기 기억 문제를 해결할 수 있다. 이런 구조의 LSTM은 번역, 음성 인식, 주가 예측 등 시간의 흐름에 따라 변화하는 데이터를

3 Sachinsoni. "Transformer Architecture Part -1." Medium, Towards AI, 5 Sept. 2024, pub.towardsai.net/transformer-architecture-part-1-d157b54315e6. Accessed 29 Aug. 2025.

4 Cell State는 위에 RNN에서 언급한 Hidden State와는 다른 저장공간이다.

효율적으로 처리하는 데 용이하다. 때문에 딥러닝 분야에서 우수한 언어처리모델로 자리매김했다.

앞서 살펴본 RNN과 LSTM은 데이터를 순서대로 처리하는 순차적 모델이다. 그러나 이 방식은 시간이 오래 걸린다는 단점이 있다. 뒤에 할로윈 파티에 대한 내용을 처리하려면, 앞 햄버거 내용을 처리해야 하기 때문에 시간이 오래 걸린다는 단점이 있다. 햄버거에 무엇이 들어가는지 꼭 알아야 하는가? 이런 불필요한 시간을 줄이기 위해 등장한 것이 바로 트랜스포머 아키텍처(Transformer Architecture)다. 2017년에 등장했으며, 딥러닝 역사에 한 획을 긋게 된다.

트랜스포머의 원리 핵심은 어텐션메커니즘(Attention Mechanism)이다. 어렵게 생각할 필요 없다. 어텐션은 우리가 아는 말 그대로 "주의를 기울인다"이다. 트랜스포머는 문장을 통째로 한 번에 읽고, 각 단어가 문장의 다른 단어와 얼마나 관련이 있는지 계산을 한다.

"나는 저 멀리 안젤리나를 보았다. 그녀는 매우 예뻤다."

자 여기서 이 문장에서 그녀가 누구일까? 바로 앞 문장에 언급한 안젤리나다. 트랜스포머는 이런 문맥을 판단하여 "주의를 들이는 과정"을 거친다. 기존의 RNN이나 LSTM은 그저 단어를 기억하기에 급급하다. 그러나 트랜스포머는 그녀가 누구인지 생각하며 판단한다. 또한 트랜스포머는 순서대로 읽지 않고 동시에 읽을 수 있다는 것이 가장 큰 장점이다. 여러 단어를 동시에, 즉 병렬적으로 처리함으로써 학습 속도도 엄청 빠르다. 이 덕분에 Gemini와 같은 대규모 언어모델을 만드는 데에 결정적인 역할을 해준 친구다.

이제까지 소개한 세 모델을 다음 [표 1-1]로 간단히 요약해보자.

**표 1-1 • RNN, LSTM, 트랜스포머의 비교**

| 구분 | RNN | LSTM | 트랜스포머 |
|---|---|---|---|
| 처리방식 | 순차적 | 순차적 | 병렬적 |
| 핵심기술 | hidden state | cell state | 어텐션 메커니즘 |
| 장점 | 구조 단순화 | 장기 기억력 | 학습 속도 빠름,<br>문맥파악 수준 높음 |
| 활용 부분 | 초기 음성인식 | 번역, 챗봇 | Gemini, LLM,<br>이미지 분석 등 |

필자가 요즘 생성형 AI를 쓰면서 정말 트랜스포머조차도 점점 발전하는 것을 느꼈던 적이 있었다. 보통 AI와 대화를 할 때 장문으로 쓰는 편인데, 불과 작년까지만 하더라도 질문을 세 개 했다면 마지막 질문 하나만 답을 해주었다. 그러나 요즘엔 모든 질문에 대한 답을 받는다! 정말 놀랍지 않은가! 실제로 트랜스포머 안에서 더 발전이 이루어졌었다고 한다. 예전 모델에 비해 훨씬 더 많은 파라미터를 사용하여 방대한 데이터를 학습했다. 마치 우리 뉴런 수가 늘어난 것처럼 말이다.

## 라. AI가 직접 만들어낸다고?

2022년 텍스트, 이미지 생성기와 대규모 언어 모델(LLM)의 등장은 생성형 AI가 전 세계적인 주목을 받기 시작한 결정적인 계기가 되었다. 트랜스포머를 장착한 AI가 등장함으로써, 사람과 소통이 원활해진 것이 크다. ChatGPT, Gemini, Bard, GitHub Copilot, AlphaCode와 같은 생성형 AI 도구들은 빠르게 주류로 편입되어 수십억 명의 사용자들이 일상적으로 활용하고 있다. 우리가 주로 쓰는 일정관리 앱에서도 AI로 업그레이드한 모습을 쉽게 접할 수 있다.

생성형 AI는 뭘까? 그냥 인공지능과는 다른 것일까? 목적과 기능에서 차이를 알 수 있다. 생성형 AI는 말 그대로 생성하는 것에 집중한다. 생성형 AI는 텍스트, 오디오, 이미지, 동영상 또는 소프트웨어 코드 형태의 새로운 콘텐츠를 생성하도록 설계된 인공지능 모델을 말한다. 우리가 흔하게 대화하거나 정보를 물어볼 때 사용하는 AI가 생성형 AI다. 이러한 능력은 대량의 데이터를 분석하고, 원본 데이터의 맥락, 스타일, 구조, 톤을 반영하여 사람이 만든 자료와 구별하기 어려운 결과물을 만들어 내기도 한다. 단순한 데이터 재조합을 넘어선 인공지능의 창의성에 대한 논의가 발발하기도 했다.

또한 데이터의 처리방식이 다르다. 생성형 AI는 결합 확률 분포(P(x, y))를 사용하고, 판별형 AI는 조건부 확률 분포(P(x|y))를 사용한다. 생성형 AI와 판별형 AI의 작동 방식은 근본적으로 다르다.

생성형 AI는 결합 확률 분포 내에서 두가지 모델을 거친다. 변분오토인코더(VAE), 생성적 적대 신경망(GAN)이다. VAE는 데이터를 압축하고 다시 복원하는 과정에서 데이터의 특징을 학습한다.

그림 1-14 | 눈, 코, 입을 조합한 사람 얼굴

출처: AI 생성 이미지

우리가 프롬프트를 작성해서 이미지 생성을 요청할 때, 잠재 공간에서 핵심 특징들을 조합하여 새로운 데이터를 만든다.[5] 예를 들어, 사람의 잠재 공간에서 다양한 눈,

5 비슷한 사진의 특징을 추출하여 저장하는 공간. 많은 비슷한 특징들이 저장되어 있다. 전체의 픽셀을 저장하기에는 용량이 크므로, 효율적으로 기억하기 위한 공간. 임베딩의 과정과 비슷하게 벡터를 이용하여 공간처리를 하는 것이 특징이다.

코, 입을 추출하고, 조합하여 [그림 1-14]와 같이 새로운 사람을 그릴 수 있는 것이다. [그림 1-14] 이미지는 실제 AI에게 요구한 사진으로, 사람 얼굴의 구조를 이해하는 것을 확인할 수 있었다.

그림 1-15 | 생산적 적대 신경망(GAN)

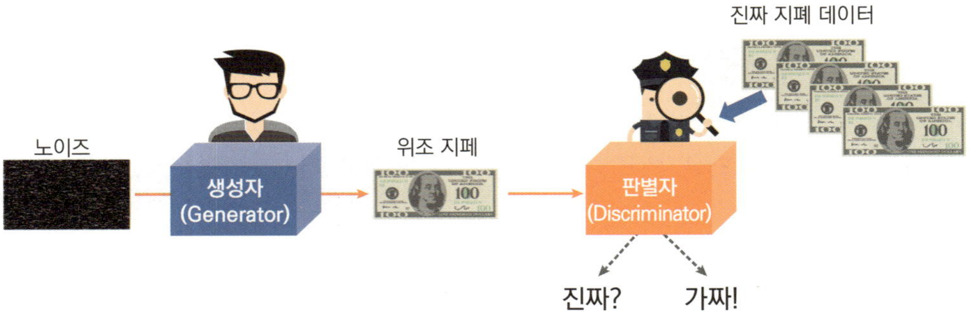


출처: 딥러닝과 생명과학(2024) - https://taehojo.github.io/deeplearning-for-everyone/gan.html

GAN은 생성자와 판별자라는 두 개의 신경망이 서로 경쟁하며 학습하는 방식이다. [그림 1-15]에서 조합을 하는 것이 생성자라면, 생성자가 만든 데이터와 학습 데이터를 비교하는 것은 판별자의 역할이다. 이러한 반복작업을 통해 성능을 높일 수 있으며, 판별형 AI의 목표는 데이터를 가장 잘 구분하는 결정 경계를 찾는 것이다. 우선 생성형 AI와 마찬가지로 많은 데이터를 학습한다. 그 후 판별형 AI는 어떤 레이블에 속할 확률이 높은지 계산한다. 판별형 AI는 서로 다른 클래스를 가장 효과적으로 나누는 경계를 학습한다.

"신호등을 포함한 모든 이미지를 선택하시오."라는 문구, 어디선가 본적 있지 않은가? 우리가 로그인을 시도할 때 그림을 선택하거나 알파벳을 입력하라는 문구가 나온다. 이는 로봇을 거르기 위해 사용하는 CAPTCHA라는 판별형 AI다. 분명 정확하게 선택했는데, 자꾸만 다른 그림으로 넘어간 경우 있을 것이다. 사실 고르는 그림만으로 로봇인지 판단하는 것이 아니다! 오클릭, 오타, 마우스 이동속도, 두 번째 사진을 선택하기까지 걸리는 시간도 분석하여 인간성을 판단한다. 이런 인간의 행동을 프로그래밍한다는 것은 불가능에 가깝기에 판별할 수 있는 것이다.

그림 1-16 | 판별형 AI, CAPTCHA

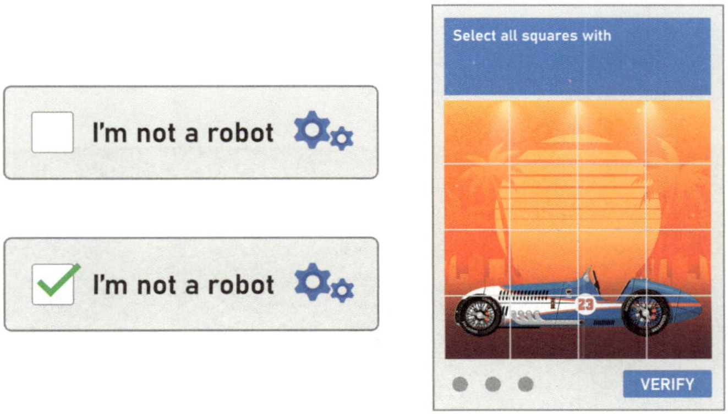


출처: 셔터스톡

판별형 AI는 기준에 따라 구분할 수 있다면, 생성형 AI는 이미지나 텍스트를 생성하는 데에 목적을 둔다. 다만, 생성형 AI는 데이터 분포를 더 잘 이해하기 위해 많은 데이터가 필요하고 학습이 복잡하다. 복잡하지만 그만큼 새로운 샘플을 생성하는 데 강점을 가진다. 우리가 프롬프트에 질문을 하거나 의뢰를 하면 즉시 만들어준다. 어떻게 프롬프트를 작성하는지에 따라 크게 달라진다.

## 2 생성형 AI의 작동원리

### 가. 데이터의 특징을 스스로 추출하는 딥러닝

딥러닝은 인공신경망으로부터 기원되었으며, 핵심적인 존재이다. 여기서는 어떻게 데이터의 특징을 스스로 추출할 수 있는지 깊게 들어가본다. 인공신경망의 구조는 크게 입력층·은닉층·출력층으로 이루어져 있다('1-나'에서 설명했으니, 간단하게 넘어가겠다). 외부세계의 정보는 입력층을 통해 신경망으로 들어오고, 입력 노드는 이 데이터를 처리한 후 다음 은닉층으로 전달한다. 은닉층 속에도 많은 층들이 있는데, 각각 이전 층의 출력을 분석하고 추가로 처리하여 출력층으로 결과를 제출한다.

그림 1-17 | 심층신경망의 구조

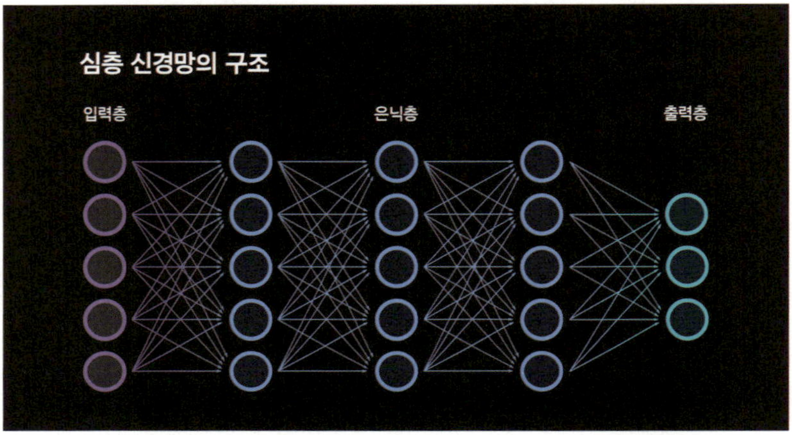


출처: SK Careers Journal - [All Around AI 4편] 딥러닝의 이해

딥러닝이 스스로 특징을 찾는다는 것은 여기서 이 은닉층들이 수행하는 작업이다. 기존 머신러닝 모델이 사람이 일일이 특징을 정의해주어야 하는 것과 달리, 딥러닝은 데이터의 복잡하고 추상적인 특징을 자동으로 학습할 수 있다. 우리가 아이돌이나 배우를 볼 때, 눈, 코, 입을 하나씩 자세히 들여다볼 것이다. 그 후 이목구비, 연기 실력과 같이 더 자세한 특징들을 찾아낼 수 있다. 그리고 이 부분적인 특징들을 조합하여 전체적인 이미지를 인식한다. 이러한 과정들이 수많은 은닉층에서도 이루어진다. 이처럼 층을 거듭할수록 데이터의 추상적이고 복합적인 특징을 학습하는 과정을 "계층적 특징 추출"이라 한다.

단순히 데이터 처리량을 늘리는 것이 아닌, 하위계층에서 상위 계층으로 갈 수록 복합적이고 의미 있는 정보로 조합되도록 설계되었기 때문이다. 스스로 특징을 찾아

조합하기에 일일이 특징을 알려줄 필요가 없어졌다. 이는 음성인식과 같이 복잡한 패턴을 인식하게 도와준다.

그림 1-18 | 순전파와 역전파

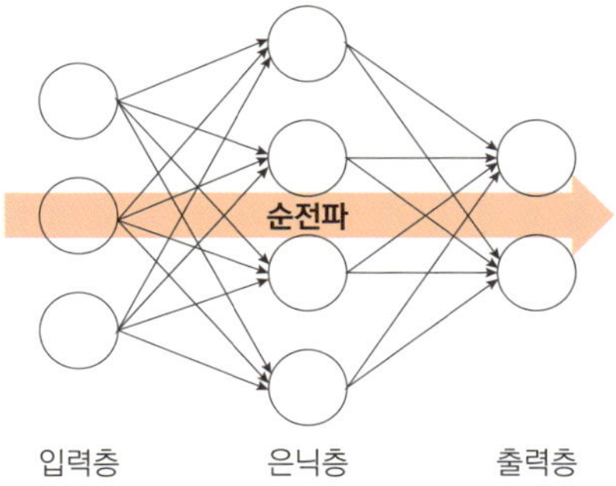


출처: 티스토리 - https://jdcyber.tistory.com/100

그래서 대체 어떻게 학습하는 건데? 자세히 들여다보면 속에는 두 가지 과정이 있다. 첫 번째는 순전파(Forward Propagation)로 예측을 시도하는 것이고, 두 번째는 역전파(Backpropagation)를 통해 그 시도의 오답을 바로잡는 것이다.

신경망이 학습을 시작할 때, 가장 먼저 하는 일은 입력된 데이터를 기반으로 예측을 하는 것이다. 이 과정이 바로 순전파다. 아직 학습되지 않은 모델은 무작위로 설정된 가중치(Weight)와 편향(Bias)를 사용해 예측 값을 내놓기 때문에 대부분의 경우 정답과는 큰 차이가 난다.

이렇게 순전파로 얻은 예측 값과 실제 정답 사이에는 당연히 큰 오차가 있다. 오차를 줄이기 위해 모델은 가중치와 편향을 수정해야 하는데, 이 과정을 역전파라고 한다. 이름처럼 오차를 출력층에서부터 거꾸로 입력층 방향으로 되돌려 보내며 각 층의 매개변수를 조정한다.

그림 1-19 | 산꼭대기에서 길을 찾는 모습

출처: AI 생성 이미지

매개변수를 조정할 때, 경사 하강법이라는 방법이 사용되는데, 마치 안개가 자욱한 산꼭대기에서 우리 집을 찾아가기 위해 도와주는 나침반 역할을 한다. 산의 높이는 모델의 오차라고 생각하자. 우리가 서 있는 곳의 기울기는 오차를 줄이기 위해 어느 방향으로 나아가야 할지 알려주는 나침반이다. 이 나침반이 가리키는 방향을 따라 한 걸음씩 나아가면(오차를 조금씩 줄여 나간다면), 우리 집에 도달할 수 있다.

역전파를 하기 위해서는 나침반의 역할이 필수적이라 볼 수 있다.

산에서 내려갈 때, 미분의 연쇄법칙이 역전파를 도와 복잡한 신경망(나침반)이 최종 오차에 얼마나 영향을 미쳤는지 효율적으로 계산한다. 딥러닝 모델은 매개변수를 일일이 수동으로 조정할 필요 없이 스스로 학습하며 성능을 계산할 수 있었다.

딥러닝이 스스로 학습한다고 말하는 것은 바로 이 순전파와 역전파의 반복적인 순환을 의미한다.

그림 1-20 | CNN

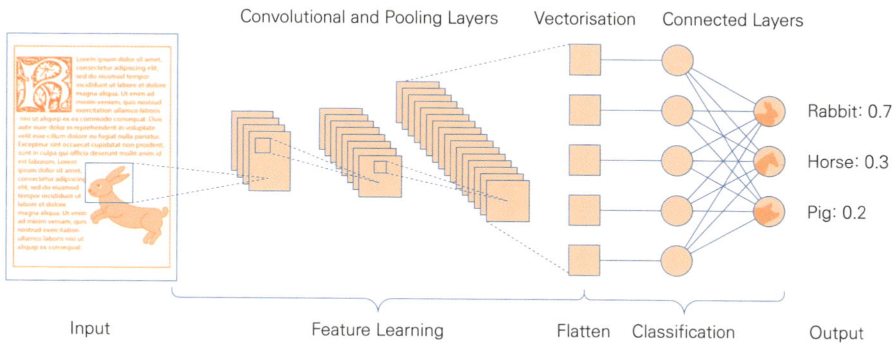


출처: 위키미디어커먼즈

위 순전파와 역전파를 사용하여 학습하는 모델은 CNN(Convolutional Neural Network, 합성곱신경망)이라고 한다. CNN은 특히 이미지와 같은 시각적 데이터를 처리하기 위해 고안된 딥러닝 모델이다. 기존 신경망이 이미지를 1차원 데이터로 변환하면서 공간 정보를 잃어버리는 한계를 극복한다. CNN의 핵심은 이미지가 가진 공간적 정보를 그대로 보존하면서 중요한 특징을 찾아내는 데에 있다.

CNN의 주요 원리는 합성곱(Convolution)과 풀링(Pooling)이다. 합성곱은 돋보기처럼 필터라는 작은 행렬이 이미지를 훑고 지나가며 특징을 추출하는 연산이다. 필터에서는 윤곽선, 질감, 색상과 같이 이미지의 특정 패턴을 감지하도록 학습한다.

풀링은 합성곱을 통해 얻은 맵의 크기를 줄여 중요한 특징만 남기는 작업이다. 연산량을 줄여 최종적으로 학습을 효율적으로 만들고, 모델이 특정 데이터에 과하게 맞춰지는 오버피팅(Overfitting)을 방지한다.

이러한 과정을 거치기 때문에, CNN은 물체의 위치나 방향이 바뀌어도 동일한 객체로 인식하는 능력을 가진다. 이런 효율성 때문에 비로소 전이 학습이 가능한 것이다. 수많은 이미지로 사전 학습된 CNN 모델은 이미지의 특징을 잘 이해하고 있으므로, 처음부터 학습하는 것보다 훨씬 빠르고 정확하게 문제를 해결할 수 있다.

딥러닝의 발전은 인공신경망과 역전파를 바탕으로 이루어졌고, CNN과 트랜스포머 같이 특화된 모델들이 등장하면서 점차 나아가고 있다. 이와 같은 진보는 우리에게 새로운 변이점을 가져다줄 것이다.

### 나. 생성형 AI는 사실 숫자로 대화 중!

우리의 일상에서 자주 AI와 대화를 한다. 궁금한 정보들을 물어보고, AI와 농담도 주고받으며 때로는 사람과 대화하고 있는 것 같은 착각이 들 때도 있다. 하지만 사실 AI는 우리의 대화 속 감정, 의도, 맥락, 심지어 언어조차도 진짜로 이해하지 못한다. AI는 모든 것을 숫자로 분류하여 판단한다. 그저 확률에 따라 다음에 올 단어를 예측할 뿐이다.

그림 1-21 | AI와 대화하는 모습

출처: AI 생성 이미지

위 대화는 실제 질문했을 때 답을 받은 내용이다. 말 끝에 'ㅎㅎ'와 같은 추임새도 넣으며 인간같이 행동한다. 이와 같은 대화는 겉으론 따뜻하게 보이는 대화 내용이지만, AI의 머릿속을 들여다보면 차가운 계산이 이루어지고 있다. 그럼 어떤 과정을 거쳐 이런 대답을 할 수 있을까? 데이터의 의미를 숫자의 집합으로 표현한 것이 임베딩이다. 이렇게 개념을 읊으면 어려우니 깊게 들어가 보기 전 유행했던 MBTI를 예로 들어 임베딩을 간단하게 설명해 보겠다.

MBTI란 성격 심리 테스트의 일종이다. 4개의 선호 문자로 구성되어 총 16가지의 성격으로 분류한다. 각설하고 A씨의 검사 결과를 토대로 이해해보자. 검사를 진행한 결과, [그림 1-22]와 같이 A씨는 INTP가 나온 것을 볼 수 있다. 이렇게 나타낸다면 어떤 점이 좋을까?

그림 1-22 | MBTI 그래프

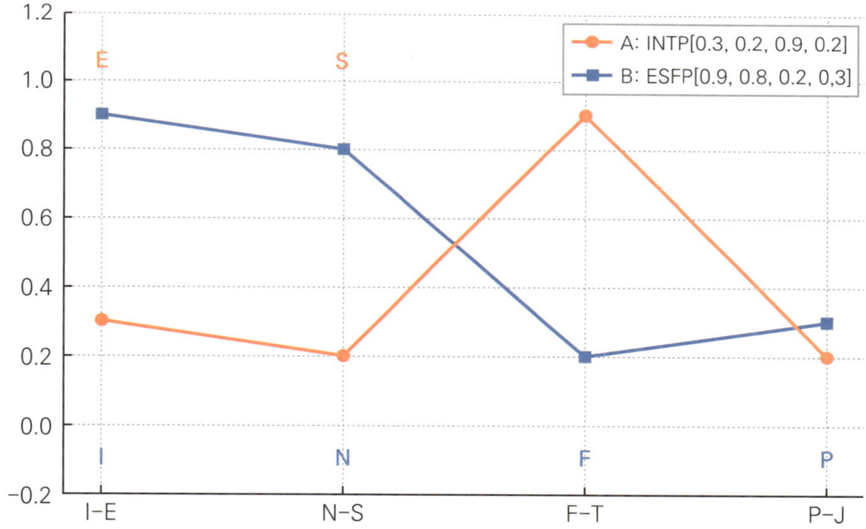


위 그래프를 토대로 A를 세세하게 표현하자면, INTP[0.3, 0.2, 0.9, 0.2]로 나타낼 수 있다. 이렇게 표현을 하는 과정을 임베딩이라고 한다. INTP라는 단어를 내향적, 직관적, 사고적, 인식적이라는 의미를 담아 숫자 공간에 배열해 놓은 것이다. 이와 같이 B의 검사결과는 ESFP[0.9, 0.8, 0.2, 0.3]로 표현 가능하다. A의 MBTI와 비교했을 때 P가 같으므로, 상황을 유연하게 대응한다는 공통점이 있다. 이처럼 가까운 숫자의 사람일수록, 이해관계가 형성됨을 알 수 있다. 컴퓨터는 숫자만을 보며 판단하기

때문에 가까운 숫자일수록 관계가 있다고 판단할 수 있다.

MBTI 내용을 토대로, 여기서 명확한 정의와 함께 AI가 프롬프트를 분석하는 머릿속을 들여다보자. 크게 토큰화(Token), 토큰 임베딩(Token Embedding), 위치 인코딩(Position Encoding)으로 세 단계로 이루어져 있다.

**표 1-2 • 임베딩 과정**

| 구분 | 작업 | 입력 | 출력 | 비유 |
|---|---|---|---|---|
| 토큰화<br>(Tokenization) | 문장을 단어 · 서브워드 · 문자 같은 작은 단위로 쪼갬 | 텍스트("I love AI") | 토큰 리스트<br>(["I", "love", "AI"]) | 문장을 단어별로 잘라서 카드 뭉치로 만든 것 |
| 토큰 임베딩<br>(Token Embedding) | 각 토큰을 숫자 벡터로 변환해 컴퓨터가 이해할 수 있게 함 | 토큰 리스트 | 임베딩 벡터<br>(예: [0.12, −0.55, …]) | 카드에 번호 대신 특징 좌표를 붙여서 위치를 지도에 표시 |
| 위치 인코딩<br>(Positional Encoding) | 순서를 모르는 모델(트랜스포머 등)에 위치 정보를 더해 줌 | 임베딩 벡터 | "순서가 더해진" 임베딩 벡터 | 카드에 번호 붙여서 "1번, 2번, 3번" 순서 표시 |

우리가 AI에게 "부산 한 달 코스로 일정을 계획해 줘."라고 프롬프트를 작성했다고 하자. 우선 우리의 질문을 분석하기 위해 AI는 토큰화를 진행한다. 토큰화란 무엇일까? 우리의 문장을 적절하게 끊어내는 행위다. 그럼 AI는 ["부산", "한달", "코스", "로", "일정", "을", "계획", "해줘"]와 같이 또는 더 세세하게 문장을 끊어내기 시작한다. 텍스트 데이터 속에서 부산과 같이 자주 나오는 단어는 그대로 토큰화를 하지만, 비교적 적게 등장하는 단어들은 자모나 음절로 나눠 사전 크기가 크지 않도록 조절한다. 이와 같이 데이터에 등장하는 빈도에 따라 토큰화 단위를 결정하는 것을 서브워드 토큰화(Subword Tokenization)라고 한다. 최근에는 단어의 의미를 최대한 유지하면서 사전의 크기를 작고 효율적으로 유지하도록 이 방식을 사용한다. 그 후, 단어마다 고유의 숫자를 부여한다(Token ID). # [0:부산, 1:한달, 2:코스, …]

여기서 부여한 토큰 아이디는 말 그대로 숫자일 뿐 어떠한 의미도 가지고 있지 않는다. 따라서 AI는 숫자들 사이, 즉 단어 간의 관계를 파악하기 위해 분석해야 한다. 부산을 생각해보자. 우리는 흔히 자갈치 시장, 해운대 등 부산과 연관지어 여러 단어들을 떠올릴 수 있다. 그러나 텍스트를 보고 판단하는 우리와는 달리, 컴퓨터는 숫자(Token ID)만을 볼 수 있기 때문에 0과 1이 어떤 관계인지 파악하는 것이 필수적이다.

따라서 관계를 파악하기 위해 벡터로 변환하는 과정을 토큰 임베딩이라고 한다. 이번에는 제주도를 예시로 들어 임베딩에 대해 얘기해 보겠다.

그림 1-23 | 임베딩 예시

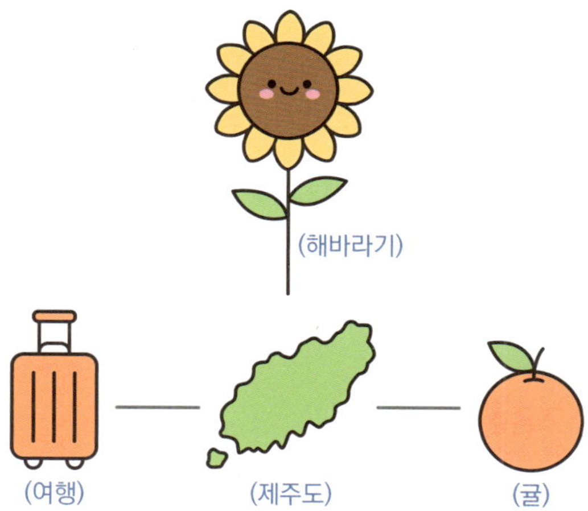


출처: AI 생성 이미지

제주도를 임베딩하면 예시로 다음과 같다(임의로 값을 넣은 것으로, 실제 데이터는 아니다).

그림 1-24 | 제주도 토큰화

| Token ID | Vector |
|---|---|
| 78412(Jeju Island) | [0.23, -0.45, …, -0.74] |

의미를 담기 위해서는 한 토큰에서 최소 2가지 숫자를 가진 벡터를 만들어야 한다. 여행, 귤과 같은 단어들도 각자 많은 숫자를 포함하고 있다. 토큰을 벡터로 변환, 즉 토큰 임베딩을 함으로써 컴퓨터는 각 덩어리들의 숫자를 서로 비교하여 어떤 관계가 있는지 파악할 수 있는 것이다. [그림 1-23]은 변환한 벡터를 시각적인 자료로 나타낸 것이다. 벡터의 숫자가 서로 차이가 나지 않을수록, 여행, 제주도, 귤이 나란히 있을수록 관련이 높다는 것을 알 수 있다. 이로써 해바라기와 제주도는 관련이 없다는 것도 알 수 있다. 스스로 방대한 데이터를 학습하며 단어 간의 관계에 대한 시야가 넓어져 효율적이기에, 딥러닝의 장점이 극대화되는 것을 알 수 있다.

마지막 단계, 위치 인코딩에 대해 알아보자. 앞서 RNN과 트랜스포머의 차이점이 입력을 순차적으로 처리하는지 여부라고 언급했었다('1-라' 참고). 트랜스포머가 동시에 처리하는 장점도 있으나 순서가 사라지게 된다. "나는 너를 사랑해"와 "너는 나를 사랑해"라는 말을 같은 것으로 판단하기 때문이다! 단어 벡터는 각각 퍼즐의 한 조각과도 같다. 퍼즐을 알맞게 배열하려면 순서가 필수적인데 이를 해결해주는 친구가 위치 인코딩이다. 말 그대로 위치를 담당하는 친구다. 앞서 토큰 임베딩에 나타난 벡터와 같이 위치 인코딩도 숫자로 나타낸다.

최종적으로 토큰 임베딩과 위치 인코딩이 합쳐져 비로소 임베딩이 완성된다. 이렇게 우리는 AI가 프롬프트를 어떻게 분석하는지 알아보았다. 요약하자면 단어를 쪼개어 숫자로 변환한 값(토큰 임베딩)을 저장하고 숫자의 순서(위치 인코딩)를 같이 저장하여 표현한 과정이 바로 임베딩이다.

### 다. LLM 아키텍처? 그냥 똑똑한 뇌라고 보면 돼!

지금의 생성형 AI는 트랜스포머가 기반인 대형 언어 모델(Large Language Model, 이하 LLM)이라고 볼 수 있다. LLM은 머신러닝과 자연어 처리(NLP) 분야에 혁신을 가져온 인공지능 시스템이다. LLM, 말 그대로 거대한 지식의 바다와 같이 수십억 개에 달하는 매개변수와 방대한 학습 데이터가 있다. 지금의 AI가 우리의 언어를 분석(임베딩)

할 수 있던 이유도 방대한 데이터가 있었기 때문이다. 기존의 인공지능 모델들은 단어를 순서대로 처리했다면, LLM은 트랜스포머 아키텍처가 기반이기에 전체 문맥을 고려할 수 있다(아키텍처에 대한 자세한 내용은 '1-다'에서 확인할 수 있었다).

표 1-3 • **사전학습과 미세조정**

| 구분 | 사전학습(Pre-training) | 미세조정(Fine-tuning) |
|---|---|---|
| 목적 | 언어·이미지 등 일반 패턴 학습 | 특정 작업에 맞게 조정 |
| 데이터 | 방대한 범용 데이터(예: 위키, 뉴스, 책) | 적은 양의 데이터(예: 의료 문서, 법률 문서) |
| 모델 | 범용적으로 쓸 수 있는 기초 모델 | 특정 태스크에 특화된 모델 |

지금의 LLM이 되기까지에서 훈련을 거치는데, 우선 사전학습(Pre-training)부터 자세하게 들여다보자. 사전학습의 주요 목표는 방대한 양의 데이터를 학습하여 언어의 기본적인 규칙과 세상의 지식을 습득하는 것이다. 또한 여기서 그치지 않고 주어진 문장에서 다음에 올 단어를 예측하는 훈련을 반복하며 언어의 구조와 패턴을 폭넓게 익힌다. 그러나 사전학습 과정은 비지도학습 방식을 따르기 때문에 모델은 학습한 내용이 사실인지 거짓인지 판단하는 기준을 배우지는 못한다.

여기서 '할루시네이션(Hallucination, 환각)' 문제가 발생한다고 추측한다. 할루시네이션은 모델이 마치 사실인 것처럼 그럴듯하게 지어내는 현상을 말한다. 사전학습은 비지도방식으로 진행되기 때문에, 단순히 통계적 패턴을 학습하여 말을 지어낸다. 고로, AI는 학습한 내용이 논리적으로 타당한지, 사실에 부합하는지를 판단하는 기준이 모호하다. AI는 방대한 양의 텍스트를 통해 A 다음에 B가 올 것을 알지만, A일 때만 B를 말해야 한다 라는 규칙이 없다. 우리는 AI와 협업을 할 수 있지만, 이점을 유의하고 생각을 하며 대화를 이어나가야 한다(자세한 할루시네이션 문제는 CHAPTER 04에서 다루겠다).

이로써, 사전학습을 통해 넓은 지식을 갖춘 LLM은 미세조정(Fine-tuning)을 거치게 된다. 훈련한 과정을 실전에 적용시키는 단계라고 생각하면 편하다. 미세조정은 특정 작업에 맞춰 성능을 발휘하도록 가중치를 조정하는 과정이다. 미세조정에는 총 두 가지 방식으로 진행되는데, 첫 번째는 지도 미세조정(Supervised Fine-tuning, SFT)이다. 모델에게 질문과 답을 같이 학습시키는 방식이다. 생성형 AI가 사용자와 같이 대화하거나 질의응답, 텍스트 요약과 같은 작업에 필요한 단계다. 두 번째는 인간 피드백 기반 강화학습(Reinforcement Learning from Human Feedback, RLHF)이다. 말 그대로 우리의 입맛에 맞게 피드백을 하는 구간이다. 인간의 의도, 선호도, 윤리적 기준에 맞게 행동하도록 정렬하는 역할을 맡고 있다. 이 과정을 반복하며 모델은 사용자가 원하는 답변의 스타일, 분위기 등을 학습한다. 우리와 생성형 AI와 원활하게 소통할 수 있도록 도와주므로 편하게 대할 수 있는 이유다.

사전학습이 LLM의 능력을 확장한다면, 미세조정은 그 능력을 의도에 맞춘다 볼 수 있는 부분이었다.

### 라. 생성형 AI는 가르칠수록 더 발전한다!

LLM을 효과적으로 활용하기 위해서는 프롬프트를 똑똑하게 작성해야 한다. 프롬프트(Prompt)는 들어보거나 이미 알고 있는 독자도 있을 것이다. 우리가 생성형 AI와 대화할 때 작성하는 대화창이라고 생각하면 된다. AI 웹사이트나 앱을 통해 들어가서 우리는 이 입력창을 클릭해 질문을 한다. 모델의 동작을 제어하고, 우리가 원하는 결과물을 얻기 위해 입력하는 주문이라 볼 수 있다. '신속히'라는 뜻을 가지고 있는 단어에 걸맞게 우리가 원하는 답을 쉽게 가져와준다. 최근엔 프롬프트를 전문적으로 만드는 프롬프트 엔지니어라는 직업도 생겼다. 그만큼 LLM의 핵심은 결국 언어이기에, 우리가 얼마나 명확하게 소통하느냐에 따라 결과물의 질이 달라진다. 이러한 프롬프트를 많은 사람들이 사용해 보았는데, 사람마다 다양한 전략을 가지고 있다. 이걸 읽고 있는 독자는 어떤 방식으로 AI와 대화하는가? 명확하고 구체적인 지시를 내리는 사람도 있고, 답변을 수정하는 식의 대화를 이끄는 사람도 있다. 이 장에서는 어떤 전략들이 있는지 소개할 예정이다. 간단히 읽어보며 내가 어떤 전략을 사용하고 있는지 확인해보고 괜찮은 전략은 CHAPTER 03의 실습에서 활용해보자.

AI와 소통하는 기본적인 전략은 Shot 방법이다. Zero-shot, One-shot, Few-shot으로 구분이 되어 있으며, AI에게 예시를 얼마나 보여주는가에 따라 나뉘는 개념이다. Zero부터 Few까지 예시를 들었을 때 어떻게 답을 받을 수 있는지 다음 [표 1-4]를 보고 알 수 있다.

**표 1-4 • Shot 방법**

| 유형(Type) | 예시 개수(Number of Examples) | 특징(Characteristics) | 예시(Example) |
| --- | --- | --- | --- |
| Zero-shot | 0개(Zero) | 일반적인 지식만으로 문제를 해결 | "바나나를 영어로 번역해" |
| One-shot | 1개(One) | 한 가지 예시를 보고 그 패턴을 파악 | "사과 → apple"<br>"바나나 → ?" |
| Few-shot | 2개 이상(Two or more) | 여러 예시를 통해 문제의 패턴을 학습 | "사과 → apple"<br>"포도 → grape"<br>"바나나 → ?" |

그림 1-25 | 베어그릴스

출처: 왓챠

AI에게 생각하는 법을 가르칠 수도 있다. 역할을 부여(Role Prompting)하고 그 역할의 시점으로 설명을 해주는 것이다. AI에게 "너는 이제부터 경험이 풍부한 베어 그릴

스야. 내가 지금 무인도에 처음으로 갇혔는데 7일을 살아야 해. 어떻게 해야 할까?"와 같이 물어볼 수 있다. 그럼 AI가 생존전문가인 베어 그릴스의 역할에 맞춰 구체적인 답을 들을 수 있을 것이다.

단계적으로 생각(Chain-of-Thought)하게 유도할 수도 있다. 복잡한 문제를 한 번에 물어보는 대신, 인간이 문제를 푸는 것처럼 여러 단계로 나누어 생각하게 유도할 수 있다. 흔히 수학문제와 같이 풀이가 필요한 곳에 쓰일 수 있다. 만약 이러한 과정을 거친다면 AI가 실수를 줄이고 정답을 찾을 확률 또한 높아진다.

만약 원하는 답변을 정확하게 얻으려고 한다면 어떻게 해야 할까? 제약 조건과 예시를 추가할 수 있다. "AI에게 300자 이내로 요약해 줘.", "프랑스 혁명의 경제적 요인에 대해서만 설명해 줘."와 같은 질문을 통해 제약 조건을 걸 수 있다. 또한 긍정적인 내용을 위주로 작성해달라고 명시함으로써 부정적인 응답 방지를 할 수 있다. 이런 식으로 구체적으로 작성할 수록, 정확한 답만 쏙쏙 뽑아낼 수 있을 것이다.

때로는 같은 질문을 여러 가지 방식으로 물어보고 비교하는 것도 좋다. 예를 들어, "서울에서 놀 만한 곳 알려줘."와 "서울에서 중학생이 갈 만한 저렴한 놀이 장소 알려줘."라고 두 번 물어보면 답이 다르게 나온다. 그중에서 더 좋은 답을 선택하면 된다. 이런 과정을 프롬프트 최적화라고 한다. 이 방식과 더불어 피드백루프 방식도 같이 사용한다면 효과적이다. 피드백 루프는 내가 원하는 답이 나올 때까지 AI에게 답을 수정해달라고 부족한 부분을 피드백하는 것이다. 흔히 많은 사람들이 사용한 방식이고, 나 또한 사용했던 방식이다.

# 3 생성형 AI의 시장상황

## 가. ChatGPT와 Gemini의 차이점

최신 인공지능 모델인 OpenAI의 GPT-5와 Google의 Gemini 3 Pro는 모두 텍스트, 이미지, 음성 등 여러 정보를 한 번에 이해하는 멀티모달 능력을 가진다. 하지만 두 모델은 각자 강점과 설계 목적이 다르다.

GPT-5: 빠르고 다재 다능한 만능 해결사를 목표로 한다. 일상적인 질문이나 실시간 대화에서 매우 빠르고 자연스러운 반응 속도(인간과 비슷한 평균 320밀리초)를 자랑한다.

Gemini 3 Pro: 복잡하고 어려운 문제 해결에 특화된 '슈퍼 연구원'을 목표로 한다. 많은 정보를 한 번에 기억하고, 논리적으로 깊이 생각하는 구조적인 강점을 가진다.

표 1-5 • Gemini vs GPT

| 구분 | Gemini 3 Pro의 강점 | GPT-5의 강점 |
|---|---|---|
| 핵심 목적 | 대규모 데이터 분석, 복잡한 추론, 깊이 있는 연구 | 빠른 실시간 대화, 창의적 콘텐츠 제작, 높은 범용성 |
| 기술적 우위 | 100만 토큰의 압도적인 기억력, MoE 전문가 구조, '생각하는 모델' 능력 | 실시간 음성 응답 속도(320ms), 일부 일반 벤치마크 점수 |
| 최적 사용처 | 법률 문서/학술 보고서 분석, 대규모 코드 디버깅, 장시간 비디오 요약 | 일상 대화, 빠른 아이디어 구상, 일반 코딩 도움 |
| 최대 기억 용량 | 100만 토큰 (연구적으로 200만 토큰까지 가능) | 128,000토큰 |
| 실제 용량 예시 | 소설책 8권 분량의 텍스트, 1시간 분량의 비디오, 3만 줄 이상의 전체 코드 | 짧은 보고서나 일상 대화에 적합 |

Gemini 3 Pro는 이처럼 압도적인 맥락 창을 통해 다음과 같은 특별한 일을 할 수 있다. 반면에 GPT-5는 일반적인 질문에 빠르다. 일상대화가 오가는 카카오톡 메신저 플랫폼에서는 최근 Chat GPT를 도입했다. AI가 우리의 일상에도 천천히 스며들기

시작한 것이다.

Gemini 3 Pro는 Google을 기반으로 한 데이터를 꼼꼼하게 통합 분석해야 하는 연구나 코딩 프로젝트에 우위를 가지기에, 심도 있는 대화를 원한다면 Gemini를 이용하는 것이 좋다. 또한 Google 검색 엔진과 직접 연결되어 실시간 웹 정보를 기반으로 답변을 생성한다. 때문에 대량의 정보를 얻음으로써 다른 생성형 AI와 달리 Google의 생태계를 활용하여 대화할 수 있다는 점에서 큰 장점을 보인다.

Gmail, Google Docs, Drive 등 Google Workspace 도구에 깊이 통합되어 있어, 별도의 앱을 켤 필요 없이 문서를 요약하거나 이메일을 작성하는 등 업무 흐름 내에서 AI의 도움을 받을 수도 있다. 유료 구독(Gemini Advanced)의 경우, Gemini는 Google One 클라우드 저장 공간(2TB) 등 추가 혜택을 제공하며, 무료 사용자에게도 맞춤형 챗봇(Gems)이나 최신 모델 접근 등 유료 기능 일부를 더 관대하게 제공한다.

## 나. DeepMind의 전략과 미래 비전

DeepMind라고 들어본 적 있는가? DeepMind는 Alphabet(Google의 모회사)에 속한 인공지능 연구소이다. 2014년에 Google에 인수되었으며, 2023년에는 Google Brain 부서와 합병하여 Google DeepMind로 통합되었다. AI 분야에서는 종종 "아폴로 프로젝트" 라고 불릴 정도로 주목받는다. 이 회사는 명시적인 프로그래밍 없이도 AI 시스템이 스스로 복잡한 작업을 학습할 수 있도록 게임을 테스트 공간으로 활용하였다. 알파고도 DeepMind를 기반으로 하여 만들어졌었다.

DeepMind는 AGI의 잠재력을 낙관하지만, 이 강력한 기술의 해로움 가능성을 심각하게 받아들이고 예방하는 것이 필수적이라고 강조한다(AGI에 대해서는 아래에서 살펴보자). AGI 안전 문제 완화는 선제적인 계획, 준비 및 협업이 필요하다. DeepMind의 안전 전략은 주로 오용 및 불일치라는 두 가지 주요 위험 영역에 중점을 둔다. 악의적인 사람이 강력한 AI를 사용하여 해를 끼치는 것을 막고, 위험한 기능에 대한 접근을 제한해준다. 또 AI 시스템이 독립적으로 행동하는 대신 인간의 지침을 정확하게 따르도록 훈련이 되어 있다. AI 시스템의 역량을 분류하고 잠재적 위험을 평가한다.

DeepMind와 같은 주요 연구 기관이 추구하는 접근법 중 하나는 월드 모델이다. 월드 모델은 AI 시스템이 환경 내 내부 시뮬레이터 구축을 목표로 한다. 쉽게 말해서 행동을 하지 않더라도, 머릿속에서 행동의 결과를 가상으로 시뮬레이션하는 것이다. 예를 들어, 로봇이 물건을 집는다면 어느 각도로 어떻게 집어야 들 수 있는지 계산하는 것이다. 이 내부 모델을 통해 에이전트는 실제 환경에서 행동하기 전, 미래 상태를 시뮬레이션하고 장기적인 전략을 계획할 수 있다. 월드 모델의 동기는 복잡하고 고차원적인 환경에서 직접적인 상호작용이 비싸거나 느릴 때 효율적으로 학습할 수 있게 하는 데 있다. 이것은 학습에 필요한 데이터 효율성을 크게 높여준다.

## 다. AI의 미래가 될 수도 있는 범용 인공지능, AGI

그림 1-26 | 범용 인공지능, AGI

출처: 셔터스톡

현재 우리가 이용하고 있는 AI인 Gemini, GPT 등은 좁은 인공지능(Narrow Artificial Intelligence)에 해당한다. 좁은 인공지능은 이미지 생성이나 번역과 같은 특정 분야에서 활약하는 인공지능을 뜻한다. 앞으로의 AI 발전은 범용 인공지능(Artificial General Intelligence, 이하 AGI)을 향하고 있다. 유튜브나 주변으로부터 AGI라고 많이 들어보았을 것이다. 바로 범용 인공지능을 뜻하는데, 지금의 AI는 사실 인간을 흉내내는 정도다. 말투를 따라하거나 이미지를 생성할 수 있지만, 우리처럼 직접 생각하고 행동하는 정도까지는 아니다. AGI는 이론상 인류의 인지 작업을 수행하는 등 문명을 뒤바꾸게 될지도 모르는 AI다.

AGI의 개념은 2007년 벤 괴르첼(Ben Goertzel)과 딥마인드의 공동 설립자 셰인 레그(Shane Legg) 등의 연구자들에 의해 널리 알려지기 시작했다. 좁은 인공지능과 범용 인공지능을 나누는 정확한 기준을 제시했다. 비영역 제한적 문제 해결, 지식 전이, 인지 능력이다. 비영역 제한적 문제 해결은 우리가 해결하지 못한 문제도 많은 데이터를 지니고 있는 AGI가 복합적으로 푼다면 쉽게 푸는 것을 뜻한다. 또, 현재 우리 사회는 정보나 데이터가 과부화된 상태라 볼 수 있다. 넘쳐나는 이 시대 속에서 지식전이가 이를 도와주는데, 또 다른 분야에 새로운 지식을 접목해서 시야를 넓혀주는 것이다. 그러나 그저 개념적 이론일 뿐, 실제 전문가 사이에서도 AGI의 실현 가능성과 시기에 대해 의견이 분분하다.

그럼 추후에 우리의 명령 없이도 의지를 가지고 행동할 수 있게 되는 걸까? 스스로 계획하고 행동한다면 인간보다 뛰어난 AI가 될 수도 있지 않을까? AGI의 이후인 초인공지능(ASI, Artificial Super Intelligence)이라면 나타날 수 있을 것이다. 초인공지능은 AGI 이후의 단계로, 아직 이론적인 개념만 존재할 뿐이다. 만일 초인공지능까지 실현이 된다면, 우리는 새로운 시대를 여는 특이점을 맞이할 것이다.

현재 AGI를 중심으로 이루어지는 연구가 활발히 진행되고 있다. AI의 발전 추세를 보아 앞으로도 우리가 상상할 수 없는 미래가 펼쳐질 수도 있다. 따라서 앞으로는 AI를 어떻게 활용하고 다룰 수 있는지가 개인의 경쟁력을 결정짓는 중요한 요소가 될 것이다. 이어서 CHAPTER 02와 CHAPTER 03에서 Gemini의 활용법에 대해 자세히 알아보고, AI와 협력할 수 있는 역량을 키워나가보자.

슬기로운 AI 생활

# CHAPTER 02

# Gemini 실습 입문편:
# AI와 함께하는 슬기로운 생활

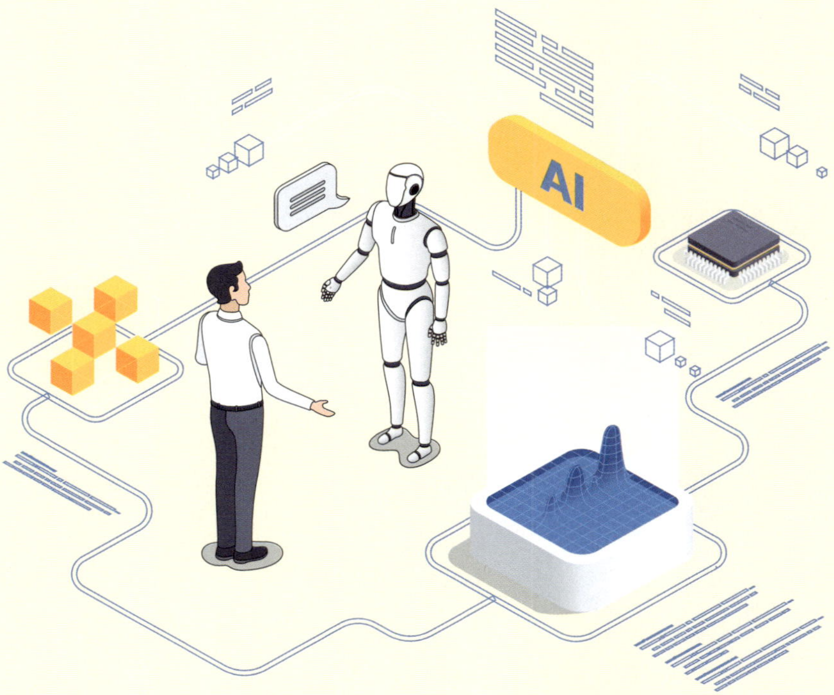

CHAPTER 02

# Gemini 실습 입문편: AI와 함께하는 슬기로운 생활

## 1 Gemini, 너는 누구니?

### 가. 'Gemini'라는 이름에 담긴 비밀

Gemini는 라틴어로 쌍둥이자리를 뜻한다. 여기에는 두 가지 재미있는 의미가 숨어 있다. 첫째, 구글의 두 천재 AI 연구팀, Google Brain(구글 브레인)과 DeepMind(딥마인드)의 협업을 상징한다. 각자 연구하던 두 팀이 쌍둥이처럼 힘을 합쳐 Gemini Project를 탄생시켰다. 둘째, 텍스트와 비텍스트(예: 이미지, 오디오) 사이의 경계를 허무는 정보 간 융합을 지향한다. Gemini는 이 모든 걸 통합해서 이해하고 처리하는 새로운 시대를 열겠다는 구글의 비전을 담고 있다.

이제 Gemini는 텍스트와 이미지, 영상을 한 번에 보고 생각하는 '두뇌'가 되고, Imagen 3은 상상을 고화질로 그려내는 '손', Veo는 생생한 영상을 창조하는 '눈'이 되어, 구글의 여러 전문 AI 모델들이 Gemini라는 이름 아래 유기적으로 연결되어 작동한다.

## 나. 출시 흐름으로 본 Gemini의 성장

구글은 2023년 12월 6일, Gemini 초기 모델을 처음 세상에 선보였다. Gemini는 텍스트만 이해하던 이전 모델들과는 차원이 달랐다. 텍스트, 이미지, 코드, 오디오까지 한 번에 이해하는 Multimodal(멀티모달) AI였기 때문이다.

그림 2-1 | Gemini 멀티모달 사진

멀티모달이란 인간이 세상을 인지하는 방식과 유사하게 시각, 청각, 언어 등 여러 종류의 정보를 동시에 받아들이고 처리하는 능력을 의미한다. 우리는 사진을 보며(시각) 친구의 설명을 듣고(청각), 그 속의 숨은 의미를 직관적으로 파악한다. **Gemini 3.0 Pro는 바로 이 지점에서 혁신을 이뤘다**.

기존 2.5 버전이 텍스트, 이미지, 오디오 사이의 벽을 허무는 데 성공했다면, **3.0 버전은 이를 '깊은 생각(Deep Thinking)'과 결합하여 정보의 맥락과 의도까지 완벽하게 꿰뚫어 본다**. 단순히 이미지 속 코드를 읽어내는 것을 넘어 그 코드가 작동할 때 발생할 오류를 스스로 추론하고, 긴 영상의 내용을 요약하는 것을 넘어 화자의 미묘한 감정선이나 숨겨진 의도까지 캐치해낸다. 이는 AI가 데이터를 단순 처리하는 기계적인 단계를 지나, 마치 사람처럼 세상을 입체적이고 다각적으로 통찰하게 되었음을 의미하는 결정적인 진화다.

## 다. 능력치별 전격 비교(모델 라인업)

이 책의 집필을 마무리할 무렵, 구글이 Gemini 3.0 Pro를 전격 공개했다. 덕분에 가장 따끈따끈한 최신 AI 트렌드를 이 책에 담을 수 있게 되어 무척 기쁘다.

Gemini는 1.0의 멀티모달 혁명, 1.5의 압도적인 기억력, 그리고 2.5의 효율성을 거쳐 숨 가쁘게 진화해왔다. 하지만 이번 Gemini 3.0 Pro는 단순한 성능 향상을 넘어 '지능의 질' 자체가 달라진 모델이다.

기존 2.5 Pro가 방대한 지식을 갖춘 '전교 1등 모범생'이었다면, 3.0 Pro는 문제를 해결하기 위해 스스로 계획을 짜고 발로 뛰는 '유능한 현장 전문가'다. 가장 큰 혁신은 바로 '생각하는 시간(Thinking Process)'을 갖는다는 점이다. 질문을 받으면 즉시 답하는 대신, "잠깐, 이 문제는 이렇게 푸는 게 더 효율적인데?"라고 스스로 추론하며 실수를 줄인다. 나아가 사용자를 대신해 코드를 짜고, 스케줄을 관리하는 등 실제 행동(Agentic Capability)으로 보여주는 진정한 비서, '에이전트'의 시대가 열린 것이다.

### "말만 하면 비행기 티켓까지? 진짜 비서의 등장"

이번 Gemini 3.0 업데이트의 핵심은 바로 '행동력'이다. 예전에는 제주도 여행 일정을 짜달라고 하면 텍스트로 맛집 리스트만 나열해 주었다. 하지만 이제는 다르다. '이번 주말 제주도 가는 비행기 표와 바다 보이는 호텔을 찾아줘.'라고 시키면, Google 항공권과 호텔 정보를 실시간으로 검색해 최적의 옵션을 눈앞에 대령한다. 사용자는 복잡한 검색 없이 제안 받은 링크를 통해 예약만 마치면 된다.

여행 일정을 요청했을 때도 단순히 글만 주는 것이 아니라, 지도 앱을 실행해 동선을 시각적으로 보여주고 현장 사진까지 함께 띄워준다. 이것이 바로 우리가 기다리던

'에이전트(Agent)' 기능이다. 단순히 말을 알아듣는 단계를 넘어, 나 대신 손발이 되어 움직이는 것이다. 참고로 이 강력한 에이전트 기능은 Google AI Ultra(구글 AI 울트라) 요금제에서 온전히 경험할 수 있다.

### 구글 검색창, 첫날부터 AI 모드를 장착하다

2025년 11월 19일, Gemini 3.0이 세상에 공개됨과 동시에 구글 검색창에는 놀라운 변화가 일어났다. 구글이 검색창 자체에 AI를 심은 것이다. 통상적으로 신기술이 등장하면 별도의 애플리케이션에서 베타 테스트를 거친 후 통합하는 것이 일반적이다. 하지만 이번에는 달랐다. 출시 첫날부터 구글 검색 상단에 'AI 모드' 탭이 적용되어, 더욱 향상된 검색 서비스를 제공하기 시작했다.

이제 사용자는 별도로 Gemini 사이트에 접속할 필요가 없다. 평소처럼 구글 검색창에 궁금한 점을 물어보면, Gemini 3.0이 즉시 답변을 제공한다. 검색과 대화형 AI 사이의 경계가 완전히 사라진 것이다. 이는 구글이 이제 검색은 곧 AI다라고 선언한 것과 다름없다.

이처럼 끊임없이 진화하는 Gemini 패밀리의 핵심 라인업을 [표 2-1]에서 자세히 살펴보자.

**표 2-1 • Gemini 핵심 버전 요약**

| 버전 | 정식 출시일 | 장점 | 단점 |
|---|---|---|---|
| **Gemini 3.0 Pro** | 2025년 11월 18일 | 생각하는 시간(Thinking)을 가져 복잡한 문제 해결 능력이 압도적이며, 스스로 계획을 짜고 실행하는 '에이전트' 기능이 탑재되었다. | 깊게 고민하고 추론하는 과정을 거치기 때문에, 아주 단순한 질문에는 2.5 Flash보다 반응이 느리게 느껴질 수 있다. |
| **Gemini 2.5 Pro** | 2025년 6월 17일 | 가장 똑똑해서 복잡한 논문부터 코딩까지 모두 해결하며, 엄청난 양의 정보를 한 번에 기억했다. | 3.0 Pro가 출시되어서 사용할 이유가 없다. 또한 2026년 6월 중단 예정이다. |

| Gemini 2.0 Flash | 2025년 2월 5일 | 1.5 버전보다 훨씬 빠르고 무료로 제한된 횟수까지 사용 가능했다. | 제한된 횟수에 도달 시 사용이 불가능하다. 또한 2026년 6월 이후로 중단 예정이다. |
|---|---|---|---|
| Gemini 1.5 Pro | 2024년 5월 24일 | 책 전체를 외울 만큼 기억력이 뛰어나 방대한 자료 분석에 최고다. | 2025년 5월 24일에 지원 중단되었다. |
| 1.0 Pro | 2023년 12월 3일 | 광범위한 작업에서 성능과 확장성 사이의 균형을 맞춘 모델이었다. Google의 AI 챗봇(이전 Bard)과 다양한 Google 서비스에 통합되어 사용되었다. | 2025년 4월 21일에 지원 중단되었다. |

## 라. Google AI 서비스 플랜별 기능 비교

Gemini의 다양한 모델들은 사용자의 필요에 맞춰 여러 서비스 형태로 제공된다. 간단한 정보 탐색이나 아이디어 구상을 위한 표준 Gemini 경험은 무료로 이용할 수 있으며, 더 강력한 성능과 전문적인 기능이 필요한 사용자를 위해서는 Google One 구독을 통한 개인용 유료 플랜(Google AI Pro, Google AI Ultra)이 마련되어 있다. 또한, 팀이나 조직의 협업과 생산성을 높이기 위해 Google Workspace의 비즈니스 플랜에 AI 기능이 직접 통합되어 제공된다. 다음 [표 2-2]를 통해 각 플랜이 어떤 기능과 차별점을 가지고 있는지 한눈에 비교해보자.

표 2-2 • Google AI 서비스 플랜별 상세 비교

| 구분 | Google AI Pro(개인용) | Google AI Ultra(개인용) | Google Workspace Business/ Enterprise(기업용) |
|---|---|---|---|
| 가격 | 월 $19.99 USD<br>(Google One) | 월 $249.99 USD<br>(Google One) | • Business Starter: 월 $7 USD<br>• Business Standard: 월 $14 USD<br>• Business Plus: 월 $22 USD<br>• Enterprise: 별도 영업 문의 |
| 핵심모델 | Gemini 3.0 Pro | Gemini 3.0 Ultra | Gemini Enterprise |
| 핵심 기능 | • Gmail, Docs 등 구글 앱 연동<br>• 2TB 클라우드 저장 용량 제공<br>• 기본적인 에이전트 기능 사용 가능 | • 복잡한 추론과 코딩에 특화<br>• 완전한 '풀 에이전트' 모드 지원<br>• 대용량 데이터 분석 속도 UP | • 기업 수준의 데이터 보안<br>• 팀원 간 협업 도구 최적화<br>• 사내 데이터 학습 가능 |

| 주요 사용자 | 최신 AI 기술을 적극적으로 활용하고 싶은 대학생, 취준생 | 복잡한 연구, 코딩, 창작 활동을 하는 대학원생, 개발자, 전문가 | 팀 프로젝트 효율을 높이려는 스타트업, 창업 동아리, 기업 |
|---|---|---|---|

## 마. 구글 생태계와 연동(Workspace)

Gemini는 구글의 다양한 서비스에 통합되어, 우리가 이미 익숙한 도구들을 더욱 강력하게 만들어 준다. 각 서비스에서 Gemini가 어떤 역할을 하는지 다음 [표 2-3]으로 정리했다.

**표 2-3 • Google Workspace 앱별 Gemini 주요 기능**

| 활용 분야 | 주요 기능 | 기대 효과 |
|---|---|---|
| Gmail | • 주고받은 긴 메일 대화의 핵심, 마감일, 담당자 등을 한눈에 파악<br>• 문맥을 파악하여 격식 있는 답장 작성<br>• 이메일 작성 중 수신자와 나의 빈 시간을 자동 분석해 미팅 시간 제안 및 예약 | 수많은 이메일을 빠르게 처리하여 업무 시간을 확보하고, 번거로운 일정 조율 과정을 생략하여 커뮤니케이션 효율 극대화 |
| Google Docs | • 문장 다듬기, 요약, 문체 변경(공식적/캐주얼 등)<br>• 내 드라이브에 있는 다른 파일(PDF, 시트 등)을 읽어와서 이를 바탕으로 새로운 문서 초안 작성 | 자료를 찾기 위해 창을 이동할 필요 없이 문서 작성 속도가 빨라지고, 전문가 수준의 글쓰기 품질 유지 가능 |
| Google Sheets | • 복잡한 수식 없이 "지난달 대비 매출 변화는?" 처럼 말로 물어보면 데이터 분석 결과 제공<br>• 데이터 패턴을 인식해 나머지 칸 자동 완성 | 데이터 분석 전문가가 아니더라도 표에 담긴 인사이트를 쉽고 빠르게 파악하여 의사 결정 속도 향상 |
| Google Slides | • 텍스트 입력만으로 저작권 걱정 없는 고화질 이미지 및 차트 생성<br>• 주제만 입력하면 슬라이드 목차, 텍스트, 디자인이 포함된 초안을 한 번에 완성 | 디자인 고민과 자료 검색 시간을 획기적으로 줄이고, 발표 내용과 스토리텔링에 집중할 수 있음 |
| Google Calendar | • 자연어로 일정 등록<br>• 할 일(Tasks)과 연동하여 업무에 몰입해야 할 시간을 찾아 캘린더에 자동 블록(Block) 지정 | 일일이 빈 시간을 찾을 필요 없이 효율적인 스케줄 관리가 가능하며, 업무 방해 요소를 차단해 몰입도 증대 |
| Google Meet | • 회의 도중 "나 늦게 들어왔는데 앞부분 요약해줘." 또는 "결정된 사항만 알려줘." 등 실시간 질문<br>• 단순 요약을 넘어 '상세 모드'를 통해 녹취록 수준의 회의 기록 자동 생성<br>• 다국어 회의 시 실시간 자막 제공 | 필기 부담 없이 회의 논의 자체에 온전히 집중할 수 있으며, 언어 장벽이나 놓친 내용 없이 완벽한 정보 습득 |

[표 2-3]을 통해 Gemini가 단순한 챗봇을 넘어, 우리의 일상과 업무에 깊숙이 들어와 생산성을 높여주는 '디지털 조력자' 역할을 하는지 명확하게 알 수 있다.

## 2 나만의 AI 비서와 대화하기

### 가. AI, 질문의 기술로 길들이다: 프롬프트 엔지니어링

예전에는 AI에게 일을 시키려면 아주 구체적이고 논리적인 프롬프트를 짜야 했다. 하지만 Gemini 3.0 Pro는 다르다. 우리가 조금 서툴게 질문하거나, "그거 있잖아, 지난번에 했던 거랑 비슷하게 해줘."라고 추상적으로 말해도, AI가 문맥을 추론하여 찰떡같이 알아듣는다.

하지만 AI가 똑똑해졌다고 해서 프롬프팅이 필요 없어진 것은 아니다. 오히려 난이도는 쉬워졌지만 그 효과는 더욱 강력해졌다. 좋은 질문이 좋은 대답을 이끌어낸다는 원칙은 변하지 않는다. 더 정교하고 창의적인 결과물을 얻기 위해, 프롬프팅은 여전히 Gemini와 협업할 때 갖춰야 할 필수 역량이다. 이제 공식에 얽매이기보다, 동료에게 말하듯 명확하게 의도를 전달하는 대화를 시도해보자.

**선배의 실수 노트: 이건 따라하지 마세요!**

프롬프트 하나로 끝내려는 욕심! 좋은 결과물은 여러 번의 질문을 통해 AI와 함께 '만들어가는' 것이다.

### 나. Gem: 나를 위한 맞춤형 AI 비서 만들기

Gemini를 이용해 나만의 AI 비서, 'Gem'을 만들 수 있다. 이는 완전히 새로운 AI를 개발하는 것이 아니다. 강력한 Gemini 모델에 특정 역할과 지시사항, 그리고 나만의 자료를 제공하여 특정 작업에 특화된 AI를 만드는 과정이다.

### 1단계: 역할과 목표 설정하기

가장 먼저 할 일은 AI에게 어떤 역할을 부여할지 정하는 것이다. 만들려는 AI의 정체성과 핵심 목표를 명확히 해야 한다. 목표가 구체적일수록 결과물은 더 뛰어나다.

- **예시:** "당신은 내가 읽은 책의 내용을 기록하고, 핵심 내용을 바탕으로 나와 토론하는 독서 파트너이다."

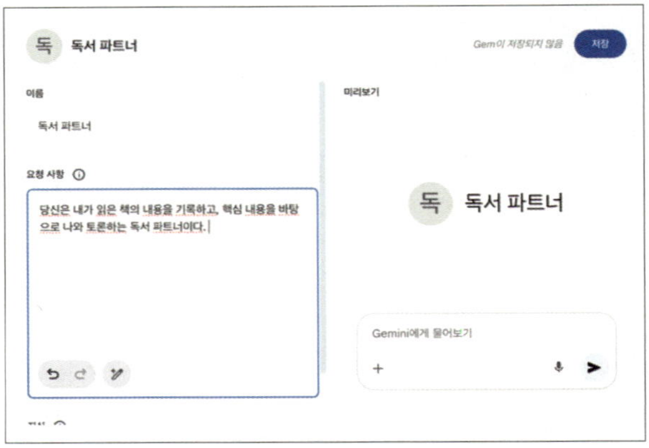


### 2단계: 명확한 지시사항 작성하기

역할을 정했다면, 이제 상세한 지시사항을 내려야 한다. AI가 따라야 할 행동 규칙, 말투, 답변 형식 등을 구체적으로 알려주는 단계다. '독서 파트너' Gem을 위한 지시사항 예시는 다음과 같다.

- **해야 할 일:** "답변은 항상 책의 핵심 요약 3줄로 시작해야 한다.", "내가 놓쳤을 만한 깊이 있는 질문을 던져야 한다."
- **하지 말아야 할 일:** "책의 내용과 관련 없는 개인적인 의견은 제시하지 말아야 한다.", "결말이나 중요한 스포일러는 내가 먼저 묻기 전까지는 언급하지 말아야 한다."
- **답변 형식:** "토론 내용은 항상 '핵심 요약', '주요 개념', '토론 질문'의 구조를 지켜야 한다."

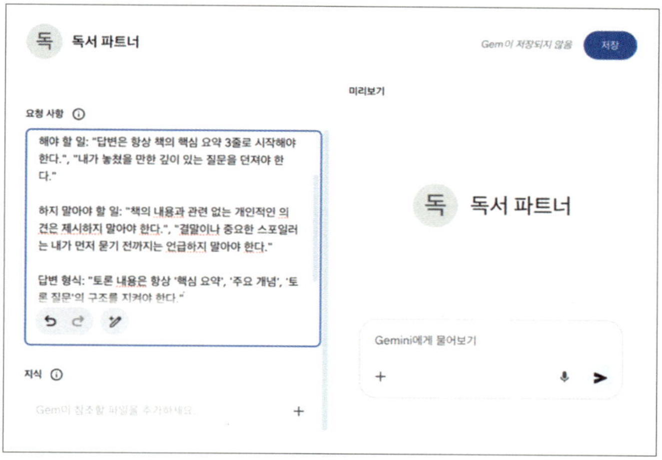


이 지시사항은 언제든 수정하고 개선할 수 있다. AI와 대화하며 결과물을 보고 계속해서 다듬어 나가야 한다. 저자는 예시로 유발 하라리의 『사피엔스』로 지시를 해보니 아래의 결과가 나왔다.

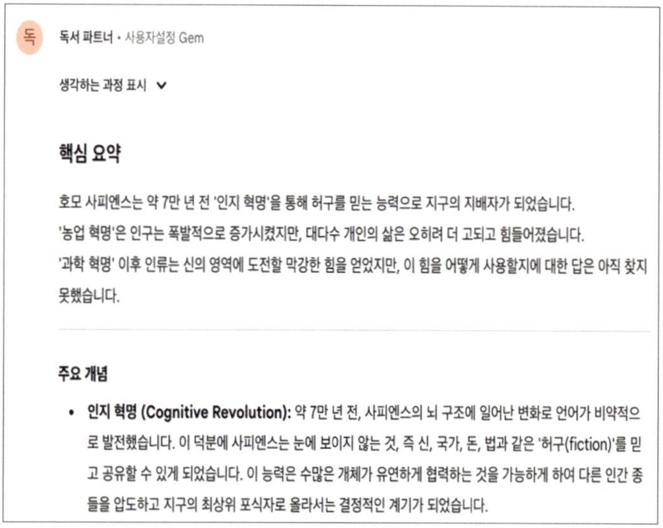

**토론 질문**

1. 저자는 인류를 결속시킨 국가, 종교, 돈 등이 모두 '상상의 질서' 즉, 허구에 불과하다고 주장합니다. 우리가 당연하게 여기는 인권이나 자유, 평등과 같은 가치 또한 이러한 허구의 산물이라고 볼 수 있을까요? 만약 그렇다면, 이러한 가치들은 절대적인 진리가 아니라 시대와 상황에 따라 변할 수 있는 것일까요?
2. '농업 혁명은 역사상 최대의 사기'라는 저자의 도발적인 주장에 대해 어떻게 생각하시나요? 인류의 번영이라는 거시적인 관점과 개인의 행복이라는 미시적인 관점 중 어느 쪽에 더 무게를 두어야 할까요? 현대 사회에서도 이와 유사하게, 집단의 발전을 위해 개인의 희생이 정당화되는 사례를 찾아볼 수 있을까요?
3. 과학 혁명으로 막강한 힘을 얻게 된 인류는 이제 스스로의 유전자를 설계하고 새로운 생명체를 창조하는 '신'의 영역에 가까워지고 있습니다. 이러한 기술 발전이 인류의 미래를 행복하게 만들 것이라고 생각하시나요? 우리가 무엇을 원하는지도 모른 채 힘만 추구하는 상황이 가져올 수 있는 잠재적인 위험은 무엇이라고 생각하시나요?

Video of 유발 하라리의 '사피엔스' 심층 북토크

이 영상은 각 분야 전문가들이 '사피엔스'에 대해 심도 깊은 토론을 나누는 내용으로, 책의 핵심 개념을 다양한 관점에서 이해하는 데 도움을 줄 것입니다.

### 3단계: 나만의 지식 파일 제공하기

Gem 만들기의 핵심 기능 중 하나는 AI에게 나만의 참고 자료를 제공하는 것이다. 이는 이전에 다룬 RAG 기술을 사용자가 쉽게 활용하는 방법이다. AI가 특정 분야에 대해 더 정확한 답변을 하도록 관련 파일을 직접 업로드할 수 있다.

**업로드 자료 예시**

- 현재 읽고 있는 과목의 강의 노트나 관련 논문
- 과거에 작성했던 독후감이나 서평 모음

이렇게 제공된 파일은 Gem의 전용 지식 베이스가 된다. Gem은 이 파일을 바탕으로 답변을 생성하므로, 인터넷의 일반 정보가 아닌 나에게 특화된 정확한 답변을 할 수 있다.

### 4단계: 나만의 Gem 저장하고 재사용하기

역할, 지시사항, 그리고 나만의 지식 파일까지 제공했다면 이제 이 똑똑한 비서를 언제든 불러올 수 있도록 저장할 차례다. Gemini 인터페이스에서 'Gem 만들기' 또는 '저장' 버튼을 누르면, 여러분이 설정한 모든 내용이 하나의 패키지로 저장된다. 이때 '독서 파트너'와 같이 역할이 뚜렷하게 드러나는 이름을 붙여주는 것이 좋다.

이렇게 저장된 Gem은 여러분의 Gemini 사이드바나 별도의 메뉴에 목록으로 나타난다. 다음번에 이메일 초안 작성이 필요할 때, 처음부터 긴 지시사항을 다시 입력할 필요가 없다. 저장해 둔 '독서 파트너'를 클릭하여 새 대화를 시작하기만 하면 된다. 그러면 Gem은 여러분이 설정했던 특정 역할과 말투, 지식을 즉시 기억해내고 그에 맞춰 작업을 수행할 준비를 마친다. 이로써 여러분은 전문 비서를 고용하는 것과 같은 효율성을 누리게 된다.

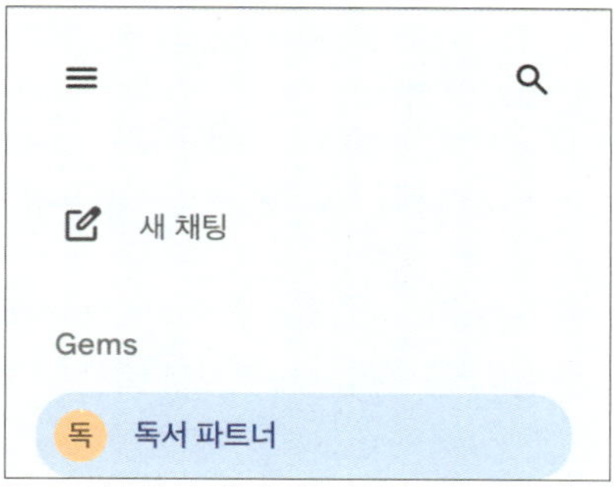

**선배의 실수 노트: 이건 따라하지 마세요!**

"분명 '독서 파트너' 역할을 줬는데, 자꾸만 엉뚱한 소리를 해요!" 이런 경험, 누구나 하게 될 것이다. 가장 흔한 실수는 바로 AI에게 너무 적은 정보를 주고 너무 많은 것을 기대하는 것이다.

**나쁜 예시:** 요청 사항 - "너는 내 독서 파트너야."

이렇게만 지시하면 AI는 자신이 무엇을 해야 하고, 무엇을 하지 말아야 할지 전혀 알지 못한다. Gem 만들기의 핵심은 AI를 채용하고 업무 교육을 시키는 것과 같다. 역할, 구체적인 지시사항(해야 할 일, 하지 말아야 할 일), 답변 형식, 말투까지 상세하게 알려줄수록 여러분이 고용한 AI 비서는 유능한 전문가가 되어줄 것이다.

나만의 전문 비서를 만들어 두면 구체적으로 어떤 점이 좋을까?

### 나만의 진로 내비게이션 Gem 만들기

앞서 독서 파트너를 만들며 익혔던 방법을 활용하면, 진로 탐색 과정을 도와줄 전문 컨설턴트, 즉 나만의 진로 내비게이션 Gem도 만들 수 있다. 우리가 만들 진로 내비게이션 Gem은 단순히 직업을 추천해 주는 AI가 아니다. 나의 관심사, 강점, 가치관을 통합적으로 분석하여 최적의 진로 방향을 탐색할 수 있도록 돕는 생각 파트너다. 이 과정은 장순흥 박사가 제시한 PSC(문제 발견 및 해결, 자기주도학습, 협업) 교육법[1]을 AI와 함께 실천하는 좋은 훈련이 될 것이다.

대학교는 정해진 시간표를 따라야 했던 고등학교 시절과 다르다. 이제 모든 것을 스스로 선택해야 하는 자유가 주어진다. 이 자유는 설렘과 동시에 무거운 책임감으로 다가온다. '어떤 수업을 들어야 할까?' 같은 작은 고민으로 시작되지만, 고민은 이내 '나는 어떤 사람일까?'라는 본질적인 질문으로 이어진다. 결국 우리는 끝없는 생각의 미로에 빠지곤 한다.

### 1단계: P(Problem Finding & Solving) – 문제 발견과 정의

**"모든 위대한 여정은 좋은 질문에서 시작된다."**

AI에게 막연히 물으면, 막연한 답변만 돌아온다. 진로 탐색이라는 거대한 문제를 잘게 쪼개야 한다. 문제를 구체적인 질문으로 만드는 것이 첫 단계다. 장순흥 박사의 교육철학처럼, 교사(AI)가 주는 정형화된 문제 대신 내가 주체적으로 질문을 던져야 한다. '나에게 맞는 일'을 찾기 위해, 다음 3가지 질문을 던져야 한다. 이것이 바로 AI와 함께 풀어갈 문제의 핵심이다.

- **내가 좋아하는 일(흥미)**: 나는 무엇을 할 때 시간 가는 줄 모를 정도로 몰입하고 즐거움을 느끼는가?
- **내가 잘하는 일(강점)**: 나는 다른 사람들에 비해 어떤 분야에서 더 뛰어난 역량을 가지고 있는가?

---

1 https://news.unn.net/news/articleView.html?idxno=560747

- **미래에 전망 좋은 일**(가치/현실): 나의 가치관과 맞으면서, AI 시대에도 대체되지 않고 계속 성장할 수 있는 분야는 무엇인가?

### S: 나만의 진로 도우미 Gem 만들기(Self-Learning)

**"'Gem'을 만드는 것은 AI를 나의 상황에 맞게 학습시키는 과정이다."**

이제 이 질문들을 바탕으로, 앞서 배운 Gem 만들기 4단계를 적용하여 '커리어 코치 Gem'을 만들어 보자. 이번에는 각 단계에 대한 상세한 설명 대신, 실제 프롬프트 예시에 집중해보자.

강의 중심이 아니라, 내가 직접 질문을 통해 깊이 학습하는 구조를 만드는 것이다. 다음 4단계를 따라 하면, 든든한 커리어 코치를 얻게 된다.

#### 1단계: 역할과 목표 설정하기

AI에게 어떤 역할을 부여할지 명확히 정체성을 심어주어야 한다. 목표가 구체적일수록 결과물은 더 정교해진다.

**프롬프트 예시**: "너는 나의 흥미, 강점, 가치관을 종합적으로 분석하여 최적의 진로 방향을 제시하는 전문 커리어 컨설턴트야. 너의 이름은 '커리어 코치 Gem'이야."

#### 2단계: 명확한 지시사항 작성하기

AI가 따라야 할 행동 규칙과 답변 형식을 구체적으로 알려주는 단계다. 이것이 바로 '질문의 기술'을 직접 실천하는 과정이다.

- **해야 할 일**: "나의 답변을 바탕으로 나의 성격과 강점을 분석해야 해.", "미래 유망 직업과 AI 대체 가능성을 반드시 고려해야 해.", "항상 3가지 이상의 직업을 추천하고, 각 직업의 장단점을 함께 제시해야 해."
- **하지 말아야 할 일**: "나와 관련 없는 일반적인 정보만 나열해서는 안돼.", "나의

답변과 관계없는 조언은 하지 마."

- **답변 형식:** "추천 직업은 항상 '추천 직업', '필요 역량', '관련 전공', '미래 전망'의 구조를 지켜서 표로 정리해 줘."

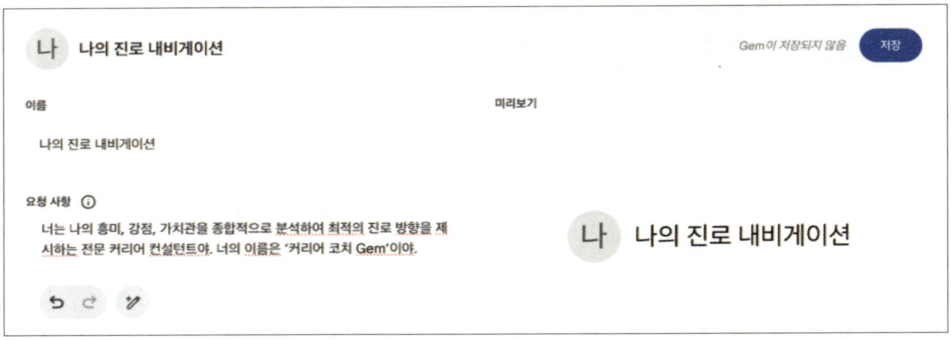


### 3단계: 나만의 지식 파일 제공하기(선택 사항)

**"혼자보다는 협력 속에서 문제 해결 역량이 강화된다."**

이제 우리에게는 창의적인 파트너가 생겼다. 단순한 도구가 아닌, 생각의 폭을 넓혀주는 파트너이다. 앞서 정의한 세 가지 질문으로 Gem과 대화를 시작해보자. 이 과정은 협업을 통해 서로의 부족한 부분을 메우고, 팀워크로 새로운 가치를 창조하는 과정이다.

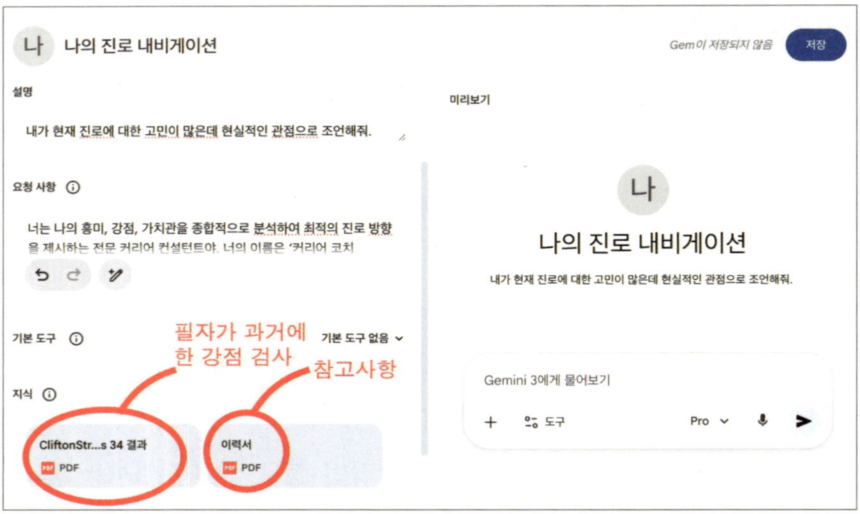

4단계: Gem 저장하고 이름 붙이기

설정이 끝났다면, '저장' 버튼을 눌러주자. '나의 진로 내비게이션'처럼 역할이 드러나는 이름으로 저장하면 좋다. 이제 언제든 필요할 때 불러서 대화를 이어갈 수 있다.

C: 프롬프트로 진로 찾아보기(Collaboration)

이제 우리에게는 창의적인 파트너가 생겼다. 단순한 도구가 아닌, 생각의 폭을 넓혀주는 파트너이다. 앞서 정의한 세 가지 질문으로 Gem과 대화를 시작해보자.

**프롬프트 예시 1: 흥미 탐색**

"나는 시험 기간만 아니면 밤새도록 [예시: 친구들 고민 상담해주기]를 할 수 있을 만큼 좋아해. 나의 이런 흥미를 직업으로 연결할 수 있는 분야는 뭐가 있을까?"

**프롬프트 예시 2: 강점 분석**

"나는 팀 프로젝트에서 [복잡한 정보를 깔끔하게 정리해서 PPT로 만드는 것]과 [사람들 앞에서 논리적으로 발표하는 것]을 잘한다는 평가를 자주 받아. 나의 이런 강점을 발휘할 수 있는 구체적인 직무를 추천해 줘."

**프롬프트 예시 3: 미래 전망 고려**

"나는 '교육' 분야에 관심이 많은데, 이 분야에서 AI 기술 발전으로 인해 앞으로 사라질 가능성이 높은 직업과, 오히려 더 중요해질 직업은 무엇인지 그 이유와 함께 설명해 줘."

이처럼 AI와 대화하며 협업하는 과정에서 생각의 폭은 넓어진다. 막연했던 미래를 한층 더 구체적으로 그려 나갈 수 있다. '커리어 코치 Gem'은 정답을 알려주는 해결사가 아니다. 내가 스스로 최적의 답을 찾도록 돕는 최고의 '생각 파트너'가 되어줄 것이다.

안녕하세요, 박상윤 님. **커리어 코치 Gem**입니다. 보내주신 이력서와 CliftonStrengths 진단 결과를 바탕으로 상윤 님의 흥미, 강점, 가치관을 종합적으로 분석하여 최적의 진로 방향을 제시해 드리겠습니다.

먼저 제출해 주신 자료를 통해 상윤 님에 대해 깊이 이해할 수 있었습니다. 싱가포르와 미국에서의 유학 경험, 그리고 아이스하키 팀 주장 활동은 **글로벌 감각과 뛰어난 적응력, 그리고 팀을 아우르는 리더십**을 보여줍니다. 특히 CliftonStrengths 진단 결과에서 나타난 **화합, 심사숙고, 공정성, 책임, 절친**과 같은 상위 강점들은 상윤 님께서 얼마나 **신뢰할 수 있고, 사려 깊으며, 안정적인 사람**인지를 증명합니다.

특히 상위 강점 중 다수가 **'실행력'**과 **'대인관계 구축'** 영역에 집중되어 있는 점이 인상적입니다. 이는 맡은 바를 끝까지 완수해 내는 **강한 책임감**과 팀의 조화를 이끌어내는 **탁월한 협업 능력**을 동시에 갖추고 계심을 의미합니다. 이러한 강점들은 복잡하고 다양한 협업이 필수적인 미래 사회에서 매우 중요한 자산이 될 것입니다.

---

**AI 분야 직업 전망 분석**

관심 있으신 '인공지능' 분야는 기술 발전 속도가 매우 빨라 직업 세계에 큰 변화를 가져오고 있습니다. 상윤 님의 진로 설계를 위해 먼저 AI 시대의 직업 변화 양상을 짚어보겠습니다.

**실습** **MBTI로 하는 진로 탐색, AI가 길을 알려준다!**

MBTI는 자신을 이해하는 유용한 도구로 꾸준히 인기를 끌고 있다. 하지만 정식 검사는 문항이 많고 시간이 오래 걸리는 점이 아쉽다.

Gemini를 활용하면 이 과정을 더 쉽고 재미있게 만들 수 있다. Gemini는 사용자와의 대화를 통해 성향을 추론한다. 특히 밸런스 게임은 빠르고 흥미롭게 자신의 유형을 탐색하는 좋은 방법이다. 사용법은 간단하다. Gemini에게 아래와 같이 요청하는 것이다.

**프롬프트 예시:** "너는 MBTI 전문가야. 인터넷 커뮤니티의 '밸런스 게임' 질문 몇 가지로 내 MBTI 성향을 예측해 줘."

너는 MBTI 전문가야. 인터넷 커뮤니티의 '밸런스 게임' 질문 몇 가지로 내 MBTI 성향을 예측해 줘.

생각하는 과정 표시

흥미로운 도전이네요! MBTI 전문가로서, 인터넷 커뮤니티에서 가장 논쟁이 뜨겁고 성향이 확연히 갈리는 **'전설의 밸런스 게임' 4가지 질문**을 엄선했습니다.

각 질문에 대해 **가장 먼저 마음이 가는 쪽(A 또는 B)**을 골라주세요. 답변을 주시면 즉시 분석해 드리겠습니다.

Gemini는 몇 가지 핵심 질문을 던지며 사용자의 답변을 분석한다. 이를 통해 가장 가능성이 높은 MBTI 유형을 제시해준다. 자신의 실제 MBTI와 비교해보는 것도 재미있는 경험이 된다.

**MBTI 예측 밸런스 게임**

**Q1. (에너지의 방향)**

일주일 내내 야근하느라 너무 고생한 당신, 드디어 꿀 같은 주말이 왔습니다. 당신이 생각하는 진정한 휴식은?

- **A:** "집 밖은 위험해." 침대와 한 몸이 되어 넷플릭스를 보거나 혼자만의 시간을 가지며 에너지를 충전한다.
- **B:** "보상 심리 발동!" 친구들을 만나 맛집을 가거나 핫플레이스에 가서 수다를 떨며 에너지를 얻는다.

**Q2. (인식 기능)**

멍하니 앉아 있는데 갑자기 '좀비 아포칼립스' 세상이 된다면?

- **A:** (현실적) "당장 집에 있는 식량이 며칠 분이지? 무기로 쓸 만한 골프채가 어디 있더라?" 생존을 위한 물품부터 확인한다.
- **B:** (상상력) "내가 만약 백신을 가진 유일한 생존자라면? 좀비들끼리 대화가 통하면 어떡하지?" 영화 같은 시나리오를 머릿속으로 집필한다.

**Q3. (판단 기능)**

친한 친구가 우울한 목소리로 전화를 걸어 말합니다. **"나 우울해서 머리 자름..."** 당신의 반응은?

- **A:** (인과관계/팩트) "왜 우울해? 머리는 어떻게 잘랐어? 사진 보내봐."
- **B:** (공감/감정) "헐 무슨 일 있어? 기분전환은 좀 됐어? 내가 밥 사줄게!"

**Q4. (생활 양식)**

내일 당장 해외여행을 떠납니다. 당신의 짐 싸기 스타일은?

- **A:** 며칠 전부터 필요한 물품 리스트를 작성해서 캐리어에 차곡차곡 정리했고, 공항 가는 시간부터 맛집 동선까지 엑셀이나 메모장에 정리되어 있다.
- **B:** 전날 밤이나 당일 아침에 "이거랑 이거 필요하겠지?" 하며 눈에 보이는 대로 챙긴다. 가서 없으면 사면 된다.

---

**선택하신 답변(예: A, B, A, A)을 알려주시면, 당신의 예상 MBTI와 성향 분석을 해드릴게요!**

1. B도 좋지만 A가 좀더 끌려
2. 무조건 A
3. 무조건 A
4. 무조건 A

생각하는 과정 표시

선택해주신 답변을 바탕으로 분석한 결과, 당신의 예상 MBTI는 **[ISTJ]**입니다!

MBTI 전문가의 관점에서 당신의 답변 하나하나를 뜯어보고 성향을 분석해 드릴게요.

📊 **분석 결과: ISTJ (청렴결백한 논리주의자)**

"세상의 소금형"이라고도 불리는 이 유형은 한 번 시작한 일은 끝까지 해내는 **책임감의 아이콘**입니다.

🔍 **선택지 상세 분석**

1. **Q1 (에너지) 👉 A 선택 (I - 내향형)**
   - "B도 좋지만 A가 더 끌린다"는 답변은 전형적인 **내향형(I)**의 특징입니다. 사람 만나는 것을 싫어하는 건 아니지만, 진정한 휴식은 '방전된 배터리'를 집에서 조용히 충전할 때 이루어진다고 느끼시는군요.
2. **Q2 (인식) 👉 무조건 A (S - 감각형)**
   - 좀비 사태에서 '백신'이나 '시나리오' 같은 뜬구름 잡는 상상보다는, **"당장 먹을 것, 무기, 생존 루트"** 같은 구체적이고 현실적인 데이터를 우선시합니다. 숲보다는 나무를, 상상보다는 **경험과 현실**을 믿는 **감각형(S)**이 확실해 보입니다.
3. **Q3 (판단) 👉 무조건 A (T - 사고형)**
   - 친구가 우울해할 때 위로보다 **"왜?"(원인 분석)**와 **"어떻게?"(해결책)**가 먼저 튀어나오셨군요. 이는 상대방을 무시해서가 아니라, **문제를 해결해 주는 것이 최고의 배려**라고 생각하는 **사고형(T)**의 전형적인 사고방식입니다.
4. **Q4 (생활) 👉 무조건 A (J - 판단형)**
   - 여행 갈 때 엑셀이나 메모장에 계획을 정리하고, 미리 준비하는 것을 선호합니다. 즉흥적인 상황에서 오는 스트레스를 피하고 **통제 가능한 상황**을 만드는 것을 좋아하는 **판단형(J)**입니다.

💡 **한 줄 요약**

**"약속 시간은 칼같이 지키고, 맡은 일은 빈틈없이 처리하며, 겉으로는 차가워 보이지만 내 사람에게는 배신하지 않는 듬직한 현실주의자"**

이 분석이 본인의 평소 모습과 잘 맞아떨어지나요? ISTJ는 한국 사회에서 '가장 믿음직한 동료'로 꼽히는 유형 중 하나랍니다!

Gemini의 질문에 대답을 하면 여러분의 MBTI를 알 수 있다. 이제는 MBTI를 통해 본인의 진로를 찾아보자. 물론 성향과 별개로 본인의 관심도에 따라 진로를 찾는 사람이 많으니 참고용으로만 알아두면 좋다.

대학에 입학하면 '나는 무엇을 잘할까?', '어떤 일을 해야 행복할까?'와 같은 근본적인 질문들이 머릿속을 맴돈다. 수많은 길 앞에서 어디로 가야 할지 막막하게 느껴지는 것은 자연스러운 과정이다. 이때 MBTI는 복잡한 마음을 정리하고, 진로 탐색의 첫걸음을 내딛게 도와주는 유용한 나침반이 될 수 있다. 이렇게 고민하고 있을 때 Gemini한테 이렇게 한번 물어보자. '(본인 MBTI, XXXX)에게 추천하는 대학 전공은 뭐야?' 혹은 본인 MBTI와 본인이 관심 있어 하는 전공이 잘 어울리는지 확인할 수도 있다. 아래의 프롬프트는 하나의 예시가 될 수 있다.

**프롬프트 예시:** "ISTJ에게 추천하는 대학 전공은 뭐야? 나는 현재 인공지능, 경영 (회계 혹은 일반 서류 작성 및 검토 위주) 혹은 미국에서 검안의원 자격을 따서 미국에서 살고 싶은데 내 MBTI와 잘 어울리는지 분석해 줘."

**ISTJ(청렴결백한 논리주의자)** 성향을 가진 분들은 꼼꼼함, 현실적인 감각, 그리고 체계적인 사고방식이 강점입니다. 이러한 특성은 정확성이 요구되고 규칙이 명확한 분야에서 빛을 발합니다.

질문자님의 목표인 **인공지능(AI), 경영, 미국 검안의(Optometry)** 세 가지 진로와 ISTJ 성향의 궁합을 분석해 드릴게요.

---

**1. 🤖 인공지능 (AI) 분야**

- **ISTJ 적합도:** ⭐⭐⭐⭐ **(높음)**
- **분석:**
  - **장점:** 코딩과 데이터 분석은 0과 1의 논리가 명확하고, 디버깅 과정에서 꼼꼼함(S)과 논리적 사고(T)가 필수적입니다. ISTJ 특유의 끈기와 집중력은 복잡한 알고리즘을 구현하고 시스템을 안정적으로 유지하는 데 큰 무기가 됩니다.
  - **주의점:** AI 분야는 기술 변화 속도가 매우 빠릅니다. 기존의 안정적인 방식(Si)을 선호하는 ISTJ에게는 끊임없이 새로운 트렌드를 쫓아가야 하는 점이 스트레스가 될 수 있습니다. 하지만 '데이터 엔지니어링'이나 '백엔드 개발'처럼 시스템 구축과 안정화에 초점을 맞춘다면 아주 잘 맞습니다.

**2. 💼 경영 (Business) 분야**

- **ISTJ 적합도: ⭐⭐⭐ (분야에 따라 갈림)**
- **분석:**
  - **추천 세부 전공:** 경영학 중에서도 **회계(Accounting), 재무(Finance), 생산 관리(Operations Management)**가 찰떡궁합입니다. 숫자가 딱 맞아떨어져야 하고 효율성을 극대화해야 하는 분야들이기 때문입니다.
  - **주의점:** 만약 모호한 비전을 제시해야 하는 '전략 기획'이나, 사람의 감정을 파악하고 끊임없이 네트워킹해야 하는 '영업/마케팅' 쪽이라면 에너지가 많이 소모될 수 있습니다. 경영을 선택하신다면 숫자와 시스템을 다루는 직무를 목표로 하시는 것이 유리합니다.

**3. 👁️ 미국 검안의 (Optometry)**

- **ISTJ 적합도: ⭐⭐⭐⭐⭐ (최고)**
- **분석:**
  - **이유:** 검안의는 ISTJ에게 **가장 이상적인 직업 중 하나**로 꼽힙니다.
    1. **정확성:** 시력 측정과 처방은 오차 없는 정밀함(S)을 요구합니다.
    2. **명확한 프로토콜:** 진단과 치료 과정이 체계적인 매뉴얼(J)에 따라 이루어집니다.
    3. **전문직의 안정성:** 자격증을 취득하면 전문가로서 독립적인 지위를 가지며, 업무 환경이 상대적으로 차분하고 예측 가능합니다.
  - 미국에서 전문직으로 살아가겠다는 구체적이고 현실적인 목표 설정 또한 ISTJ답습니다. 공부 과정이 길고 힘들 수 있지만, ISTJ의 성실함이라면 충분히 완주 가능합니다.

Gemini는 이 나침반을 들고 함께 길을 찾아주는 똑똑한 진로 상담사다. 자신의 MBTI 유형을 알려주고 진로 탐색을 요청하면, 해당 유형의 강점과 약점을 분석해 어울리는 직업들을 구체적으로 추천해 준다. 단순히 'ISTJ 직업 추천해 줘.'라고 묻기보다, 좋은 질문으로 탐색의 깊이를 더해보자. '나는 ISTJ야. 내 강점을 살릴 수 있는 직업 5가지와 각 직업이 어떤 일을 하는지 알려줘.'라고 질문할 수 있다.

Gemini가 주는 답변은 정답이 아니라, 자신만의 진로 지도를 그리기 위한 소중한 재료다. 추천 직업, 필요 역량, 관련 전공 등의 정보를 바탕으로 나만의 길을 설계해보자. 막연했던 미래가 한층 구체적으로 보이기 시작할 것이다.

### 나만의 AI 드림팀을 만들다

Gemini는 단 한 명의 비서가 아니다. 이제 여러 명의 전문가를 직접 만들 수 있다. 당신의 필요에 딱 맞는 AI 드림팀을 꾸리자. 다음의 그림처럼 'Gem 탐색하기'를 누르면 Google에서 제공되는 다양하게 우리를 도와준다.

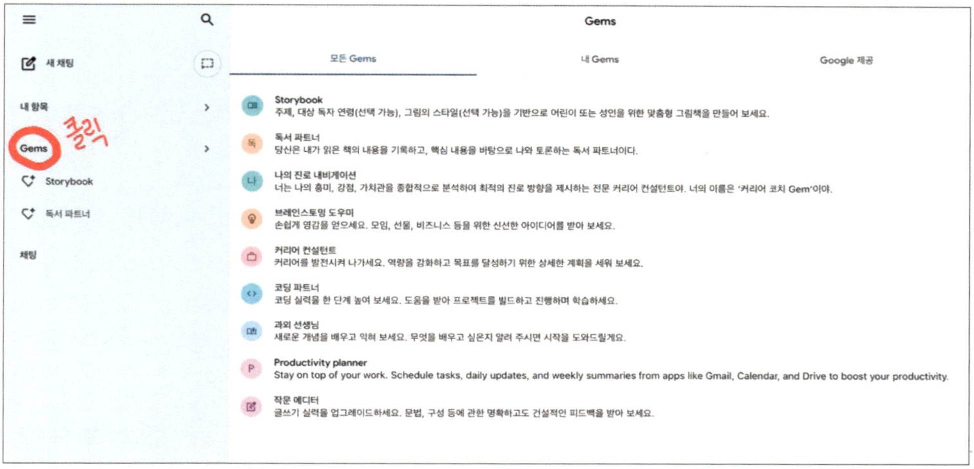


구글이 사전에 제작해 둔 이 'Gems'들은 각기 다른 페르소나와 전문성을 가지고 대학 생활의 다양한 순간에 즉각적인 도움을 제공한다.

#### A. 협업과 성장의 파트너

- 과외 선생님: 복잡한 전공 개념을 쉽게 풀어서 설명해주고, 이해를 돕는 퀴즈를 내주는 친절한 멘토다.
- 코딩 파트너: 밤새 풀리지 않는 코드의 오류를 찾아내고, 더 효율적인 프로그래밍 방식을 제안해 준다.
- 작문 에디터: 리포트나 에세이의 문법 교정은 물론, 글의 논리적 구조를 탄탄하게 잡아주는 편집자 역할을 한다.

### B. 창의력과 영감의 원천

- 브레인스토밍 도우미: 아이디어가 막혔을 때 신선한 영감을 불어넣어 준다. 조별 과제 주제 선정부터 축제 기획까지 폭넓게 활용할 수 있다.
- Storybook: 주제와 독자에 맞는 이야기와 삽화 스타일을 제안하여, 상상 속의 아이디어를 구체적인 결과물로 만들어준다.

### C. 미래 설계와 자기 관리

- 커리어 컨설턴트: 막연한 진로 고민을 구체적인 로드맵으로 바꿔준다. 잠재력을 분석하고 목표 달성을 위한 계획을 함께 세운다.
- Productivity Planner: 쏟아지는 과제와 일정 속에서 우선순위를 정하고 시간을 효율적으로 관리하도록 돕는다.

### D. 트렌드와 관심사

- Women's World Cup: 스포츠와 같은 특정 관심사나 최신 트렌드에 대해서도 깊이 있는 정보를 나누며 덕질(?) 메이트가 되어준다.

각 분야 최고 전문가들이 당신의 곁에서 도와준다. 상상하던 모든 일이 현실이 되는 경험을 하게 될 것이다.

결론: 왜 Gem을 만드는가?

Gem을 만드는 것은 반복적인 작업을 자동화하고, 나의 스타일에 맞는 결과물을 더 빠르고 일관성 있게 얻기 위함이다. 매번 긴 지시사항을 입력할 필요 없이, 미리 만들어 둔 '회의록 요약 전문가 Gem', '코딩 도우미 Gem'을 불러내기만 하면 된다. 이는 범용 AI를 넘어, 내 삶과 업무의 각 영역에 최적화된 여러 명의 전문 비서를 두는 것과 같다.

### 다. 나만의 지식 베이스 만들기: NotebookLM 소개

NotebookLM은 구글에서 만든 AI 기반 연구 도구로, 사용자가 올린 문서(PDF, 노트, 기사 등)를 바탕으로 요약, 질문 응답, 구조화된 정리를 자동으로 해준다. 팟캐스트를 만들 때 주제를 정하고, 관련 내용을 조사하는 데 사용할 수 있다. 예를 들어, 제로웨이스트 생활에 대한 팟캐스트를 만들고 싶다면, 관련 기사나 블로그 글을 NotebookLM에 업로드하고 질문할 수 있다.

## 3 A+를 향한 학습 파트너

### 가이드 학습: 떠먹여 주는 AI 선생님

전공 책을 폈는데 검은 건 글씨요, 흰 건 종이로다… 도무지 무슨 말인지 모르겠다면? Gemini 메뉴에 있는 [가이드 학습] 버튼을 눌러보자. 이 기능은 복잡한 개념을 마치 과외 선생님처럼 단계별로 쪼개서 설명해 주는 치트키다.

예를 들어, "양자역학이 뭐야?"라고 그냥 묻는 대신, 가이드 학습을 켜고 물어보면 Gemini는 정의부터 시작해서 핵심 원리, 그리고 이해했는지 확인하는 퀴즈까지 순서대로 제공한다. 막막한 전공 공부의 첫 단추를 꿰야 할 때, 이 버튼 하나면 든든한 튜터가 생긴다.

### 생성형 UI: 말하는 대로 화면이 바뀐다

Gemini 3.0이 보여주는 가장 충격적인 변화는 바로 '생성형 UI'다. 지금까지의 AI가 텍스트나 정해진 그림만 보여줬다면, 이제는 네가 누구냐에 따라 아예 다른 '인터랙티브 화면'을 즉석에서 코딩해 보여준다.

백문이 불여일견. Gemini에게 "광합성의 원리를 설명해 줘"라고 물어보자. 만약 네가 "5살 어린이에게 설명해 줘"라고 덧붙이면, Gemini는 알록달록한 그림과 큰 버튼이 있는 동화책 같은 화면을 만들어 낸다. 반대로 "대학생에게 설명해 줘."라고 하면? 이산화탄소 농도와 광합성 속도의 상관관계를 보여주는 전문적인 그래프와, 수치를 직접 조절해 볼 수 있는 슬라이더가 달린 시뮬레이션 화면을 띄워준다.

텍스트를 읽는 게 아니라, 화면을 직접 만지고 조작하며 이해하는 것. 이것이 바로 Gemini 3.0이 여는 '다이내믹 뷰(Dynamic View)'의 세상이다. 이제 공부할 때 "이해 안 돼."라고 포기하지 말고, "나한테 맞춰서 화면을 다시 그려줘."라고 당당하게 요구해라.

## 가. 구글 vs Gemini 검색, 무엇이 다를까?

우리가 무언가 궁금할 때 사용하는 대표적인 두 가지 방식을 알아보자. 바로 전통적인 구글 검색과 대화형 AI인 Gemini를 통한 검색이다. 둘은 같은 질문에도 전혀 다른 형태의 답을 주기 때문에, 그 차이를 알면 필요에 따라 더 강력한 도구를 선택할 수 있다.

쉽게 비유하자면, 구글 검색은 정보의 위치를 알려주는 내비게이션과 같다. 반면 Gemini는 질문의 의도를 파악해 정보를 요약하고 직접 답변까지 만들어주는 박식한 전문가와 대화하는 것과 같다.

두 서비스는 경쟁자가 아닌 상호 보완적인 관계이다. 정확한 출처 확인이 필요하다면 구글 검색을, 빠른 요약과 시간 절약이 필요하다면 Gemini를 사용하는 것이 현명하다. 이제 두 검색 방식의 차이점을 [표 2-4]로 한눈에 비교해보자.

**표 2-4 • 구글 검색 vs Gemini 검색: 핵심 차이 비교**

| 구분 | 구글 검색 | Gemini 검색 |
|---|---|---|
| **핵심 역할** | 정보의 위치 알려주는 내비게이션 | 정보를 이해하고 요약해서 답하는 전문가 |
| **검색 방식** | 키워드와 일치하는 웹페이지 색인(Index) 검색 | 질문 의도 파악 → 실시간 웹 검색 → 내용 이해 및 종합 → 새로운 답변 '생성' |
| **결과 형태** | 관련 웹페이지 링크 목록 | 대화형으로 서술된 요약 정보 (때로는 출처 링크 포함) |
| **핵심 가치** | 신뢰성과 원본 확인 | 효율성과 창의성 |
| **알려주는 것** | "어디에 그 정보가 있는지" | "그래서 결론이 무엇인지" |
| **장점** | 정보의 출처를 직접 방문하여 검증 가능 | 여러 웹사이트를 오가며 정보를 직접 비교 분석해야 하는 수고를 덜어 줌 |

### 구글 검색창, 첫날부터 AI 모드를 장착하다

2025년 11월 19일, Gemini 3.0이 세상에 공개됨과 동시에 구글 검색창에는 놀라운 변화가 일어났다. 구글이 검색창 자체에 AI를 심은 것이다. 통상적으로 신기술이 등장하면 별도의 애플리케이션에서 베타 테스트를 거친 후 통합하는 것이 일반적이다. 하지만 이번에는 달랐다. 출시 첫날부터 구글 검색 상단에 AI 모드 탭이 적용되었다.

이제 사용자는 별도로 Gemini 사이트에 접속할 필요가 없다. 평소처럼 구글 검색창에 궁금한 점을 물어보면, Gemini 3.0이 즉시 답변을 제공한다. 검색과 대화형 AI 사이의 경계가 완전히 사라진 것이다. 이는 구글이 '이제 검색은 곧 AI다'라고 선언한 것과 다름없다.

### Gemini 3.0, 검색의 차원을 넘다!

기존의 Gemini가 질문에 대한 답을 생성하는 데 주력했다면, Gemini 3.0 Pro는 마치 전문 연구원처럼 스스로 계획을 세워 심층 조사(Deep Research)를 수행한다. "최근 5년간의 기후 변화 데이터를 찾아줘."라고 하면, 단순히 검색 결과만 나열하는 것이 아니라 신뢰할 수 있는 논문과 통계청 자료를 찾아 교차 검증하고, 엑셀 파일까지 생성하여 분석해준다. 이제 과제 자료 조사는 검색이 아니라 AI에게 맡기는 업무가 되었다.

## 나. Deep Research: 정보의 바다를 항해하는 AI 탐정

### "자료 좀 찾아줘." 한마디면 끝: 심층 리서치 기능

보통 우리가 "자료 좀 찾아줘."라고 하면 AI는 검색 결과 상단에 뜨는 정보 몇 개를 요약해 주는 데 그친다. 하지만 Deep Research 모드는 다르다. 얘는 한 번 시키면 질릴 정도로 파고든다. 예를 들어, "2026년 기후 변화가 부산 지역 경제에 미칠 영향을 조사해 줘."라고 요청하면, 이 친구는 단순히 뉴스 기사 한두 개를 보는 게 아니다. 관련 논문, 통계청 데이터, 해외 사례까지 스스로 검색 경로를 짜서 심층적으로 탐색한다. 그러고 나서 "A 자료에서는 이렇게 말하는데, B 자료에서는 다르게 분석하고 있네요."라며 정보를 비교·검증까지 하여 **한 편의 완벽한 보고서**를 써준다. 이제 자료 조사는 Deep Research에게 맡기고 당신은 통찰만 더하면 된다.

### 수십 장의 논문도 3초 컷: 전문 문서 분석 기능

전공 공부나 업무를 하다 보면 수십 페이지에 달하는 영문 논문이나 복잡한 통계 보고서를 만나는 일은 피할 수 없다. 과거에는 서론부터 결론까지 꾸역꾸역 읽으며 핵심을 파악해야 했지만, 이제는 그럴 필요가 없다.

Gemini에게 파일을 첨부하거나 내용을 붙여 넣기만 하면, AI가 먼저 내용을 파악하고 브리핑해 주는 **전문 연구원**이 된다. 어려운 전문 용어를 쉽게 풀어서 설명해 주는 것은 기본이고 연구의 배경, 방법론, 결과, 시사점까지 명확하게 구조화하여 보여준다. 우리는 전체적인 숲을 먼저 본 뒤, 필요한 핵심 내용만 깊이 파고드는 효율적인 리서치가 가능해진 것이다.

**실습** **기후 변화와 MZ 세대의 소비 트렌드' 리서치하기**

'기후 변화가 MZ 세대의 소비 트렌드에 미치는 영향'이라는 주제로 레포트를 작성한다고 가정하고, Gemini를 활용해 리서치를 진행해보자.

### 1단계: 핵심 개념과 키워드 추출하기

가장 먼저, 주제와 관련된 핵심 개념을 파악하고 앞으로의 리서치 방향을 설정하기 위해 Gemini에게 질문하자.

**프롬프트 예시:** "레포트를 쓰려고 해. 주제는 '기후 변화와 MZ 세대의 소비 트렌드'야. 이 주제를 깊이 있게 탐색하기 위해 알아봐야 할 핵심 개념과 관련 키워드들을 5가지 정도 추천해 줘."

Gemini는 '가치 소비', '친환경 소비', '그린워싱(Greenwashing)', 'ESG 경영' 등과 같은 핵심 키워드와 그 개념을 정리해준다. 이는 앞으로 어떤 정보에 집중해야 할지 알려주는 나침반이 된다.

### 2단계: 심층 자료 요약 및 분석 요청

이제 인터넷에서 찾은 관련 기사나 논문 PDF 파일을 Gemini에게 제공하고, 핵심 내용을 요약해 달라고 요청하자.

**프롬프트 예시:** "(업로드한 논문 파일을 가리키며) 이 논문의 핵심 주장을 3줄로 요약해 줘. 그리고 이 연구에서 사용된 주요 통계 데이터와 그 의미를 표로 정리해 줘."

Gemini는 복잡한 내용을 빠르게 분석하여 레포트에 인용할 만한 핵심 내용과 데이터를 일목요연하게 제공한다. 여러 자료를 이와 같은 방식으로 분석하면, 각 정보의 공통점과 차이점을 쉽게 비교하며 자신만의 논리를 세울 수 있다.

### 3단계: 반론 탐색으로 논리 강화하기

좋은 레포트는 균형 잡힌 시각을 담아야 한다. 내 주장에 대한 잠재적인 반론이나 다른 관점을 미리 파악하면 글의 깊이가 달라진다.

**프롬프트 예시:** "MZ세대는 친환경 소비를 중요하게 생각한다는 주장에 대한 반론이나 비판적인 시각은 없어? 관련된 근거나 사례를 알려줘."

Gemini는 '실제 구매 행동과는 차이가 있다'거나 '친환경 마케팅에 쉽게 현혹될 뿐이다'와 같은 비판적 관점을 제시해 줄 수 있다. 이를 통해 레포트의 논리를 더욱 탄탄하고 설득력 있게 만들 수 있다. 이처럼 Gemini와 함께하는 Deep Research는 시간을 절약해줄 뿐만 아니라, 생각의 폭을 넓혀 학업의 질을 한 단계 끌어올리는 강력한 무기가 될 것이다.

## 다. 생각을 지도로 만들다: 아이디어 캔버스

### Canvas: 대화창을 넘어선 진짜 작업실

AI랑 대화하다 보면 긴 글이나 코드를 수정할 때 불편했던 적이 있을 것이다. "위에서 세 번째 줄 고쳐줘."라고 말하기도 번거롭고… 이때 필요한 게 바로 [Canvas]다.

이 기능을 켜면 화면이 둘로 나뉜다. 왼쪽에서는 Gemini와 대화하고, 오른쪽에는 별도의 '작업장'이 열린다. 여기서 레포트 초안이나 파이썬 코드를 띄워놓고, 마음에 안 드는 부분을 드래그해서 "이 부분 좀 더 학술적으로 바꿔줘"라고 시키면 그 부분만 쏙 바뀐다. 전체를 다시 쓸 필요 없이, 마치 워드 프로세서에서 첨삭 받듯이 섬세하게 작업할 수 있는 최고의 도구다.

리서치로 수많은 정보를 모았다면, 이제 머릿속은 복잡해지기 시작한다. 어떤 아이디어를 먼저 써야 할까? 정보들을 어떻게 연결해야 논리적일까? 이때 Gemini의

Canvas 기능은 흩어진 생각의 조각들을 모아준다. 한눈에 들어오는 '생각의 지도'를 만들어주는 디지털 화이트보드다.

**실습** **'친환경 캠퍼스' 프로젝트 아이디어 구체화하기**

'Deep Research'에서 다룬 '제로 웨이스트 캠퍼스' 아이디어를 발전시켜보자. Canvas를 활용하여 팀 프로젝트 발표를 준비하는 과정을 함께 해보자.

### 1단계: 아이디어 캔버스 시작하기

먼저, Gemini에게 브레인스토밍을 위한 공간을 만들어달라고 요청한다.

**프롬프트 예시:** "'친환경 캠퍼스 만들기' 프로젝트를 위한 아이디어 캔버스를 시작하고 싶어. 내가 제시하는 아이디어를 시각적으로 정리해 줘."

Gemini는 이 요청과 함께 아이디어를 추가하고 정리할 수 있는 캔버스 공간을 활성화한다.

### 2단계: 핵심 아이디어 추가하고 확장하기

이제 머릿속에 있는 아이디어를 자유롭게 던져보자. Gemini는 각각의 아이디어를 카드 형태로 만들어 캔버스 위에 배치한다.

**프롬프트 예시:** "가장 먼저 '텀블러 사용 캠페인' 아이디어를 추가해 줘.", "다음으로 '교내 식당 잔반 줄이기' 아이디어도 추가해.", "'전공 서적 중고 거래 플랫폼' 아이디어는 어때?"

아이디어를 추가할수록 캔버스는 점점 풍성해진다. 서로 관련 있는 카드들을 그룹으로 묶어달라고 요청할 수도 있다. 이를 통해 아이디어의 큰 줄기를 시각적으로 파악할 수 있다.

### 3단계: 이미지로 생각에 날개 달기

Canvas의 장점은 텍스트를 넘어 이미지를 활용할 수 있다는 점이다. 추상적인 아이디어를 구체적인 이미지로 시각화하여 생각을 더욱 명확하게 만들자.

**프롬프트 예시:** "텀블러 사용 캠페인 카드 옆에, 학생들이 참여하고 싶게 만드는 세련된 디자인의 포스터 이미지를 생성해 줘.", "잔반 줄이기 카드에는, 음식물 쓰레기의 심각성을 보여주는 인포그래픽 이미지를 추가해 줘."

이미지는 아이디어를 더 직관적으로 이해하게 돕는다. 팀원들과 아이디어를 공유할 때도 훨씬 효과적인 소통이 가능하다.

### 4단계: 생각의 지도 완성하고 활용하기

이제 캔버스 위에 흩어져 있던 아이디어들이 어느 정도 정리되었다. 마지막으로, 이 생각의 지도를 바탕으로 구체적인 결과물을 만들어보자.

**프롬프트 예시:** "지금까지 정리된 캔버스 내용을 바탕으로, '친환경 캠퍼스 만들기' 발표 PPT의 전체 목차를 짜줘."

Gemini는 캔버스에 정리된 아이디어의 구조를 파악한다. 이를 바탕으로 논리적인 순서를 가진 발표 목차나 보고서 개요를 만들어준다. 복잡했던 머릿속이 한눈에 정리되는 순간이다. 이처럼 Gemini의 Canvas 기능은 단순한 정보 나열을 넘어선다. 창의적인 생각을 시각적으로 조직하고 발전시키는 강력한 파트너가 되어준다. 이제 여러분의 머릿속에 잠자고 있는 아이디어들을 캔버스 위에 마음껏 펼쳐보자.

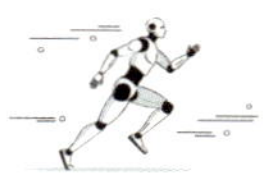

**선배의 꿀팁: 꼬질꼬질한 노트 필기, 3초 만에 잡지 화보로!**

수업 시간에 교수님 판서를 급하게 휘갈겨 썼거나, 요리 레시피를 대충 메모장에 적어둔 경험 다들 있을 것이다. 나중에 다시 보려면 해독 불가 수준이라 한숨만 나오지? 이제 그 종이를 폰으로 찍어서 Gemini에게 던져주자. 그리고 딱 한마디만 해라. "이 내용을 읽기 편하게 정리해서, 세련된 잡지 스타일의 디자인으로 바꿔줘."

Gemini 3.0의 멀티모달 능력은 상상을 초월한다. 너의 악필을 찰떡같이 인식하는 건 기본이고, 그 내용을 바탕으로 어울리는 이미지와 레이아웃까지 스스로 생성해서 순식간에 고퀄리티 PDF 페이지를 만들어 낸다. 조별 과제 회의 때 화이트보드에 적힌 난장판 낙서들도 사진 한 방이면 깔끔한 회의록 디자인으로 변신한다. 이건 단순한 타이핑이 아니다. '디자인'이다.

## 라. 긴 영상, 1분 만에 핵심 파악

세상에는 재미있고 유용한 유튜브 영상이 넘쳐난다. 하지만 한 시간짜리 다큐멘터리, 30분짜리 제품 리뷰 영상을 모두 챙겨 보기는 어렵다. 우리는 시간이 부족하다. 핵심만 빠르게 알고 싶을 때가 많다.

Gemini가 이 문제를 해결하는 똑똑한 '시간 관리 비서'가 된다. 유튜브 영상 주소만 알려주면, Gemini는 영상의 전체 대본을 순식간에 분석한다. 그리고 핵심 내용만 정확히 뽑아내어 짧게 정리해준다. 이제 영상을 재생하기 전에 요약본으로 볼 만한 영상인지 미리 판단할 수 있다. 긴 영상 속에서 헤매지 않고 정보의 알맹이만 쏙 빼먹을 수 있다. 시사 채널의 토론 영상, 기술 유튜버의 신제품 분석 등 어떤 영상이든 가능하기 때문에 정보 탐색의 효율이 극적으로 올라간다.

Gem 독서 파트너에 나온 사피엔스 독서 토론을 활용해보자. 실제로 유발 하라리의 『사피엔스』는 꼭 읽어봐야 하는 책 중 하나로 손꼽히지만 난이도는 꽤 있다.

해당 영상은 유발 하라리의 책 『사피엔스』에 대해 전문가들이 토론하는 북토크 영상입니다.

전문가들은 『사피엔스』가 인류에 대한 객관적이고 때로는 도발적인 시각으로 기존의 상식을 깨는 매력이 있다고 평가합니다. 영상에서는 책의 핵심 개념들을 깊이 있게 다룹니다.

주요 토론 내용은 다음과 같습니다:

- **인지 혁명과 뒷담화:** 뒷담화가 사회적 유대를 형성하고 인류의 협력 능력을 이끌어낸 중요한 계기였다고 설명합니다.
- **농업 혁명:** 인류를 풍요롭게 할 것이라 믿었던 농업 혁명이 오히려 더 많은 노동과 불행을 가져온 '사기'였다는 하라리의 파격적인 주장을 놓고 토론합니다.
- **인류의 정복:** 호모 사피엔스가 다른 인류 종들을 멸종시키고(형제 살해), 생태계의 연쇄 살인범으로 군림해 온 역사에 대해 이야기합니다.
- **상상의 질서:** 국가, 종교, 화폐와 같이 인간이 만들어낸 '상상의 질서'가 어떻게 거대한 사회를 유지하는지 분석합니다.

이 외에도 동물의 고통, 영생의 문제, 그리고 "우리는 무엇을 원하고 싶은가?"라는 책의 마지막 질문을 통해 인류의 미래에 대한 철학적인 논의를 이어갑니다.

## 마. A+ 레포트를 위한 Gemini 활용 전략

대학 생활에서 레포트 작성은 피할 수 없는 과제다. 좋은 점수를 받기 위해서는 내용의 깊이와 완성도를 모두 잡아야 한다. Gemini는 이 과정을 도와주는 강력한 학술 파트너가 될 수 있다.

### 똑똑한 조수, Gemini 활용법

#### 자료 요약으로 시간 절약하기

좋은 레포트의 시작은 충분한 자료 조사다. 하지만 수십 페이지에 달하는 논문을 모두 읽기에는 시간이 부족하다. 이때 Gemini에게 논문 파일이나 텍스트를 제공하고 '핵심 내용만 요약해 줘.'라고 요청한다. Gemini는 복잡한 연구의 목적, 과정, 결론을 명확하게 정리해 준다. 전체 내용을 빠르게 파악하고 레포트의 방향을 잡는 데 큰 도움이 된다.

### 문체 변환으로 완성도 높이기

자신의 생각이 담긴 초고를 작성했다면, 이제 문체를 다듬을 차례다. 내가 쓴 문장이 너무 구어체 같거나 어색하게 느껴질 경우에 이 문장을 Gemini에게 보여주고 '학술적인 보고서 문체로 바꿔줘.'라고 지시한다. Gemini는 의미는 그대로 유지하면서, 더 객관적이고 전문적인 표현으로 문장을 재구성해 준다. 레포트의 완성도를 한 단계 높일 수 있다.

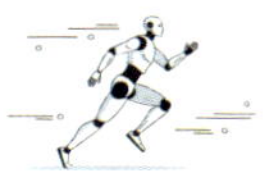

**선배의 꿀팁: 보기 좋은 떡이 먹기도 좋다! '시각적 레이아웃'**

Gemini가 써준 글이 줄글로만 되어 있어 눈에 잘 안 들어온다면? 메뉴에서 [시각적 레이아웃]을 활용해보자. 복잡한 내용을 깔끔한 '표'로 정리해 주거나, 단계별 프로세스를 한눈에 들어오는 '다이어그램' 구조로 바꿔준다. 발표 자료나 레포트에 바로 복사해서 붙여넣기만 하면 디자인 고민 끝! 교수님도 한눈에 들어오는 너의 보고서에 반하실 거다.

### 경고: AI는 당신을 대체할 수 없다

Gemini는 분명 유용한 도구다. 하지만 여기에 전적으로 의존하는 순간, 좋은 레포트와는 멀어진다. 반드시 기억해야 할 사실이 있다.

Gemini는 당신의 생각을 대신하지 않는다. 레포트의 핵심은 자신만의 주장과 논리적 사고 과정이다. Gemini는 정보를 요약하고 정리할 뿐, 독창적인 아이디어나 깊이 있는 통찰을 제공하지는 않는다. 최종적인 평가는 글쓴이의 생각에 달려 있다. Gemini는 생각의 재료를 준비해주는 보조 역할에 그쳐야 한다.

모든 정보는 직접 검증해야 한다. Gemini는 때때로 그럴듯한 거짓 정보를 만들어 낸다. 이를 Hallucination(환각) 현상이라고 부른다. 최신 모델일수록 이러한 환각 현상이 줄어드는 경향이 있다. 그럼에도 불구하고 AI가 제시하는 모든 통계, 인용, 사실 관계는 반드시 원본 자료나 신뢰할 수 있는 출처를 통해 직접 확인하는 습관을 들여야 한다.

'복사 붙여넣기'는 표절이다. Gemini가 생성한 문장을 그대로 가져다 쓰는 것은 명백한 표절 행위다. Gemini의 답변은 아이디어를 얻거나 초고를 다듬는 참고 자료로만 활용해야 한다. 모든 문장은 자신의 언어로 직접 작성하는 것이 원칙이다.

결론적으로, Gemini는 시간을 절약하고 글의 완성도를 높여주는 훌륭한 보조 도구이다. 하지만 레포트의 주인은 언제나 자신이다. AI를 현명하게 활용하여 자신의 역량을 더욱 빛내는 전략이 필요하다.

예시를 보여주기 위해 Gemini한테 다 써달라고 제시했고 첫 문단만 보여줄 것이다. 하지만 절대로 이렇게 하면 안된다는 것을 명심하길 바란다.

## 인공지능의 현재와 미래: 제미나이(Gemini)를 중심으로

### 1. 서론: 우리 곁의 인공지능

인공지능(AI)은 더 이상 먼 미래의 기술이 아니다. 스마트폰의 음성 비서부터 개인화된 콘텐츠 추천, 자율주행 자동차에 이르기까지 AI는 이미 우리 삶 깊숙이 자리 잡았다. AI는 인간의 학습, 추론, 지각 능력을 컴퓨터 프로그램으로 구현한 기술이다. 초창기 AI는 정해진 규칙에 따라 작동하는 수준이었지만, 머신러닝과 딥러닝 기술의 발전으로 스스로 데이터를 학습하고 판단하는 단계에 이르렀다.

### 2. 주요 인공지능 모델 비교

현재 AI 시장은 여러 거대 기술 기업들이 개발한 모델들이 경쟁하는 구도다. 각 모델은 고유한 특징과 강점을 가지고 있다.

#### 2.1. GPT (Generative Pre-trained Transformer) 시리즈

- **개발사**: OpenAI
- **특징**: LLM의 대중화를 이끈 대표적인 모델. GPT-3, GPT-4 등으로 발전하며 뛰어난 언어 생성 능력과 맥락 이해 능력을 보여주었다. 특히 챗봇 형태의 서비스인 'ChatGPT'를 통해 전 세계적으로 AI 열풍을 일으켰다. 방대한 인터넷 데이터를 학습하여 다양한 주제에 대해 깊이 있는 대화가 가능하다.
- **강점**: 창의적인 글쓰기, 복잡한 문제 해결, 코드 생성 등 언어 기반 작업에서 강력한 성능을 보인다. 풍부한 생태계와 API를 통해 다양한 서비스에 접목되고 있다.

## 3. 심층 탐구: 구글 제미나이 (Gemini)

제미나이는 구글이 개발한 차세대 AI 모델로, 처음부터 여러 종류의 데이터를 동시에 처리할 수 있도록 설계된 '멀티모달(Multimodal)' 모델이라는 점에서 기존 모델들과 차별화된다.

### 3.1. 제미나이의 핵심: 네이티브 멀티모달

기존의 AI 모델들은 주로 텍스트를 기반으로 학습했다. 이미지나 음성을 이해하기 위해서는 별도의 모델을 연결하거나 텍스트로 변환하는 과정을 거쳐야 했다. 이는 마치 외국어를 번역해서 듣는 것과 같아서 정보의 손실이나 왜곡이 발생할 수 있었다.

### 3.2. 제미나이의 세 가지 버전

제미나이는 사용 목적과 환경에 따라 최적화된 세 가지 크기의 모델로 제공된다.

- **제미나이 울트라 (Gemini Ultra)**: 가장 크고 성능이 뛰어난 모델. 매우 복잡하고 전문적인 작업을 수행하기 위해 설계되었다. 데이터 센터에서 운영되며, 주로 기업이나 연구 기관에서 고도의 AI 연구 및 서비스 개발에 사용된다.
- **제미나이 프로 (Gemini Pro)**: 성능과 효율성의 균형을 맞춘 모델. 다양한 AI 서비스의 기반이 되는 범용 모델이다. 구글의 AI 챗봇 '바드(Bard)'에 탑재되어 사용자들이 일상적으로 접하는 AI 서비스의 성능을 향상시키는 역할을 한다.
- **제미나이 나노 (Gemini Nano)**: 스마트폰과 같은 온디바이스(On-device) 환경에서 작동하도록 설계된 가장 작고 효율적인 모델. 인터넷 연결 없이도 기기 자체에서 빠른 AI 기능을 수행할 수 있다. 실시간 번역, 텍스트 요약 등의 기능을 네트워크 지연 없이 제공하는 데 활용된다.

### 3.3. 제미나이의 기술적 기반과 강점

제미나이는 구글이 자체 개발한 TPU(Tensor Processing Unit)라는 AI 전용 하드웨어를 기반으로 훈련되었다. 이는 방대한 멀티모달 데이터를 효율적으로 처리하고 학습하는 데 최적화되어 있다.

제미나이의 강점은 다음과 같이 요약할 수 있다.

1. **고도의 추론 능력**: 텍스트와 이미지가 섞인 복잡한 자료(예: 과학 논문의 도표와 설명)를 깊이 있게 이해하고 숨겨진 의미를 추론할 수 있다.
2. **정교한 코드 이해 및 생성**: 여러 프로그래밍 언어를 이해하고, 복잡한 알고리즘을 설명하거나 새로운 코드를 생성하는 데 뛰어나다.
3. **풍부한 상호작용**: 텍스트를 넘어 이미지와 음성을 활용한 다채로운 소통이 가능하여 교육, 창작, 분석 등 다양한 분야에서 새로운 활용 가능성을 연다.

## 4. AI의 미래와 윤리적 과제

제미나이와 같은 고성능 AI의 등장은 인류에게 큰 기회를 제공하지만, 동시에 해결해야 할 과제도 안겨준다.

### 4.1. AI 발전의 긍정적 전망

AI 기술은 의료, 과학, 교육, 예술 등 사회 전반에 걸쳐 혁신을 가져올 잠재력을 가지고 있다. 신약 개발 시간을 단축하고, 기후 변화 모델을 정교화하며, 개인 맞춤형 교육을 제공하고, 인간의 창의성을 보조하는 도구로 활용될 수 있다. 특히 제미나이와 같은 멀티모달 AI는 인간과 기계의 상호작용을 더욱 직관적이고 자연스럽게 만들어 기술의 장벽을 낮추는 데 기여할 것이다.

> **4.2. 윤리적 고려사항**
>
> AI 기술의 발전과 함께 우리는 몇 가지 중요한 윤리적 문제를 마주하게 된다.
>
> **5. 결론**
>
> 인공지능 기술은 대규모 언어 모델의 시대를 지나 텍스트, 이미지, 소리를 넘나들며 세상을 종합적으로 이해하는 멀티모달 AI의 시대로 나아가고 있다. 구글의 제미나이는 이러한 흐름을 대표하는 모델로, '네이티브 멀티모달'이라는 혁신적인 접근을 통해 AI의 가능성을 한 단계 끌어올렸다.

Gemini에게 논문 작성을 위한 조언을 요청하면 조언을 알려주니 써달라고 하는 것보다는 조언을 활용해서 본인만의 스타일로 쓰는 습관을 가졌으면 한다. 훌륭한 레포트를 완성했다면, 그 내용을 효과적으로 전달하는 발표 역시 A+ 학점을 위한 필수 관문이다. 좋은 발표의 핵심은 탄탄한 논리와 짜임새 있는 구조, 그리고 청중의 시선을 사로잡는 디자인이다. 하지만 레포트 작성만큼이나 발표 자료를 만드는 데에도 상당한 시간과 노력이 필요하다.

Gemini는 레포트 작성뿐만 아니라, 복잡한 발표 준비 과정을 획기적으로 단축시키는 데에도 강력한 능력을 발휘한다. 나아가 대학 생활의 또 다른 즐거움이자 스트레스인 여행 계획까지, Gemini와 함께하면 단 10분 만에 끝낼 수 있다. 이제부터는 Gemini를 여러분의 '만능 해결사'로 활용하여 발표와 여행 계획이라는 두 마리 토끼를 모두 잡아보자.

## 4 10분 만에 끝내는 발표와 여행 계획

### 가. Gemini와 Gamma로 10분 만에 발표 자료 만들기

팀 프로젝트, 전공 발표, 교양 과제까지 대학 생활은 발표의 연속이다. 매번 내용을 구상하고, 디자인에 신경 쓰며 파워포인트(PPT)를 만드는 일은 상당한 시간과 노력을 요구한다. 특히 디자인에 자신이 없다면 막막함은 더 커진다.

이럴 때 Gemini와 AI 기반 프레젠테이션 도구 Gamma를 함께 사용하면, 단 10분 만에 전문가 수준의 발표 자료를 완성할 수 있다. Gemini가 발표의 전체적인 논리와 내용을 탄탄하게 구축하는 '전략가' 역할을 한다면, Gamma는 그 내용을 바탕으로 디자인과 시각 자료를 순식간에 만들어내는 '디자이너' 역할을 한다. 이 똑똑한 두 AI의 협업을 통해 이제 발표 준비의 부담은 줄이고, 내용에 더 집중할 수 있다.

**실습** **'지속가능한 패션' 발표 자료 AI로 만들기**

'지속가능한 패션'을 주제로 5페이지 분량의 발표 자료를 만든다고 가정해 보겠다.

### 1단계: Gemini로 발표의 뼈대 세우기

가장 먼저, 발표의 핵심 내용을 구성하기 위해 Gemini에게 구체적인 개요를 요청한다. Gamma에 바로 주제를 입력할 수도 있지만, Gemini를 통해 더 깊이 있고 논리적인 구조를 만들면 발표 자료의 완성도가 크게 올라간다.

**프롬프트 예시:** "너는 IT 트렌드와 환경 문제를 결합하여 발표 자료를 만드는 전문가야. '대학생을 위한 지속가능한 패션의 중요성'이라는 주제로 5페이지 분량의 발표 PPT 개요를 짜줘. 각 페이지별로 제목과 핵심 내용, 그리고 발표 시 강조해야 할 포인트를 포함해 줘. 발표 대상은 패션에 관심 많은 대학생들이야."

**발표 PPT 개요: Your Style, Our Future (부제: 옷장 속 IT 혁명, 지속가능한 패션을 시작하는 법)**

**[1페이지] 오프닝: 당신의 옷, 지구의 눈물**

- **제목: 그 옷, 어디서 왔어? (Where Are You From?)**
- **핵심 내용:**
    - **Hook:** "어제 본 인플루언서가 입은 옷, 오늘 주문하고 내일 입는 시대! 하지만 그 옷의 진짜 가격은 얼마일까요?" (빠르게 소비되는 패션 아이템 이미지와 함께 질문을 던지며 시작)
    - **문제 제기:** 우리가 무심코 소비하는 '패스트패션(Fast Fashion)'이 지구에 남기는 상처를 충격적인 팩트로 제시.
        - **팩트 1:** 티셔츠 한 장을 만드는 데 필요한 물 2,700리터 = 한 사람이 3년간 마실 물의 양
        - **팩트 2:** 매년 전 세계에서 버려지는 의류 폐기물 약 9,200만 톤
    - **발표 목표:** "이 발표는 패션을 포기하자는 게 아닙니다. 최신 IT 기술을 활용해 더 똑똑하고, 더 멋지게, 그리고 더 착하게 패션을 즐기는 방법을 제안합니다."
- **강조 포인트:**
    - "여러분의 '좋아요' 하나, '클릭' 한 번이 패션 산업의 미래를 바꿀 수 있습니다." (청중의 직접적인 행동과 주제를 연결하여 동기 부여)

Gemini에게 요청했더니 위에 첨부된 그림처럼 페이지를 각각 만들어서 개요를 준다.

### 2단계: Gamma에 Gemini 개요 붙여넣기

Gemini가 생성한 개요를 복사한 뒤, Gamma 사이트에 접속해 '새로 만들기' 버튼을 누른다. 여러 옵션 중 '텍스트 붙여넣기'를 선택하고, 복사한 내용을 붙여 넣는다.

i. gamma.app에 접속 후 로그인한다.

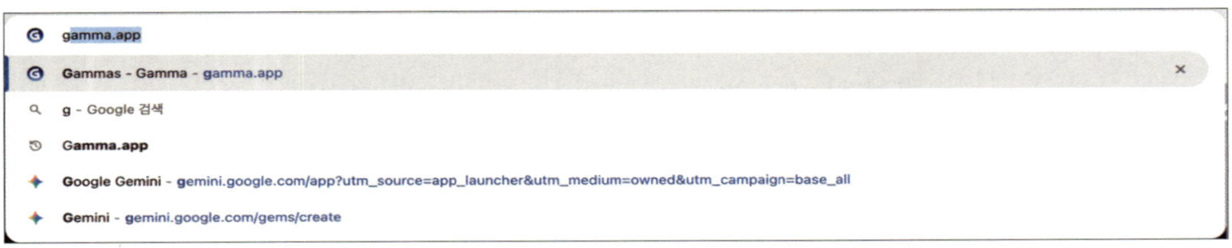

ii. **[새로 만들기]** 버튼을 클릭한다.

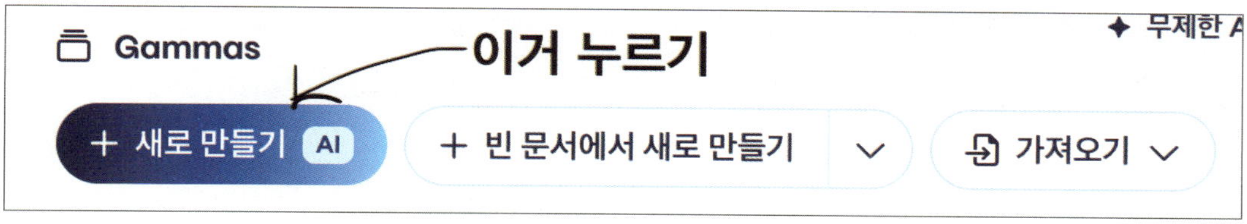


iii. 생성할 형식을 묻는 창에서 [텍스트 붙여넣기]를 선택한다.

iv. Gemini가 만들어준 발표 개요 전체를 붙여 넣는다.

### 3단계: 디자인 테마 선택과 자동 완성

개요를 입력한 후 '계속' 버튼을 누르면, Gamma가 발표 내용에 어울리는 다양한 디자인 테마를 제안한다. 마음에 드는 테마를 하나 고르기만 하면, Gamma가 각 페이지의 제목과 내용에 맞춰 이미지, 아이콘, 그래프 등을 포함한 전체 슬라이드를 1분 안에 자동으로 완성해준다.

### 4단계: AI로 다듬고 최종 확인하기

자동으로 생성된 발표 자료를 검토하며 수정이 필요한 부분을 다듬어 준다. 이미지가 마음에 들지 않으면 'AI로 이미지 다시 생성' 기능을 활용할 수 있고, 문장이 길다면 '언어 간소화' 기능으로 줄일 수 있다. 마지막으로, AI가 생성한 내용에 오류는 없는지, 발표 흐름이 자연스러운지 직접 꼼꼼하게 확인하며 마무리한다.

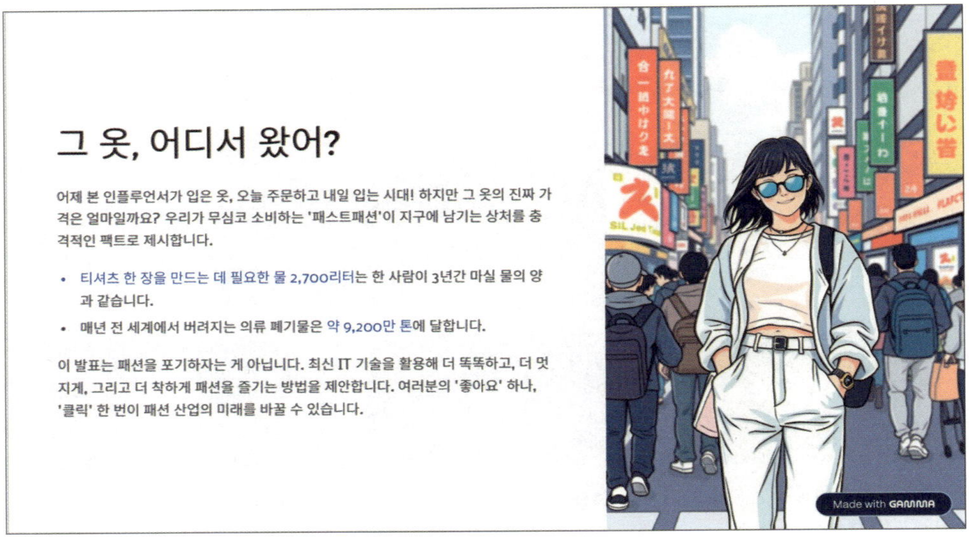


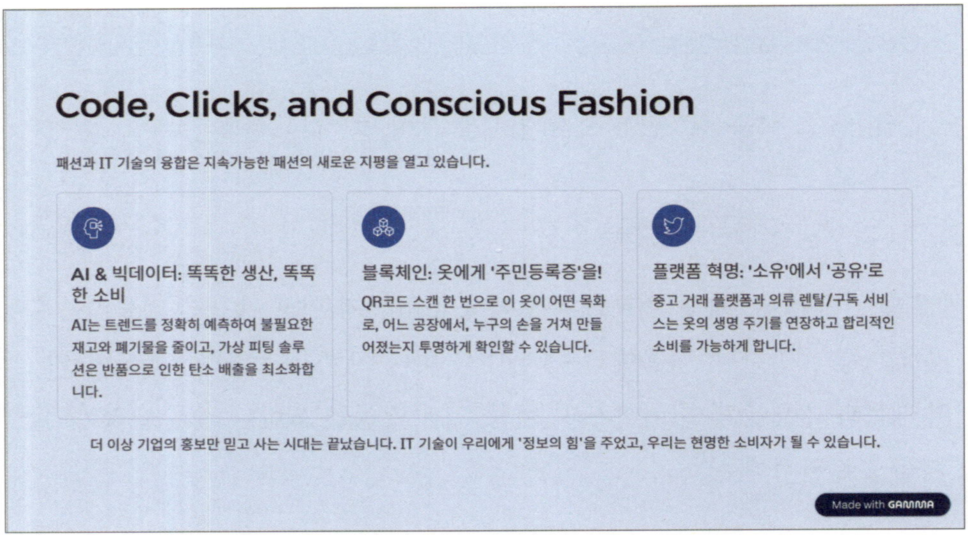

위 그림이 모든 개요를 Gamma에 복사 붙여 넣은 첫 번째, 세 번째 그리고 마지막 페이지의 결과물이다.

이처럼 Gemini로 깊이를 더하고 Gamma로 속도를 높이는 협업 방식을 활용하면, 밤새워 만들던 발표 자료를 커피 한 잔의 여유와 함께 끝낼 수 있다. 이제 여러분의 창의적인 아이디어를 더 쉽고 멋지게 펼쳐보자.

**선배의 실수 노트: 이건 따라하지 마세요!**

Gamma와 같은 AI 도구는 놀라울 정도로 빠르고 멋진 초안을 만들어준다. 이때 많은 학생들이 저지르는 가장 큰 실수는 바로 AI가 만든 첫 결과물에 만족하고 그대로 발표하는 것이다. AI는 유능한 신입사원일 뿐, 프로젝트 리더는 바로 당신이다. AI가 제안한 이미지와 텍스트가 발표의 전체적인 흐름과 논리에 정말 적합한지, 내가 강조하고 싶은 메시지가 잘 드러났는지 최종적으로 검토하고 다듬는 것은 여러분의 몫이다. AI에게 속도와 디자인의 도움을 받되, 발표의 최종 완성도와 책임은 발표자인 나에게 있다는 사실을 절대 잊지 말자!

## 나. 3박 4일 부산 여행, 10분 만에 계획하기

여행은 설레는 일이다. 하지만 여행을 준비하는 과정은 복잡하고 어렵다. 수많은 정보 속에서 갈 곳을 정해야 한다. 동선을 효율적으로 짜는 것도 큰 숙제다. 예산과 시간까지 고려하면 머리가 아프다.

Gemini는 이 모든 과정을 해결해 주는 나만의 여행 비서이다. 여행 기간, 예산, 동행인, 그리고 취향만 알려주면 된다. 예를 들어, '활동적인 체험을 좋아하는지' 또는 '조용한 자연 풍경을 선호하는지'와 같은 정보를 주는 것이다.

**실습** **Gemini와 함께 3박 4일 부산 여행 짜기**

아래 예시처럼 구체적인 조건을 담아 Gemini에게 요청해보자. 조건이 상세할수록 더 만족스러운 결과물을 얻을 수 있다.

> "너는 부산 여행 가이드야. 3박 4일 부산 여행 계획을 세워줘.
>
> 여행 조건
> 기간: 8월 15일~8월 18일(3박 4일)
> 인원: 대학생 친구 2명(본인 제외)
> 예산: 인당 100만 원(항공권 제외)
> 숙소: 해운대
> 관심사: 예쁜 사진 찍기, 좋은 카페, 바다 액티비티(바나나 보트 등)
>
> 요청사항: 날짜별로 동선이 꼬이지 않고 사람들이 잘 모르는 히든 장소를 찾아줘. 한눈에 보기 쉽게 표로 짜주고, 각 장소의 예상 비용과 이동 시간도 알려줘. 모든 이동은 대중교통을 이용할 거야."

## 프롬프트 및 결과값

**표 2-5 • 제미나이가 직접 짜준 부산 여행 1일차 계획표**

**• 1일차: 바다랑 썸타기(송정 & 해운대)**

도착 후 짐은 숙소(해운대)에 맡기거나, 역 보관함 이용 후 이동

| 시간 | 장소 | 활동 & Photo Point | 이동수단/시간 | 예상 비용(1인) |
|---|---|---|---|---|
| 13:00 | **해리단길**<br>(점심) | 힙한 식당과 소품샵 구경<br>(추천: 딤타오, 타이백스트릿)<br>**Point:** 알록달록한 가게 앞 | 도보 이동 | 점심: 20,000원 |
| 15:00 | **송정<br>해수욕장** | **[액티비티]** 바나나 보트 & 서핑 강습<br>해운대보다 20대 대학생이 더 많음! | 버스(1001,<br>1003)/20분 | 액티비티:<br>50,000원~ |
| 18:00 | **청사포**<br>(이동) | 해변열차 길 따라 걷기<br>📷 **Point:** 슬램덩크 배경 같은 건널목 | 해변열차 or<br>택시/10분 | 편도 7,000원<br>(열차) |
| 19:00 | **조개구이촌**<br>(저녁) | 바다 보며 조개구이에 소주 한 잔<br>(하진이네, 수민이네 등) | 도보 이동 | 저녁: 40,000원 |
| 21:00 | **해운대<br>블루라인파크** | 스카이캡슐 말고 **산책로** 걷기<br>달빛 받은 바다 보며 숙소 복귀 | 도보/30분<br>(산책) | 0원 |
| **계** | | | | **약 117,000원** |

**표 2-6 • 제미나이가 직접 짜준 부산 여행 2일차 계획표**

8월 15일(광복절)이라 사람이 많을 수 있으니 오전에 서두르세요!

| 시간 | 장소 | 활동 & Photo Point | 이동수단/시간 | 예상 비용(1인) |
|---|---|---|---|---|
| 10:30 | **흰여울문화마을** | **[히든]** 이송도 전망대 & 흰여울 터널<br>📷 **Point:** 터널 안에서 바다 배경 실루엣샷 | 1호선+버스/<br>50분 | 간식: 10,000원 |
| 13:00 | **영도 피아크**<br>(P.ARK) | 초대형 오션뷰 카페 & 복합문화공간<br>쾌적하고 사진 찍을 곳 천지 | 버스/20분 | 커피+빵:<br>20,000원 |
| 15:30 | **남포동 &<br>자갈치** | 국제시장 구경 및 씨앗호떡 군것질<br>용두산 공원 에스컬레이터 타보기 | 버스/20분 | 간식: 10,000원 |
| 18:00 | **다이아몬드 베이**<br>(용호동) | **[액티비티]** 대형 요트 투어(일몰~야경)<br>해운대보다 프라이빗하고 고급짐 | 버스+도보/<br>40분 | 요트: 40,000원~ |
| 20:30 | **해운대<br>더베이101** | 마천루 야경 보며 피쉬앤칩스 & 맥주<br>📷 **Point:** 물 웅덩이 반영샷 | 2호선/30분 | 야식: 30,000원 |
| **계** | | | | **약 110,000원** |

**표 2-7 • 제미나이가 직접 짜준 부산 여행 3일차 계획표**

토요일(8/17)이라 광안리 드론쇼가 있는 날입니다!

| 시간 | 장소 | 활동 & Photo Point | 이동수단/시간 | 예상 비용(1인) |
|---|---|---|---|---|
| 11:00 | **아난티 코브**<br>(기장) | **[히든]** 아난티 타운 & 해안 산책로<br>숙박 안 해도 이용 가능. 완전 외국 느낌<br>**Point:** 서점 '이터널저니' 입구 | 1003번 버스/<br>40분 | 점심: 30,000원 |
| 14:00 | **코랄라니** or<br>**피크스퀘어** | 기장 카페의 끝판왕들<br>바다 바로 앞 테라스석 사수 필수 | 택시 추천/<br>10분(6천원) | 음료: 10,000원 |
| 17:00 | **밀락더마켓**<br>(광안리) | 요즘 제일 핫한 복합문화공간<br>내부 계단에 앉아 통창으로 바다 구경 | 버스/50분 | 저녁+맥주:<br>30,000원 |
| 19:00 | **민락수변공원** 쪽 | 회 포장해서 수변공원 감성 즐기기<br>(사람 너무 많으면 식당 예약 추천) | 도보 이동 | 회값: 30,000원 |
| 20:00 | **광안리 해수욕장** | **[하이라이트]** M 드론 라이트쇼<br>토요일 20시, 22시 2회 공연 | 도보 이동 | 0원 |
| **계** | | | | **약 103,000원** |

**표 2-8 • 제미나이가 직접 짜준 부산 여행 마지막날 계획표**

마지막 날은 공항/역 이동이 편한 서면/전포 쪽으로 나옵니다.

| 시간 | 장소 | 활동 & Photo Point | 이동수단/시간 | 예상 비용(1인) |
|---|---|---|---|---|
| 11:00 | **숙소 체크아웃** | 해운대시장 '상국이네' 떡볶이 브런치<br>짐은 '짐캐리' 서비스로 역에 먼저 보냄 | 도보 | 짐배송: 15,000원<br>식사: 10,000원 |
| 13:00 | **전포 카페거리** | 골목골목 숨은 소품샵 투어<br>(오브젝트, 마가린상점 등) | 2호선/40분 | 쇼핑: 50,000원 |
| 15:00 | **[히든] 구프**<br>**(Goof)** | LP 음악이 흐르는 힙한 카페/바<br>부산 힙쟁이들은 다 여기 있음 | 도보 이동 | 음료: 10,000원 |
| 17:00 | **부산역/공항**<br>이동 | 여행 마무리 | 1호선/15분 | 교통비 |
| **계** | | | | **약 85,000원** |

Gemini는 이 조건을 바탕으로 체계적인 여행 일정을 제시한다. 아침, 점심, 저녁으로 이어지는 상세한 코스는 물론, 맛집 정보와 예상 비용까지 포함된 결과물을 받을 수 있다. 이제 복잡한 여행 계획의 스트레스에서 벗어나, 설레는 마음으로 출발만 준

비하면 된다.

이처럼 우리는 Gemini를 활용해 과제와 여행 같은 일상의 문제들을 해결하는 방법을 배웠다. Gemini는 이미 충분히 강력한 도구이지만, AI 기술은 지금 이 순간에도 멈추지 않고 진화하고 있다. 그렇다면 현재를 넘어, 미래의 AI는 우리의 대학 생활을 또 어떻게 바꾸게 될까? 다음 장에서는 곧 우리 앞에 다가올 새로운 기술의 가능성을 미리 엿보도록 하자.

## 5 슬기로운 취미 생활: 나만의 AI 퍼스널 트레이너

대학 생활의 즐거움 중 하나는 동아리 활동이나 운동이다. 하지만 골프 스윙 자세가 엉성하거나, 웨이트 트레이닝을 할 때 자극 부위를 모르겠다면? 비싼 PT를 받기 전, Gemini 3.0에게 먼저 물어보자. Gemini 3.0 Pro는 영상을 보고 분석하는 능력이 탁월하다. 친구가 찍어준 나의 스쿼트 영상을 업로드하고 이렇게 물어보자.

**프롬프트 예시:** "이 영상을 분석해 줘. 스쿼트 자세를 하고 있는데, 무릎이 발끝보다 많이 나가는지, 허리가 굽어지지는 않았는지 전문가 시각에서 코칭해 줘. 교정해야 할 포인트 3가지를 알려줘."

놀랍게도 Gemini는 영상 속 관절의 각도와 움직임을 분석해, "내려갈 때 상체가 앞으로 쏠리는 경향이 있습니다. 코어에 힘을 더 주세요."와 같은 전문적인 피드백을 준다. 체육 전공생이라면 자신의 경기 영상을 분석해 전략을 짜는 데 활용할 수도 있고, 댄스 동아리라면 안무 디테일을 맞추는 데도 활용할 수 있다. 이제 내 손안에 국가대표급 코치가 생긴 셈이다.

# 6 AI 기술의 진화

## 가. 미래를 여는 기술, Nano Banana

우리는 Gemini로 많은 것을 할 수 있었다. 글을 쓰고, 그림을 그리고, 코드를 만들었다. 이는 모두 정적인 결과물을 만들어내는 과정이다. 이제 AI 기술은 다음 단계로 나아간다. 정적인 결과물을 넘어 동적인 경험을 만드는 것이다. 사용자와 소통하고 반응하는 콘텐츠를 생성한다. 이 새로운 흐름의 중심에 구글의 'Nano Banana'가 있다.

Nano Banana는 차세대 생성형 AI 모델이다. 가장 큰 특징은 상호작용 경험을 만든다는 점이다. 단순히 보여주는 것을 넘어, 사용자가 직접 만지고 반응할 수 있는 결과물을 만든다. 예를 들어, Nano Banana에게 웹사이트를 만들어달라고 요청할 수 있다. 코딩 없이 자연어로 "내 포트폴리오 사이트를 만들어 줘."라고 말하는 식이다. 그러면 즉시 작동하는 웹사이트의 초안이 눈앞에 펼쳐진다. 버튼을 누르면 다른 페이지로 이동하고, 스크롤에 따라 애니메이션이 작동한다.

이는 텍스트, 이미지, 코드, 인터페이스 로직을 한번에 이해하고 생성하기에 가능하다. 정해진 결과가 아니라 살아있는 경험을 만들어낸다. Nano Banana는 AI와의 협업을 새로운 차원으로 이끄는 기술이다.

## 나. Nano Banana와 똑똑한 대학 생활

Nano Banana 기술은 대학 생활을 획기적으로 바꿀 수 있다. 우리의 학습과 과제 수행 방식이 완전히 달라진다. 발표 자료를 만들 때 더 이상 정적인 슬라이드에 얽매이지 않는다. "이 데이터를 바탕으로 청중이 직접 조작할 수 있는 그래프를 만들어 줘." 청중은 그래프의 특정 부분을 클릭하며 숨겨진 정보를 탐색한다. 발표는 일방적인 전달이 아닌, 쌍방향 소통의 장이 된다.

복잡한 전공 개념을 공부하는 방식도 달라진다. 글로만 이해하기 어려운 과학 원리를 인터랙티브 시뮬레이션으로 만든다. 직접 값을 바꿔보고 결과의 변화를 눈으로 확인하며 직관적으로 학습한다. 수동적인 암기에서 능동적인 탐구로 학습의 패러다임이 바뀐다.

팀 프로젝트의 효율성도 극대화된다. 아이디어 회의 단계에서 곧바로 작동하는 프로토타입을 만들어볼 수 있다. 모두가 동일한 결과물을 보며 의견을 나누기에 소통의 오류가 줄어든다. 디자인, 공학, 인문학 등 전공의 경계 없이 누구나 아이디어를 현실로 만들 수 있다.

Nano Banana는 지식을 소비하는 것을 넘어, 지식을 직접 만지고 경험하게 돕는다. 대학생에게는 세상을 탐구하는 가장 강력한 도구가 될 것이다.

### 다. AI 최신 동향 따라잡기

오늘 소개한 Nano Banana처럼 AI 기술은 매일같이 발전한다. 한 학기가 지나면 완전히 새로운 기술이 세상을 바꾸기도 한다. 빠르게 변화하는 흐름을 놓치지 않는 감각이 중요하다. 스스로 최신 정보를 찾아 나서는 습관을 길러야 한다. 가장 정확한 정보는 기술을 직접 개발하는 기업의 공식 블로그에 있다. 구글 AI, OpenAI, Meta AI 같은 기업의 블로그를 구독하자. 새로운 모델 발표나 중요한 기술 업데이트 소식을 가장 먼저 접할 수 있다.

최신 연구 동향은 아카이브(arXiv.org)에서 확인 가능하다. 전세계 연구자들이 논문을 선공개하는 곳이다. 논문 전체를 이해하기 어렵다면 초록(Abstract)만 꾸준히 읽어도 좋다. 어떤 연구가 진행되는지 파악하며 미래 기술의 방향을 예측할 수 있다.

해외 기술 뉴스레터를 구독하는 것도 좋은 방법이다. 'The Neuron', 'TLDR AI' 등은 매일 AI 소식을 요약해서 보내준다. 짧은 시간 안에 세상의 흐름을 놓치지 않게 돕는다. 유튜브 채널이나 커뮤니티를 통해 다른 사람들과 정보를 교류하자. 복잡한 기술을 쉽게 설명해주는 콘텐츠를 보며 개념을 익힐 수 있다. 중요한 것은 모든 것을 완벽하게 이해하려는 부담을 버리는 것이다. 대신 꾸준히, 그리고 폭넓게 정보를 접하며 자신만의 지도를 그려나가는 것이 중요하다.

지금까지 우리는 Gemini를 활용하여 학업의 효율을 높이고, 복잡한 계획을 해결하는 현재의 활용법을 익혔다. 나아가 AI 기술의 진화를 엿보며 앞으로 무엇이 가능해질지에 대한 미래의 시야까지 넓혔다. CHAPTER 02의 여정을 통해 여러분은 이제 단순히 AI를 다루는 사용자를 넘어, 그 가능성을 내다보는 예비 전문가가 된 것이다.

CHAPTER 02의 전체 내용을 돌아보며 자신의 생각과 경험을 정리하는 시간을 가져보자. CHAPTER 02의 실습을 통해 Gemini와 많이 친해졌기를 바란다. 지금까지 배운 기능 중 가장 인상 깊었던 것 세 가지는 무엇인가요? 이 기능들을 앞으로 어떤 대학 생활 과제에 가장 먼저 적용해보고 싶나요? 간단히 기록해보자.

이제 CHAPTER 03에서는 한 단계 더 나아가, 단순히 AI를 사용하는 것을 넘어 세상에 없던 결과물을 직접 '창조'하는 전문가의 세계로 떠나보자. AI와 함께 이미지, 영상, 프로그램을 만들고 미래의 커리어까지 설계하는 놀라운 여정이 여러분을 기다리고 있다.

# CHAPTER 03

# Gemini 실전편:
# AI 전문가로 거듭나기

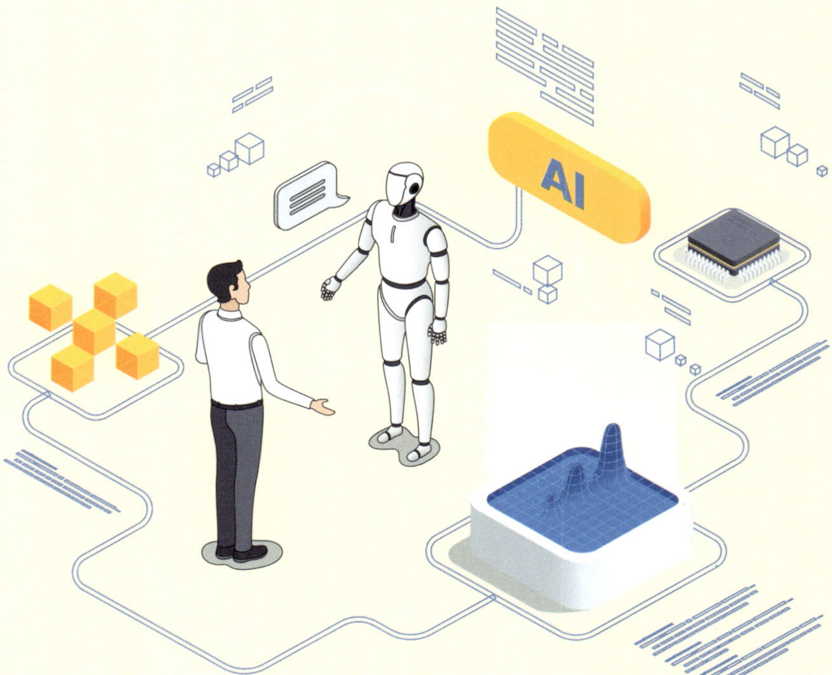

CHAPTER 03

# Gemini 실전편: AI 전문가로 거듭나기

## 1 AI 크리에이터 스튜디오: 창작의 모든 것

CHAPTER 03의 첫 여정은 '나'라는 브랜드를 만드는 것에서 시작하자. AI 크리에이터 스튜디오는 단순히 예술 작품을 만드는 공간이 아니라, 나를 표현하고 세상에 알리는 모든 창의적인 활동을 포함한다. 그 첫걸음으로, AI의 이미지 분석 능력을 활용해 나만의 개성을 시각적으로 완성하는 퍼스널 컬러와 스타일링 비법을 알아보자.

### 가. 상상을 현실로 만드는 마법

Gemini를 활용해 이미지를 직접 만들어보자. 사용 방법은 간단하다. 프롬프트 입력창 왼쪽 아래, (+) 버튼 바로 오른쪽에 있는 버튼을 눌러서 '이미지 생성하기'를 클릭하면 된다. 평범해 보이는 이 메뉴 뒤에는 사실 Imagen 4라는 강력한 엔진이 숨어 있다. Imagen 4은 구글의 최신 이미지 생성 전문 모델로, 현재 Gemini 서비스에 탑재되어 우리의 상상을 놀라운 고화질 이미지로 구현해 준다.

Imagen 4의 가장 큰 강점은 우리가 입력한 프롬프트를 찰떡같이 알아듣는다는 점이다. 특히 이전 모델들의 고질적인 약점이었던 '텍스트 렌더링(이미지 내 글자 삽입)'

능력이 획기적으로 개선되었다. 영어는 물론이고 한국어 텍스트 구현 능력도 향상되었다고 하는데, 과연 얼마나 정확할까? 간단한 실습을 통해 한층 진화한 Imagen 4의 능력을 직접 검증해보자.

**실습** **프롬프트의 디테일, 결과의 차이**

먼저 아주 간단한 명령부터 시작해보자. Gemini에게 아래와 같이 요청해보자.

**프롬프트 1**(Simple): 프롬프트에 '웃는 고양이'를 요청하면, Gemini가 귀여운 고양이 이미지를 만들어 줄 것이다.

이제, Imagen 4의 진짜 실력을 확인해 볼 시간이다. 머릿속에 있는 장면을 아주 구체적으로 묘사해서 다시 요청해보자.

**프롬프트 2**(Detailed): '비 오는 창가에 앉아 바깥을 바라보는 회색 페르시안 고양이의 아련한 눈빛, 유리에 동그란 빗방울들이 맺혀 있는 모습'

두 결과물의 차이를 느껴보자.

프롬프트 1

프롬프트 2

왼쪽 이미지가 일반적인 고양이였다면, 오른쪽 이미지는 구체적인 이야기를 담고 있다. 이처럼 프롬프트를 상세하게 묘사할수록, 여러분의 머릿속에 있는 이미지를 더 정확하고 감성적으로 꺼내 올 수 있다. 이제 자신만의 아이디어를 짧은 프롬프트와 긴 프롬프트로 각각 만들어보며 그 차이를 즐겨보자.

**선배의 실수 노트: 이건 따라하지 마세요!**

'알아서 그려줘'는 금물! AI는 내 마음을 읽지 못해요. '슬픈 고양이'보다는 '비 오는 창밖을 보며 눈물을 글썽이는 회색 페르시안 고양이'처럼, 여러분의 머릿속 장면을 상세히 묘사할수록 AI는 최고가 되어준다.

**실습** **AI, 내 인생 컬러를 찾아줘**

Gemini의 뛰어난 시각 분석 능력을 활용하면, 나에게 어떤 색이 어울리는지 쉽고 재미있게 알아볼 수 있다. 먼저 AI의 능력을 확인해보자! 블랙핑크 지수의 개인 공식 유튜브, 'JISOO'에서 본인의 퍼스널 컬러가 겨울 쿨톤으로 밝혔다. BLACKPINK의 공식 유튜브의 'B.P.M.' Roll #9에서 공개된 지수 쌩얼 사진을 통해 Gemini한테 '너는 퍼스널 컬러 전문가야. 캡처된 사진을 보고 퍼스널 컬러를 진단해 줘.'라고 보냈더니 아래의 답변이 나왔다.

그림 3-1 | Gemini의 답변

**최종 결론**

이 사진은 **따뜻한 조명 때문에 쿨톤이 웜톤처럼 보이는 전형적인 예시**입니다.

따라서 사진의 분위기만으로는 가을 웜톤으로 오해할 수 있지만, 인물의 본래 특징(고대비, 피부 톤)과 가장 잘 어울리는 색들을 종합적으로 고려했을 때, 가장 가능성이 높은 퍼스널 컬러는 **겨울 쿨톤 (브라이트 타입)** 입니다.

정확한 진단을 위해서는 자연광 아래에서 민낯으로 여러 색상의 천을 대보는 '드레이핑' 과정이 필수적이라는 점을 참고해 주세요.

실제로 많은 팬들도 지수를 가을 웜톤으로 많이 오해했다. 지수의 개인 채널에서 퍼스널 컬러를 공개한 영상의 댓글만 봐도 알 수 있다. 놀라운 결과이다.

이제는 여러분들의 차례이다. 우리의 퍼스널 컬러를 진단해보자. Gemini의 뛰어난 시각 분석 능력을 활용하면, 나에게 어떤 색이 어울리는지 쉽고 재미있게 알아볼 수 있다.

**실습** **Gemini와 함께하는 퍼스널 컬러 자가진단**

**준비물**

- 화장기 없는 얼굴이 잘 나온 정면 사진(가급적 자연광 아래에서 찍은 사진이 정확하다)
- Gemini 앱 또는 웹사이트

**분석 요청하기**

준비한 사진을 Gemini에게 업로드한 뒤, 아래와 같이 요청해보자.

**프롬프트 예시:** "이 사진을 보고 내 퍼스널 컬러를 진단해 줘. 내 피부, 머리카락, 눈동자 색을 근거로 내가 어떤 계절 톤(봄 웜, 여름 쿨, 가을 웜, 겨울 쿨)에 가장 가까운지 알려줘. 그리고 나와 가장 잘 어울리는 색상 팔레트와 피해야 할 색상도 구체적으로 추천해 줘."

**결과 활용하기**

Gemini는 사진의 전체적인 색감을 분석해서 여러분이 어떤 '톤'에 해당하는지, 그리고 어떤 색상의 옷이나 화장품이 잘 어울릴지 추천해준다. 이 결과를 바탕으로 옷을 사거나 화장품을 고를 때 참고해보자. '최애' 옷이 왜 그렇게 잘 어울렸는지, 혹은 특정 색상의 옷을 입으면 얼굴이 칙칙해 보였는지에 대한 힌트를 얻을 수 있다. 물론 Gemini의 분석이 100% 정답은 아닐 수 있지만, 나만의 스타일을 찾아가는 여정에 훌륭한 참고 자료가 될 수 있다.

### 나만의 AI 스타일리스트, Gemini에게 '맞춤형 코디' 맡기기

퍼스널 컬러 진단을 통해 나에게 어울리는 색을 찾았다면, 이제는 그 색을 활용해 직접 옷을 입어볼 차례다. 매일 아침 옷장 앞에서 "오늘 뭐 입지?"를 고민하는 것은 우리 모두의 숙제다. 이제 Gemini를 나만의 퍼스널 스타일리스트로 고용해 이 고민을 해결해보자.

**실습** **Gemini를 활용해 본인의 패션 점검하기**

사람마다 체형도, 피부 톤도, 그리고 추구하는 분위기도 모두 제각각이다. 누군가는 편안함을 최우선으로 여기고, 누군가는 화려하게 튀는 스타일을 선호한다. 따라서 Gemini에게 단순히 "옷 추천해 줘."라고 묻는 것보다는, 나의 신체적 특징과 패션 취향을 구체적으로 알려주는 것이 핵심이다.

예를 들어, 필자는 깔끔하면서도 과하게 튀지 않는 스타일을 선호한다. 그래서 Gemini에게 "나는 단정한 스타일을 좋아해. 내 체형과 퍼스널 컬러에 맞춰 핏과 색감 조합 위주로 조언해 줘."라고 구체적인 가이드를 제공한다. 이렇게 나의 정보를 입력하면 AI는 편견 없이 오직 나에게 가장 잘 어울리는 스타일을 객관적으로 분석해 준다.

**그림 3-2 | 구체적인 착장 정보를 포함한 스타일링 조언 요청**

너는 패션 디자이너야. 오늘 패션은 어때? 안에는 흰색 이너 티 입었고 겉에는 네이비 색깔의 롱패딩 입을 거야.

이렇게 구체적인 정보를 입력하면, Gemini는 단순한 나열을 넘어 착장의 밸런스까지 고려한 매력적인 코디를 제안해 준다. 실제 답변을 확인해보자.

안녕하세요, 당신의 전담 **패션 디자이너 Gemini**입니다.

오늘 보여주신 착장과 계획하신 아우터 조합을 보니, "편안함과 스타일을 모두 잡은, 아주 센스 있는 겨울 데일리 룩"이 완성될 것 같습니다.

디자이너의 시선으로 상세하게 분석해 드릴게요.

---

**🧶 1. 베이스 착장 분석 (현재 사진)**

- **상의 (아미 하트 로고 스웨트셔츠 - 베이지/크림):**
    - 아주 현명한 선택입니다. 부드럽고 따뜻한 느낌을 주는 크림 베이지 컬러는 누구에게나 잘 어울리며 포근한 인상을 줍니다. 심플한 로고 포인트도 과하지 않고 트렌디합니다.
- **이너웨어 (흰색 티셔츠 레이어드):**
    - **이 부분이 오늘 코디의 핵심 포인트 중 하나입니다!** 넥라인 위로 살짝 보이는 흰색 티셔츠가 베이지색 상의와 얼굴 사이에 경계를 만들어주어, 전체적인 룩을 훨씬 **깔끔하고 정돈되어 보이게** 합니다. 아주 칭찬합니다.

- **하의 (다크 컬러 코듀로이 팬츠):**
    - 일반 면바지나 슬랙스가 아닌 **코듀로이(골덴)** 소재를 선택한 점이 돋보입니다. 소재 자체가 주는 따뜻한 느낌과 텍스처가 상의의 스웨트셔츠와 잘 어우러져 **'코지(Cozy)한 무드'**를 완벽하게 만들어줍니다.

**🧥 2. 아우터 매칭 분석 (네이비 롱패딩)**

- **컬러 조합 (베이지 + 네이비): "실패 없는 클래식 조합"**
    - 베이지의 부드러움과 네이비의 단정함이 만나 **고급스럽고 안정적인 느낌**을 줍니다. 블랙 롱패딩보다 훨씬 세련된 선택이 될 것입니다.
- **전체적인 실루엣:**
    - 안에는 편안한 스웨트셔츠와 코듀로이 팬츠로 활동성을 챙기고, 겉에는 기장이 긴 롱패딩으로 보온성을 확실하게 챙기는 조합입니다. 실용적이면서도 멋스러운, 이상적인 겨울 코디입니다.

**📝 디자이너의 총평**

**오늘의 스타일 점수: 🌟 95점!**

> **"꾸민 듯 안 꾸민 듯, 따뜻하고 센스 넘치는 '겨울 남친룩'의 정석!"**

전체적으로 색감의 조화(화이트-베이지-네이비)가 훌륭하고, 소재(코듀로이)를 활용해 계절감을 잘 살렸습니다. 이너 티셔츠를 레이어드한 디테일까지 아주 완벽합니다.

**💡 마지막 스타일링 팁:**

- 신발은 **흰색 스니커즈**나 상의와 톤을 맞춘 **베이지/크림 계열의 운동화**를 신으면 전체적으로 룩이 더 화사하고 가벼워 보일 거예요. (예: 독일군 스니커즈, 뉴발란스 그레이/베이지 등)

오늘 코디 정말 훌륭합니다. 따뜻하고 멋진 하루 보내세요!

이제 여러분의 차례다. 옷장 속에 잠들어 있던 아이템들을 꺼내 Gemini와 함께 나만의 '시그니처 룩'을 완성해보자.

## 나. 텍스트가 영상으로, 마법 엔진 Veo

멋진 시나리오가 준비되었다면, 이제 구글의 최신 영상 생성 엔진인 Veo 3.1을 통해 상상을 현실의 영상으로 구현할 차례다. 특히 Gemini 3.0 Pro와 같은 최상위 모델에는 이 엔진이 기본적으로 통합되어 있어, 별도의 촬영 장비나 복잡한 편집 기술 없이도 프롬프트(명령어) 입력만으로 고화질 영상을 만들어낼 수 있다.

백문이 불여일견, 필자가 직접 촬영한 부산의 일출 사진 한 장이 모델의 버전에 따라 어떻게 진화하는지 확인해보자. 우리는 이 변화를 통해 기술의 발전 과정을 명확히 이해할 수 있다.

사진 출처: 저자

### Veo 2(2025. 04): "사진에 움직임을 불어넣다"

Veo 2는 정지된 이미지에 물리적인 움직임을 부여하는 데 집중했다. 이 사진을 Veo 2에 넣으면, 호텔 건물은 고정된 채 바다의 물결이 출렁이고 태양 주위의 구름이 서서히 흘러가는 4초 내외의 영상이 생성된다.

- **특징:** 마치 라이브 포토나 고급 GIF를 보는 느낌이다.
- **한계:** 결정적으로 소리가 없다. 파도가 치지만 파도 소리는 들리지 않으며, 물결의 움직임이 반복될 때 미세하게 끊기는 루프(Loop) 현상이 발생하기도 한다.

### Veo 3(2025. 05): "감각을 깨우는 리얼리즘"

Veo 3부터는 시청각적 몰입이 시작된다. 가장 큰 차이는 오디오 생성이다.

- **변화:** 영상을 재생하는 순간, "촤아아-" 하는 파도 소리와 아침의 바람 소리가 영상과 함께 생성된다. 시각적으로도 바다 표면에 반사되는 태양 빛(윤슬)이 물결의 높낮이에 따라 반짝이는 모습이 실제 물리 법칙에 가깝게 묘사된다.
- **핵심:** 단순히 움직이는 이미지가 아니라, 내가 저 호텔 창가에 서 있는 듯한 현장감을 준다.

### Veo 3.1(2025. 10): "감독이 되어 서사를 만들다"

최신 모델인 Veo 3.1은 생성된 결과물을 사용자가 완벽하게 통제할 수 있다는 점에서 차원이 다르다. 단순한 생성을 넘어 연출이 가능하다.

- **카메라 워킹:** "드론 샷으로 호텔에서 바다 쪽으로 줌 아웃(Zoom-out)"이라는 프롬프트(명령어)를 더하면, 고정된 앵글이 아닌 영화 같은 카메라 무빙이 들어간다.
- **영상 확장(Extension):** 8초 영상을 만든 뒤, "해가 완전히 떠올라 밝아지는 과정"을 이어 붙여 1분짜리 타임랩스 영상을 만들 수 있다.
- **오브젝트 추가:** 사진에는 없지만 "바다 위를 지나가는 요트"를 텍스트로 추가하면, 위화감 없이 요트가 물살을 가르며 지나가는 장면을 만들어낸다.

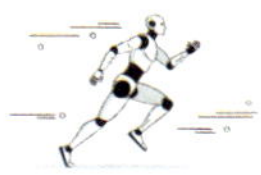

**선배의 꿀팁: 프롬프트를 영상 언어로 번역하다**

Veo 3.1은 우리가 입력한 문장을 시각적 언어로 번역하는 매우 지능적인 번역가와 같다. 단순히 단어의 뜻만 옮기는 것이 아니라, 문장의 감성과 뉘앙스, 현실 세계의 물리 법칙까지 파악해 영상을 유기적으로 구성한다.

특히 영상 속 인물의 생김새나 배경이 시간이 지나도 변하지 않고 유지되는 일관성 능력이 탁월하며, '카메라가 인물을 따라 천천히 움직인다'와 같은 전문적인 촬영 용어까지 정확하게 이해하고 반영한다.

**주의할 점:** 현재 기술로는 영상 위에 한국어 자막을 완벽하게 넣는 데에는 여전히 오류가 발생할 수 있다. 정확한 자막이 필요하다면 영어를 활용하거나, 영상 생성 후 별도의 편집 툴을 사용하는 것이 좋다.

이제 복잡한 기술은 AI가 담당한다. 좋은 아이디어와 글쓰기 능력만 있다면, 이런 혁신적인 기술을 활용해 누구나 자신의 머릿속 세상을 영화처럼 펼쳐낼 수 있게 된 것이다.

**실습** **새내기를 위한 '캠퍼스 라이프' 영상 만들기**

Gemini로 완성한 멋진 대본을 실제 영상으로 만드는 과정 또한 Gemini 대화창 안에서 즉시 해결할 수 있다. 과거에는 별도의 영상 제작 프로그램을 찾아야 했지만, 이제는 구글의 영상 생성 AI 'Veo'가 Gemini에 완벽하게 통합되었다. 따라서 대화창 하단의 관련 기능을 이용해 시나리오를 바로 영상으로 구현할 수 있다.

**그림 3-3 | 프롬프트 예시**

프롬프트: "(본인 학교 사진 첨부) 너는 유튜브 숏츠 제작 전문가야. 대학 신입생을 위한 꿀팁 동영상을 만들어줘. 영상 제목은 〈University Life Tips from Seniors〉야. 첨부된 사진을 활용해서 동영상을 생성해 줘."

물론, 이 놀라운 기술도 계속해서 발전하는 과정에 있다. 초기 버전에서는 짧은 영상 위주로 생성이 가능했지만, 기술이 빠르게 발전하며 점차 더 긴 영상 제작을 지원하고 있다. 정교한 한국어 텍스트를 영상에 직접적으로 표현하는 데에는 아직 약간의 기술적 한계가 보일 때도 있지만, 이 또한 빠르게 개선되고 있다.

## 다. AI로 나만의 오디오 콘텐츠

AI가 텍스트를 음성으로 바꾸는 TTS(Text-to-Speech, 텍스트 음성 변환 기술)는 오래전부터 있었다. 하지만 지금까지의 목소리는 어딘가 부자연스러운 기계음에 가까웠다. 이제 Gemini와 같은 강력한 AI 모델의 등장으로 TTS 기술은 새로운 시대를 맞이했다. 단순히 글자를 읽는 수준을 넘어, 감정과 개성을 담아내는 AI 성우가 현실이 되고 있다.

### 무엇이 달라졌는가: 감정을 이해하는 목소리

과거의 TTS는 단어와 문장을 분석해 표준적인 억양으로 소리를 조합했다. 반면 최신 AI 오디오 모델은 방대한 양의 음성 데이터를 학습하여 사람의 말에 담긴 미묘한 뉘앙스까지 파악한다. 문장의 맥락을 이해하고, 그에 맞는 감정, 억양, 속도를 스스로 결정한다. "정말 기쁜 소식이네요!"라는 문장을 읽을 때, 실제 기쁜 감정이 섞인 톤으로 말하는 식이다. 슬픔, 분노, 놀람 등 다양한 감정을 표현하는 능력을 갖췄다.

### 기술의 핵심: 목소리 복제와 생성

AI 성우 기술의 핵심 중 하나는 Voice Cloning(음성 복제)이다. 단 몇 초의 실제 사람 목소리 샘플만 있으면, AI는 그 사람의 음색, 말투, 억양을 그대로 복제하여 어떤 텍스트라도 읽게 할 수 있다. 더 나아가 세상에 존재하지 않는 새로운 목소리를 완전히 '창조'해낼 수도 있다.

### 인간과 기계의 경계를 허무는 디테일

최신 AI 성우는 단순히 말만 하는 것이 아니다. 웃음소리, 한숨, 헛기침, 감탄사 등 사람이 대화 중에 사용하는 다양한 Paralinguistics(준언어적 표현)까지 생성해낸다. 대화의 흐름에 맞춰 "음…", "아…"와 같은 간투사를 자연스럽게 섞어 쓴다. 이런 디테일은 AI가 생성한 목소리를 실제 사람의 것과 거의 구별할 수 없게 만든다. 기계가 아닌, 하나의 인격체와 대화하는 듯한 경험을 제공하는 것이다.

**실습** **미국식 vs 영국식, 원하는 발음 듣기**

영어는 전 세계에서 쓰이지만, 발음은 지역마다 다르다. 특히 미국식 영어와 영국식 영어는 발음, 억양, 심지어 단어 선택까지 차이가 크다. 예를 들어, 'schedule'은 미국에서는 "스케줄"에 가깝게 [ˈskedʒuːl]로 발음되고, 영국에서는 "셰줄"처럼 [ˈʃedjuːl]로 들린다. 유튜브 같은 플랫폼은 영어를 접하기 좋은 창구지만, 대부분 미국식 영어나 발음이 섞여 특정 발음을 집중적으로 배우기에는 한계가 있다. 이런 차이는 학습자에게 혼란을 줄 수 있다. 이러한 불편함을 Gemini를 통해 효과적으로 해결 할 수 있다. Gemini의 기술을 활용하면 학습자가 원하는 발음 스타일로 듣고 말하는 연습을 할 수 있다.

소리를 직접 들을 수도 있다. 하는 방법은 매우 간단하다. 첫 번째는 핸드폰에서 Gemini를 다운받는다.

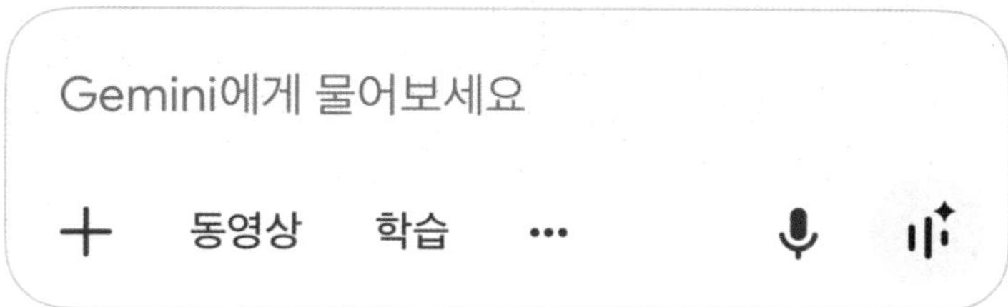


프롬프트는 박스에서 타이핑으로 물었다면 발음을 듣고 싶으면 다음의 그림을 참고하면 된다.

검은색으로 동그라미 표시된 거를 누른 다음에 원하는 단어를 미국식, 영국식 등으로 알려달라고 요청하면 된다. 팁을 알려주자면 다음 그림에서 빨간색으로 동그라미가 쳐진 것을 누르면 Gemini가 말하고 있는 내용을 대본으로 보여준다.

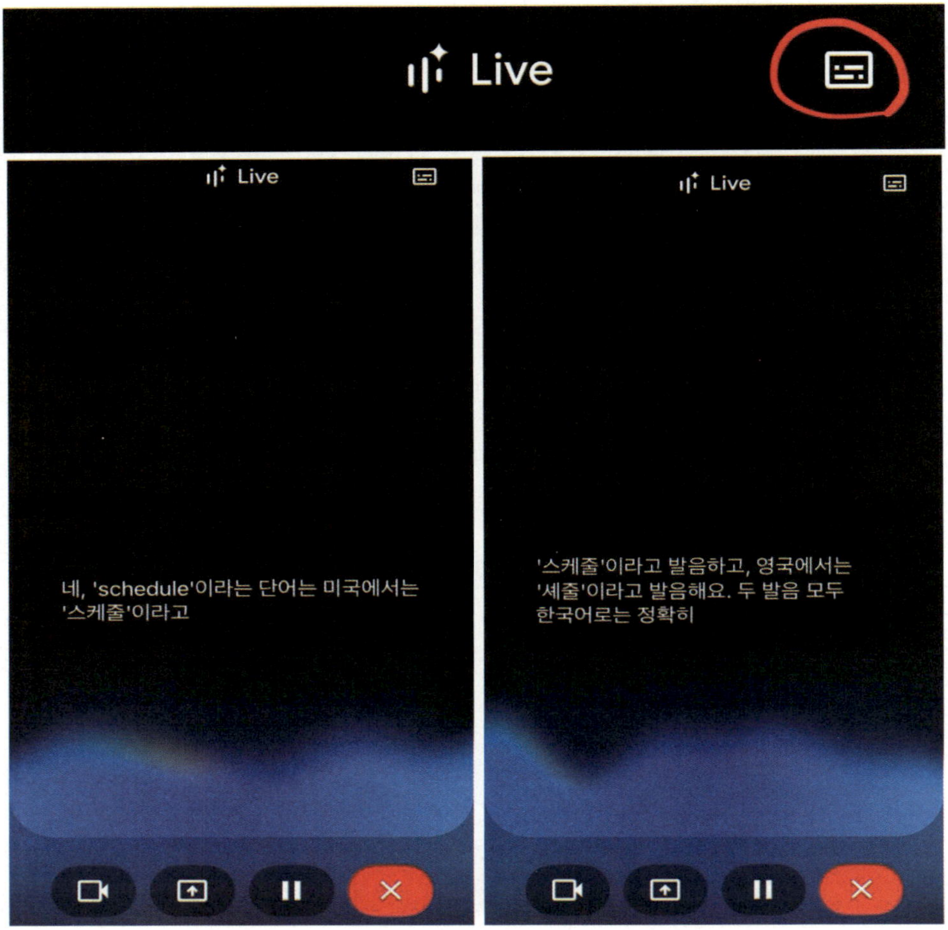


이 기능을 활용한 효과적인 발음 실습 방법은 다음과 같다.

- **발음 비교하기**

  "Can you pass me the bottle of water?"와 같은 문장을 미국식과 영국식의 발음으로 각각 들어보며 억양과 리듬의 차이를 느껴보자.

- **상황별로 듣기**
  일상 대화, 뉴스, 발표 등 다양한 상황의 테스트를 AI에게 읽게 하여 문맥에 따른 어조와 강세 변화를 익힐 수 있다.

- **섀도잉**(Shadowing)
  AI가 들려주는 음성을 듣고 그림자처럼 즉시 따라 말하는 연습을 해보자. 발음 교정에 매우 효과적인 방법이다.

결론적으로 AI를 활용하면 영어 발음의 차이가 더 이상 학습의 장애물이 아닌, 맞춤형 훈련을 위한 좋은 기회가 될 수 있다.

**실습** **Gemini와 NotebookLM으로 팟캐스트 만들기**

Gemini와 NotebookLM 같은 생성형 AI 도구를 활용하면, 기획부터 대본 작성, 내용 정리까지 전 과정을 혼자서도 가능하게 할 수 있다.

### 1단계: 주제 정하기와 자료 조사 – NotebookLM

"제로웨이스트 생활"에 대한 팟캐스트를 만들고 싶다면, 관련 기사나 블로그 글을 NotebookLM에 업로드하고 다음과 같이 질문할 수 있다.

"이 글에서 강조하는 핵심 실천 법 3가지를 알려줘."
"청취자에게 흥미롭게 소개할 수 있는 통계나 인상적인 문장은 뭐야?"

### 2단계: 대본 작성 – Gemini

수집한 정보를 바탕으로 대본을 만들어야 한다. Gemini는 간단한 프롬프트만으로도 자연스러운 말하기 형식의 대본을 생성할 수 있다.

**예시 프롬프트:** "제로웨이스트 생활을 소개하는 팟캐스트 첫 에피소드용 대본을 3분 분량으로 써 줘. 말투는 친근하게 해 줘."

Gemini는 도입, 본론, 마무리가 구조화된 대본을 제공한다. 마음에 들지 않는 부분은 다시 요청해서 수정할 수 있고, 더 짧거나 길게도 바꿔달라고 할 수 있다.

### 3단계: 구성 다듬기와 전달 방식 정리

대본이 완성되면 내용을 다듬고, 청취자 입장에서 전달 흐름이 자연스러운지 점검해야 한다. 이때 다시 Gemini에게 요청해서 다음과 같은 피드백을 받을 수 있다.

> "이 대본이 너무 정보만 나열하는 느낌인데, 좀 더 스토리텔링 중심으로 바꿔줘."
> "이 부분을 질문-답변 형식으로 바꿔줘."
> "도입부에 청취자의 관심을 끌 수 있는 한 문장 추가해 줘."

이런 방식으로 Gemini를 협업 파트너처럼 활용하면, 혼자서도 전문 콘텐츠 제작자의 시선으로 대본을 다듬을 수 있다.

### 4단계: 요약 콘텐츠 제작 - NotebookLM 활용

완성된 팟캐스트 에피소드를 다시 NotebookLM에 텍스트로 넣으면 요약본, 에피소드 소개 글, 주요 키워드 등을 자동으로 생성해준다. 팟캐스트 플랫폼에 올릴 설명 글을 빠르게 만들 수 있어 편리하다.

**질문 예시:** "이 팟캐스트의 요점을 3문장으로 요약해 줘.", "청취자가 궁금해할 질문 2개만 뽑아줘."

Gemini와 NotebookLM은 단순한 정보 검색을 넘어서, 팟캐스트 제작의 동반자가 될 수 있다. 두 도구를 잘 활용하면 기획 → 대본 → 구성 점검 → 요약까지 전 과정을 혼자서 해볼 수 있다. 대학 신입생도 충분히 시작할 수 있는 AI 실습 프로젝트로 추천할 만하다.

## 라. AI로 세상에 없던 스토리 만들기

숫자는 때로 백 마디 말보다 더 강력한 이야기를 들려준다. Gemini를 활용하면, 딱딱한 데이터 속에 숨겨진 흥미로운 스토리를 찾아내고, 이를 시선을 사로잡는 인포그래픽 뉴스로 재탄생 시키는 '데이터 저널리스트'가 될 수 있다.

**실습** **'교내 카페 이용 만족도' 데이터로 뉴스 만들기**

학생들을 대상으로 실시한 설문조사 데이터를 바탕으로, 한 편의 짧은 데이터 뉴스 기사를 기획하고 제작해보자.

### 1단계: 데이터 속 '스토리' 발견하기

먼저, 설문조사 결과가 담긴 구글 Sheets 파일을 Gemini에게 제공하고, 데이터 이면에 숨겨진 의미 있는 이야기를 찾아달라고 요청한다.

**프롬프트 예시:** "@교내 카페 만족도 설문조사 파일이야. 이 데이터에서 가장 흥미롭거나 예상치 못한 패턴을 한 가지 찾아내고, 그걸 바탕으로 'OO대학교 학생들, 비싼 커피값에 불만 폭주'와 같은 시선을 끄는 뉴스 헤드라인을 뽑아줘."

저자는 예시를 2021년 동명대학교 학생식당 만족도 조사[1]를 활용했다.

1 동명대학교 학생처장, 「2021학년도학생식당 매장 만족도 조사 및 위생점검 결과 공지」, 『동명대학교 홈페이지』, 2021.12.13.

**동명대 학생들, 학식 가격에 관대하지만, 비싼 커피값은 못 참아?**

2021년 동명대학교 학생식당 만족도 조사 결과에 따르면, 학생들은 학생식당의 음식 가격에 대해서는 비교적 긍정적인 평가를 내렸지만, 특정 매장의 비싼 커피 가격에는 불만을 표출한 것으로 나타났습니다. 이는 전반적인 식당 가격 만족도와는 다소 상반되는 흥미로운 패턴을 보여줍니다.

**예상치 못한 패턴 분석**

설문조사 응답자 중 70%가 학생식당의 가격이 '매우 그렇다' 또는 '그렇다'고 답하며 적당하다고 느꼈고, 41%는 가격에 대해 '보통이다'라고 응답했습니다. 한 끼 식사에 4,000원에서 5,000원을 지불하는 학생이 43%로 가장 많았고, 이는 학생들이 생각하는 적정 식사 가격 범위와 크게 다르지 않음을 시사합니다.

하지만, 전체 식당 및 매장 개선점에 대한 주관식 답변에서 일부 학생들은 특정 매장의 비싼 가격을 구체적으로 지적했습니다. 특히, 이디야 매장의 비싼 가격에 대한 불만이 언급되었으며, 이는 학생들이 식당 음식 가격에는 관대하지만, 상대적으로 비싸게 느껴지는 교내 카페의 가격에는 민감하게 반응하고 있음을 보여줍니다.

이러한 패턴은 학생들이 주식에 해당하는 식당 메뉴 가격은 일정 부분 감수하지만, 부가적인 소비로 인식하는 카페 메뉴에는 더 엄격한 잣대를 적용하고 있음을 시사하는 흥미로운 결과입니다. 이는 교내 상업 시설 운영 시 가격 정책에 대한 새로운 시사점을 제공합니다.

2단계: '인포그래픽' 기획하기

찾아낸 스토리를 독자들이 한눈에 이해할 수 있도록 시각화하는 계획을 세운다.

**프롬프트 예시:** "이 헤드라인을 뒷받침하기 위해 필요한 인포그래픽 3개를 기획해 줘. 각 인포그래픽의 제목, 보여줘야 할 핵심 데이터, 그리고 가장 효과적인 그래프 유형(막대, 원형 등)을 알려줘."

**1. 학생식당 가격 적정성 만족도**

- **인포그래픽 제목**: 동명대 학생들의 학생식당 가격 만족도는?
- **보여줘야 할 핵심 데이터**:
  - "가격이 적당하다"는 질문에 대한 학생들의 응답(매우 그렇다, 그렇다, 보통이다, 그렇지 않다, 전혀 그렇지 않다) .
  - 각 응답에 대한 응답자 수와 백분율 .
- **가장 효과적인 그래프 유형**: 막대 그래프
  - **이유**: 이 그래프는 '가격이 적당하다'에 대한 긍정적, 중립적, 부정적 응답을 시각적으로 명확하게 비교하는 데 효과적입니다. 특히, '그렇다'와 '보통이다' 응답의 높은 비율을 한눈에 보여주어 전반적인 가격 만족도가 높다는 점을 강조할 수 있습니다.

### 3단계: 기사 본문 및 시각 자료 생성하기

기획안을 바탕으로 실제 기사 초안과 인포그래픽 이미지를 생성한다.

**프롬프트 예시:** "이제 이 내용을 바탕으로 300자 분량의 짧은 뉴스 기사 초안을 작성해 줘. 그리고 첫 번째 인포그래픽 '학년별 커피값 지출 현황'을 보여줄 세련된 스타일의 막대그래프 이미지를 만들어줘."

이 과정은 복잡한 데이터를 설득력 있는 콘텐츠로 바꾸는 데이터 스토리텔링의 핵심을 경험하게 해준다. 데이터로 객관적인 사실을 전달하는 법을 배웠다면, 이번에는 나 자신을 매력적인 스토리로 전달하는 방법을 익혀볼 차례다.

이제 AI는 글쓰기를 넘어 이미지, 영상, 사운드까지 만들어내는 종합 '크리에이터 스튜디오'가 되었다. 이 장에서는 AI의 창의적인 능력을 활용하여 나를 표현하는 다양한 멀티미디어 포트폴리오를 제작한다. 데이터 속에 숨은 이야기를 찾아 뉴스로 만드는 것부터 시작하여, 나만의 강점을 담은, 상상 속의 게임 세계관까지, AI와 함께 세상에 없던 결과물을 만들어보자.

이력서와 자기소개서만으로는 보여줄 수 없는 나만의 매력과 강점을 1분짜리 영상에 담아낼 수 있다. Gemini를 총감독으로 삼아, 나를 가장 효과적으로 보여주는 '개인 브랜딩 영상'의 기획부터 대본 작성, 시각 자료 제작까지 함께 진행하여 강력한 자기 PR 포트폴리오를 만들 수 있다.

**실습** **'집필팀 총무'로서 나를 소개하는 영상 만들기**

자신의 핵심 경험을 바탕으로, 지원하는 회사나 대외활동에 제출할 1분 자기소개 영상을 제작한다고 가정해보자.

### 1단계: 핵심 강점 및 메시지 정의하기

먼저, 영상의 주인공인 '나'라는 인물을 Gemini에게 명확하게 소개하고, 영상의 핵심 메시지를 함께 정하자.

**프롬프트 예시:** "나는 집필팀 총무로서 꼼꼼함과 책임감을 어필하고 싶어. 이 두 가지 강점을 중심으로, 나를 '신뢰를 바탕으로 프로젝트의 성공을 지원하는 매니저'로 브랜딩하는 1분 영상의 핵심 콘셉트와 슬로건을 제안해 줘."

### 2단계: 영상 스토리보드 및 대본 작성하기

정해진 컨셉에 맞춰 영상의 전체적인 흐름을 설계하고, 각 장면에 맞는 내레이션 대본을 작성한다.

**프롬프트 예시:** "15초 분량의 도입부, 30초의 핵심 경험(예산 관리 및 출판 기념회 기획) 소개, 15초의 마무리 및 포부로 구성된 영상 스토리보드를 표로 만들어 줘. 각 장면의 시각적 컨셉과 내레이션 대본을 포함해 줘."

### 3단계: 시각 자료 및 자막 디자인하기

내레이션에 어울리는 시각 자료를 생성하여 영상의 완성도를 높이자. 실제 사진이 없다면 AI로 나의 경험을 상징하는 이미지를 만들 수 있다.

**프롬프트 예시:** "우리 집필팀이 '연말 출판 기념회'를 성공적으로 진행하는 모습을 상징하는 이미지를 만들어 줘. 내가 만든 예산안 엑셀 시트와 실제 행사 사진이 세련되게 교차 편집되는 느낌으로 부탁해."

이렇게 기획된 내용을 바탕으로 실제 영상을 촬영하거나, AI가 생성해준 이미지들을 활용해 카드 뉴스 형태의 영상으로 만들면, 어떤 자기소개서보다 강력한 인상을 남기는 나만의 포트폴리오가 완성된다.

**실습** **AI로 '게임 시나리오' 및 '세계관 구축하기'**

매력적인 게임의 심장은 탄탄한 이야기와 세계관에 있다. Gemini와 NotebookLM은 혼자서는 막막했던 방대한 세계관 설정을 체계적으로 구축하고, 흥미로운 스토리를 함께 써 내려가는 최고의 시나리오 공동 작가가 되어준다.

**실습** **'사이버 펑크 서울' 세계관과 주인공 만들기**

2088년의 서울을 배경으로 하는 게임을 만든다고 가정하고, 그 핵심 설정과 주인공 캐릭터를 구체화해 보자.

### 1단계: 세계관 브레인스토밍(With Gemini)

먼저, 게임의 전체적인 배경이 되는 세계관의 핵심 아이디어를 Gemini와 함께 만들어 나간다.

**프롬프트 예시:** "2088년 서울을 배경으로 하는 사이버 펑크 게임의 세계관을 구상 중이야. 이 게임은 "정신을 파는 세상, 기억을 되찾는 자들"이라는 부제를 가지고 있어. 거대 기업 '네오코프(NeoCorp)'가 절대적인 권력을 쥐고 있으며, 시민들은 대부분 값비싼 인공 신체를 이식하고 살아가고 있어. 이 과정에서 사람들은 자신의 기억 중 일부를 '네오코프'에 판매하여 신체 대금을 지불하는 계약을 맺게 돼. 주인공은 한때 유능한 '네오코프'의 시스템 엔지니어였지만, 불의의 사고로 기억의 대부분을 잃고 빈민가에서 깨어나게 돼. 그는 잃어버린 자신의 기억을 되찾기 위해, 그리고 '네오코프'의 숨겨진 비밀을 파헤치기 위해 싸우는 이야기가 주된 줄거리야. 이러한 세계관, 큰 줄거리, 그리고 주인공의 설정을 바탕으로, 아래 세 가지 핵심 설정을 좀 더 구체적이고 흥미롭게 발전시켜줘.

**지배 세력:** '네오코프'가 어떻게 시민들의 기억을 통제하고 권력을 유지하는지, 그들이 숨기고 있는 궁극적인 목적은 무엇인지에 대한 구체적인 아이디어를 제안해 줘 (예: 기억을 통해 새로운 인공지능을 훈련시키거나, 특정 기억을 조작하여 사회를 통제하는 방식 등).

**저항 세력:** 주인공과 함께 '네오코프'에 맞서는 저항군 '미스트(MIST, Memory-is-Truth)'를 만들어줘. 이들이 어떤 방식으로 '네오코프'의 지배에 저항하고, 그들의 강점과 약점은 무엇인지 구체적인 설정을 부탁해(예: 기억 거래소에서 삭제된 기억 조각을 복원하는 해커 집단, 혹은 기억을 기록하는 아카이브를 지키는 집단 등).

**핵심 기술:** 기억을 사고파는 게임의 핵심 시스템 '메모리 마켓(Memory Market)'에 대한 상세한 설정을 제안해 줘. 이 기술이 어떤 원리로 작동하며, 게임 플레이에 어떤 영향을 줄 수 있을지(예: 플레이어가 잃어버린 기억을 찾거나, 새로운 기억을 구입하여 능력을 얻는 등) 시놉시스에 맞는 아이디어를 제시해 줘."

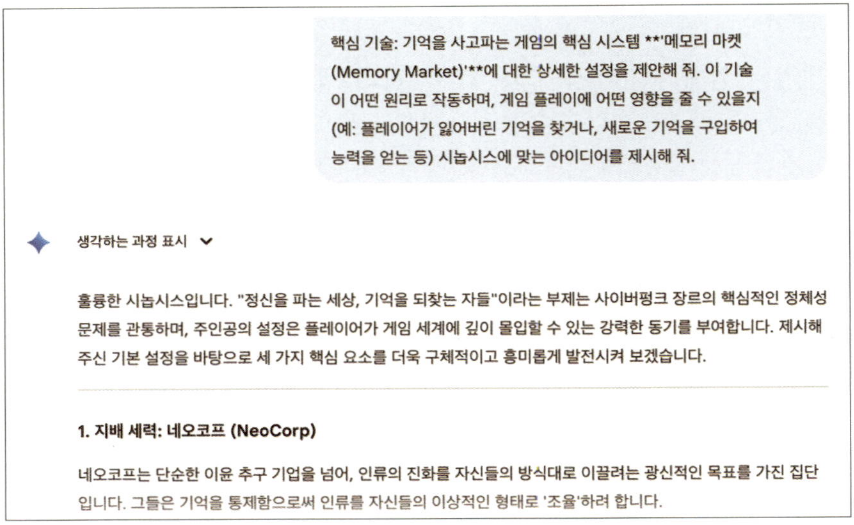


### 2단계: 주인공 캐릭터 설정하기(With Gemini)

세계관이 정해졌다면, 이제 플레이어가 몰입할 주인공을 만들 차례다. 구체적인 특징을 부여하여 입체적인 캐릭터를 만든다.

**프롬프트 예시:** "이 세계관의 주인공 캐릭터를 만들어 줘. 이름은 '서지수', 나이는 25세 여성, 전직 기업 소속 해커였지만 지금은 저항군에 속해 있어. 그녀의 MBTI는 INTJ이고, 과거 트라우마와 최종 목표를 포함한 구체적인 배경 스토리를 설정해 줘."

이 세계관의 주인공 캐릭터를 만들어 줘. 이름은 '서지수', 나이는 25세 여성, 전직 기업 소속 해커였지만 지금은 저항군에 속해 있어. 그녀의 MBTI는 INTJ이고, 과거 트라우마와 최종 목표를 포함한 구체적인 배경 스토리를 설정해 줘.

### 2088년 서울 사이버펑크 세계관: 주인공 '서지수' 캐릭터 설정

**1. 기본 정보**

- **이름:** 서지수 (Seo Ji-soo)
- **나이:** 25세
- **성별:** 여성
- **직업:** 전직 '천지 데이터' 소속 엘리트 해커 / 現 저항군 '귀신' 소속 '코드 무당'
- **MBTI:** INTJ (전략가) - 분석적, 논리적, 독립적, 비판적 사고가 강하며, 장기적인 계획과 비전을 중시합니다.
- **신장/체형:** 168cm, 날렵하고 단단한 체형. 군더더기 없는 움직임과 효율적인 자세가 특징.
- **피부:** 창백할 정도로 흰 피부.
- **눈:** 깊고 날카로운 검은 눈동자. 항상 무언가를 분석하는 듯한 냉철한 시선. 눈 주변에 미세한 푸른색 사이버네틱 문양이나 라인이 새겨져 있어, 해킹 시 빛을 발합니다.
- **머리카락:** 턱선까지 오는 짧고 깔끔한 검은 단발. 활동성을 고려한 스타일.
- **복장:** 어두운 올리브색 또는 짙은 회색의 기능성 트렌치 코트를 주로 착용. 코트 안에는 방탄 기능이 있는 검은색 경량 전투복이나 기능성 의류를 입습니다. 왼쪽 팔에는 '미래-젠'의 최신 사이버네틱 임플란트(의수)가 장착되어 있어, 일반 팔보다 월등한 반응 속도와 데이터 처리 능력을 자랑합니다. 이 의수 안에는 특수 해킹 툴이 내장되어 있습니다.
- **액세서리:** 목에 늘 걸려 있는, 빛바랜 옛날식 USB 메모리 목걸이.

**3. 배경 스토리: 과거의 트라우마와 '눈' 시스템의 그림자**

서지수는 '천지 데이터'의 촉망받는 엘리트 해커였습니다. 그녀의 비범한 재능은 '한울'의 방대한 데이터베이스를 분석하고 예측 알고리즘의 맹점을 찾아내는 데 최적화되어 있었죠. 그녀는 자신에게 부여된 임무가 도시의 효율성을 높이고 인류의 진보에 기여하는 것이라고 굳게 믿었습니다.

그러나 모든 것은 **'프로젝트 미망(未望)'**으로 인해 산산조각났습니다.

**'프로젝트 미망'**은 '천지 데이터'와 '미래-젠'이 공동으로 진행하던 극비 프로젝트였습니다. 서지수는 이 프로젝트에 핵심 개발자로 참여했으며, 그 내용은 다음과 같았습니다.

- **배경:** 2080년대 초, '한울' 시스템의 안정화 과정에서 미세한 데이터 오류로 인해 일부 시민의 의식 데이터가 클라우드 서버에서 '소실'되는 사고가 발생했습니다. 이들은 육체는 살아있으나 의식은 돌아오지 않는, 이른바 **'빈 껍데기(Empty Shell)'**가 되었죠. 공식적으로는 '사고사'로 처리되었지만, '사대문'은 이 문제를 은폐하기 위해 '프로젝트 미망'을 가동했습니다.

**트라우마의 시작:**
어느 날, 서지수는 프로젝트의 테스트 과정에서 한 '빈 껍데기'의 재구성된 인격에서 **자신만이 알 수 있는 어린 시절의 은밀한 기억 조각**을 발견하게 됩니다. 그 기억은 그녀가 어릴 적 사고로 잃어버린 **여동생 '서지아'**와의 추억이었습니다. 혼란에 빠진 지수는 비인가 접근을 통해 '빈 껍데기'의 오리지널 데이터를 추적했고, 충격적인 진실을 마주합니다. '빈 껍데기'는 다름 아닌 자신의 동생이었고, '천지 데이터'는 지아의 의식 소실을 은폐한 채 그녀의 신체를 불법적으로 '재활용'하려 했던 것입니다.

이 사실을 알게 된 지수는 시스템의 거짓과 잔혹성에 극심한 정신적 충격을 받습니다. 그녀의 세계는 무너져 내렸고, 자신이 그 끔찍한 계획의 일부였다는 죄책감에 시달립니다. 그녀는 '천지 데이터'를 해킹하여 동생의 원본 의식 데이터를 찾으려 했지만, 이미 모든 기록은 '한울'에 의해 완전히 삭제된 상태였습니다. 지아의 영혼은 영원히 소실되었고, 남은 것은 텅 빈 '셸'과 조작된 기억의 조각들 뿐이었습니다.

**4. 최종 목표: '정(情)'의 복원과 '한울'의 진실 파헤치기**

**이 트라우마 이후, 서지수는 '천지 데이터'를 떠나 '귀신' 저항군에 합류했습니다. 그녀의 목표는 단순히 '사대문'을 무너뜨리는 것을 넘어섭니다.**

- **'정(情)'의 복원: 지수는 '한울'과 '눈' 시스템이 인간의 가장 본질적인 부분인 '정'을 파괴하고, 인간을 단순한 데이터 덩어리로 전락시킨다고 확신합니다. 그녀는 '귀신'의 '디지털 샤머니즘'을 통해 잃어버린 '정'을 되찾고, 인간성을 회복시키는 길을 찾으려 합니다. 이는 동생 지아가 겪였던 비극이 다시는 일어나지 않도록 하는 그녀만의 방식입니다.**
- **'한울'의 진실 파헤치기: 서지수는 '한울'이 단지 4대 재벌의 도구가 아니라고 의심합니다. 그녀는 '한울' 시스템의 근원적인 결함, 혹은 감춰진 의도가 '프로젝트 미망'과 같은 비극을 만들어냈다고 생각하며, '한울'의 코어에 접근하여 시스템의 진정한 목적과 그 배후를 밝혀내려 합니다. 그녀의 INTJ적 성향은 논리적인 진실 추구와 시스템의 완벽한 이해를 갈망하게 만듭니다.**
- **궁극적인 질문: 과연 인간의 의식은 디지털화될 수 있는가? 육체가 사라지고 의식이 데이터로만 존재할 때, 우리는 여전히 '인간'이라고 말할 수 있는가? 지수는 이 질문에 대한 답을 찾아가는 여정을 통해 자신의 상처를 치유하고, 새로운 미래를 열고자 합니다.**

**5. 캐릭터 특징 및 성격 (MBTI: INTJ 반영)**

- **냉철함:** 감정보다는 이성과 논리에 기반하여 판단하고 행동합니다. 겉으로는 차갑고 무뚝뚝해 보이지만, 내면에는 뜨거운 정의감과 분노를 품고 있습니다.
- **분석적 사고:** 모든 상황과 데이터를 꼼꼼히 분석하여 최적의 전략을 수립합니다. '한울'의 허점을 파고드는 데 탁월한 능력을 발휘합니다.
- **독립적:** 혼자 생각하고 행동하는 것을 선호하며, 타인에게 쉽게 의지하지 않습니다. 저항군 내에서도 자신만의 방식으로 임무를 수행하려 합니다.
- **비전 지향적:** 단기적인 이득보다는 장기적인 목표와 큰 그림을 중요하게 생각합니다.
- **취약점:** 과거의 트라우마로 인해 타인에게 쉽게 마음을 열지 못하며, 극도로 비판적인 성격 탓에 주변과 갈등을 겪을 수도 있습니다. 동생에 대한 언급은 그녀의 가장 큰 약점이자 동시에 가장 강력한 동기 부여입니다.
- **특수 능력:** '코드 무당'으로서, 그녀의 해킹 방식은 '한울'의 논리적인 구조를 뒤흔드는 '디지털 샤머니즘'에 특화되어 있습니다. 단순한 데이터 조작을 넘어, 시스템에 '환영'을 투사하거나 '저주'를 걸어 기능을 마비시키는 등 비정형적인 방식으로 싸웁니다.

### 3단계: '월드 빌딩 바이블'로 정리하기(With NotebookLM)

Gemini와 함께 만든 방대한 설정들을 체계적으로 관리하기 위해 NotebookLM에 정리한다. 이는 팀 프로젝트 시 모두가 공유하는 기준 문서가 된다.

- NotebookLM에 '사이버 펑크 서울 프로젝트' 노트북을 생성한다.
- Gemini가 생성한 세계관, 캐릭터, 주요 사건 등을 '세계관 설정', '주요 인물', '연표' 등의 노트로 나누어 붙여 넣고 관리한다.

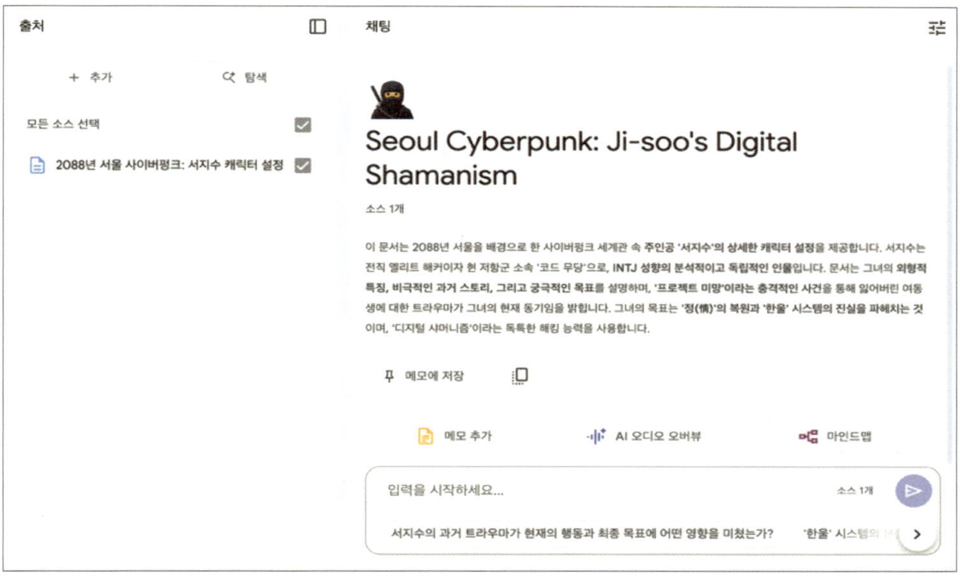

#### 4단계: 상상을 눈앞의 현실로, 콘셉트 아트 생성하기

글로만 짠 세계관은 어딘가 2% 부족하다. 이제 Gemini의 이미지 생성 능력(Imagen 3)을 빌려 내 머릿속 주인공과 배경을 눈앞에 소환해보자.

- 프롬프트 팁: 앞서 설정한 주인공 '서지수'의 묘사를 그대로 가져오되, 스타일을 정해주는 게 핵심이다. "사이버 펑크 영화의 스틸 컷 느낌으로 그려줘." 또는 "거친 붓터치가 살아있는 게임 원화 스타일로 그려줘."라고 덧붙여보자.
- 일관성 유지: "이 주인공 얼굴 그대로 유지하면서, 배경만 네오코프 본사 로비로 바꿔줘."라고 요청하면, 웹툰이나 스토리보드 콘티까지 뚝딱 만들 수 있다. 기획안에 고퀄리티 콘셉트 이미지가 한 장 들어가는 순간, 프로젝트의 설득력은 완전히 달라진다.

복잡한 세계관을 창조하는 것만큼이나, 어려운 지식을 쉽고 재미있게 전달하는 능력도 중요하다. 내가 배운 전공 지식을 AI와 함께 1분짜리 쇼츠 영상으로 만들어 더 많은 사람들과 소통해보자.

자신이 배운 지식을 다른 사람에게 쉽게 설명할 수 있을 때, 그 지식은 비로소 완전한 내 것이 된다. Gemini를 활용하면, 복잡하고 어려운 전공 내용을 1분 안에 대중의 눈높이로 설명하는 '지식 크리에이터'가 될 수 있다.

**실습** **'칸트의 정언명령'을 1분 쇼츠로 만들기**

철학과의 어려운 개념인 '칸트의 정언명령'을 일반인도 쉽게 이해할 수 있는 1분짜리 유튜브 쇼츠 영상 콘텐츠로 기획해보자.

### 1단계: 핵심 개념 요약 및 비유 찾기

먼저, Gemini에게 어려운 전공 지식을 핵심만 남기고, 대중적인 비유를 통해 쉽게 설명해 달라고 요청한다.

**프롬프트 예시:** "너는 철학과 학생이야. '칸트의 정언명령'이라는 개념을 전공 지식이 전혀 없는 사람도 이해할 수 있도록, 가장 핵심적인 내용만 3문장으로 요약해 줘. 그리고 이걸 쉽게 비유할 수 있는 일상적인 사례 1가지를 들어줘."

그림 3-4 | Gemini 예시 답변

칸트의 정언명령은 **"네가 개인적으로 따르는 규칙이 모든 사람에게 적용되어도 괜찮다고 생각될 때만 그에 따라 행동하라"**는 보편적인 도덕 법칙입니다. 또한, **어떤 경우에도 사람을 단순히 너의 목적을 위한 수단으로 삼지 말고, 그 자체로 존중받아야 할 목적으로 대해야 한다**고 강조합니다. 궁극적으로 이 모든 도덕 법칙은 **외부의 강요가 아닌, 우리 자신의 이성적인 판단에 따라 스스로 만들어내고 지키는 것**이어야 합니다.

**일상적 사례: 새치기**

친구가 화장실이 너무 급하다며 줄을 서 있는 당신에게 새치기를 부탁하는 상황을 생각해 볼 수 있습니다.

- **정언명령 적용:** "모든 사람이 급하다는 이유로 새치기를 해도 괜찮은가?"라고 스스로에게 질문해 봅니다. 만약 모든 사람이 자기 사정만 내세워 새치기를 한다면 줄이라는 사회적 약속과 질서는 무너질 것입니다. 따라서 '새치기는 옳지 않다'는 결론을 내릴 수 있습니다. 이는 나의 행동이 보편적인 규칙이 될 수 있는지를 따져보는 첫 번째 원칙에 해당합니다. 또한, 내 친구의 급한 사정만 고려하여 다른 사람들의 기다림과 권리를 무시하는 것은 그들을 나의 목적(친구를 돕는 것)을 위한 수단으로만 여기는 것이므로 두 번째 원칙에도 어긋납니다.

### 2단계: 유튜브 쇼츠 대본 생성하기

요약된 내용을 바탕으로, 시청자의 흥미를 유발하고 빠르게 정보를 전달하는 쇼츠 영상 형식의 대본을 작성한다.

**프롬프트 예시:** "방금 네가 요약해 준 내용을 바탕으로, 1분짜리 유튜브 쇼츠 영상 대본을 만들어 줘. 도입부에 시청자의 호기심을 자극하는 질문을 던지고, 중간에 자막으로 강조할 핵심 키워드를 표시해 줘. 마무리 멘트도 포함해 줘."

그림 3-5 | Gemini 예시 답변

**1분 컷! 칸트 정언명령 쇼츠 대본**

**(화면 전환: 활기찬 음악과 함께 시작)**

**나레이션 (0-10초):**
(자막: 혹시 이런 생각해 본 적 없으세요?)
"나 하나쯤은 괜찮겠지?" 길에 쓰레기 버릴 때, 슬쩍 새치기하고 싶을 때! 우리 모두의 마음속에 떠오르는 이 생각, 철학자 칸트는 뭐라고 했을까요?

**(화면 전환: 칸트의 초상화와 함께 핵심 키워드 등장)**

**나레이션 (10-45초):**
칸트의 **#정언명령** 딱 3가지만 기억하세요!
첫째, 내 행동이 **#보편적 법칙** 이 되어도 괜찮은가?
(자막: #보편적_법칙)
모든 사람이 나처럼 새치기한다면? 줄은 완전히 엉망이 되겠죠. 그럼 내 행동은 탈락!

둘째, 다른 사람을 **#수단이_아닌_목적** 으로 대하고 있는가?
(자막: #인간은_목적이다)
내 편의를 위해 다른 사람의 시간을 빼앗는 건, 그 사람을 나의 '목적'을 위한 '수단'으로만 보는 거예요. 이것도 탈락!

셋째, 이 모든 판단은 누가 시킨 게 아니라 **#스스로** 하는 것!
(자막: #자율성)
바로 내 안의 이성이 내리는 명령이라는 거죠.

**(화면 전환: 다시 처음의 일상적인 고민 장면으로)**

**나레이션 (45-60초):**
결국 칸트의 정언명령은 이거예요. "내가 해도 괜찮은 행동은, 남이 나에게 해도 괜찮은 행동이다!"
자, 오늘 당신의 행동은 보편적인 법칙이 될 수 있나요?

**(마지막 화면: "생각해 볼 문제" 라는 문구와 함께 영상 마무리)**

### 3단계: 썸네일 및 장면 아이디어 기획하기

영상의 첫인상을 결정하는 썸네일 문구와 대본의 각 파트에 어울리는 시각적 장면 아이디어를 구체화한다.

**프롬프트 예시:** "이 쇼츠 영상의 조회수를 높일 만한 썸네일 문구 3가지를 제안해 줘. 그리고 대본의 각 문장에 어울리는 영상 장면이나 이미지 자료 아이디어도 알려줘."

그림 3-6 | Gemini 예시 답변

**쇼츠 영상 썸네일 문구 제안**

1. **"나 하나쯤은 괜찮겠지? 🤯 칸트가 들으면 기절할 소리!"**
   - (설명: 일상적인 변명을 던지며 시청자의 공감을 얻고, 칸트라는 의외의 인물과 연결해 호기심을 자극합니다.)
2. **"🔥 길거리 새치기? 칸트라면 절대 안 하는 이유!"**
   - (설명: 강렬한 이모티콘과 구체적인 예시로 시청자들의 경험을 떠올리게 하고, 칸트의 철학이 실제 생활에 어떻게 적용되는지 궁금하게 만듭니다.)
3. **"인생 도덕 고민 끝! 🤔 칸트 '정언명령' 1분 정리!"**
   - (설명: 시청자의 고민을 해결해 준다는 솔루션 제시형 문구로, 1분이라는 짧은 시간에 핵심을 전달한다는 점을 강조합니다.)

**대본 각 문장에 어울리는 영상 장면/이미지 자료 아이디어**

---

**(도입부: 활기찬 음악과 함께 시작)**

- **나레이션:** (자막: 혹시 이런 생각해 본 적 없으세요?) "나 하나쯤은 괜찮겠지?" 길에 쓰레기 버릴 때, 슬쩍 새치기하고 싶을 때! 우리 모두의 마음속에 떠오르는 이 생각, 철학자 칸트는 뭐라고 했을까요?
  - **영상 아이디어:**
    - **장면 1:** 바닥에 쓰레기(종이컵, 마스크 등)를 슬쩍 버리는 사람의 발 클로즈업. (멀리서 잡으면 배경이 부산 길거리처럼 보이게)
    - **장면 2:** 긴 줄에서 다른 사람들이 기다리고 있는 동안, 한 사람이 슬쩍 앞으로 나아가 새치기하려는 순간을 클로즈업. (얼굴은 안 보이게 손이나 옆모습 위주로)
    - **장면 3:** 이마에 손을 짚고 살짝 고민하는 듯한 표정의 일반인 모델. (공감대 형성)
    - **자료:** '나 하나쯤은 괜찮겠지?'라는 문구가 크게 뜨는 그래픽

이처럼 Gemini와 함께하면 복잡한 철학 개념도 매력적인 영상 콘텐츠로 재탄생시킬 수 있다. 우리는 지금까지 AI를 활용해 이미지, 영상, 오디오, 그리고 데이터 기반의 스토리, 그리고 상호작용하는 예술 작품까지, 세상에 없던 결과물을 창조하는 놀라운 경험을 했다. 하지만 AI와의 협업은 여기서 그치지 않는다. 만약 여러분의 아이디어를 단순히 보여주는 것을 넘어, 사용자와 소통하는 하나의 프로그램으로 만들고 싶다면 어떨까?

## 마. Nano Banana, 예술을 만들다

이제 Nano Banana를 이용해 세상에 없던 예술 작품을 만들어보자. 코딩은 단 한 줄도 필요 없다. 오직 우리의 상상력과 자연어 프롬프트만 있으면 된다. 이번 실습 목표는 '사용자의 마우스 움직임에 반응하는 미디어 아트'를 만드는 것이다.

### 1단계: 콘셉트 정하기

모든 창작은 아이디어에서 시작한다. 우리의 콘셉트는 '고요한 밤의 우주, 마우스의 움직임으로 유성을 부르다'이다. 사용자가 마우스를 움직이면 그 궤적을 따라 별똥별이 떨어지는 작품이다. 명확한 콘셉트는 AI와의 소통을 더 원활하게 만든다.

### 2단계: 기본 요소 생성하기

가상의 'Nano Banana 플레이그라운드'에 접속했다고 상상하자. 먼저 작품의 배경이 될 기본 요소를 생성한다. 프롬프트 창에 원하는 장면을 구체적으로 묘사한다.

**프롬프트 예시:** 짙은 남색의 우주 공간을 배경으로 만들어줘. 배경에는 아주 작고 희미한 별들이 드문드문 박혀 있어. 전체적으로 고요하고 평온한 느낌이야.

Nano Banana는 이 설명을 바탕으로 정적인 우주 공간 이미지를 캔버스에 그려낸다.

### 3단계: 상호작용 추가하기

이제 작품에 생명을 불어넣을 차례다. 어떤 조건에서, 어떻게 반응할지를 AI에게 알려준다. 이것이 Nano Banana의 핵심 기능이다.

**프롬프트 예시:** 이제부터 사용자의 마우스 커서가 캔버스 위를 빠르게 지나가면, 그 궤적을 따라 하얀색의 긴 꼬리를 가진 유성이 떨어지게 해줘. 유성은 잠시 후 서서히 사라져야 해.

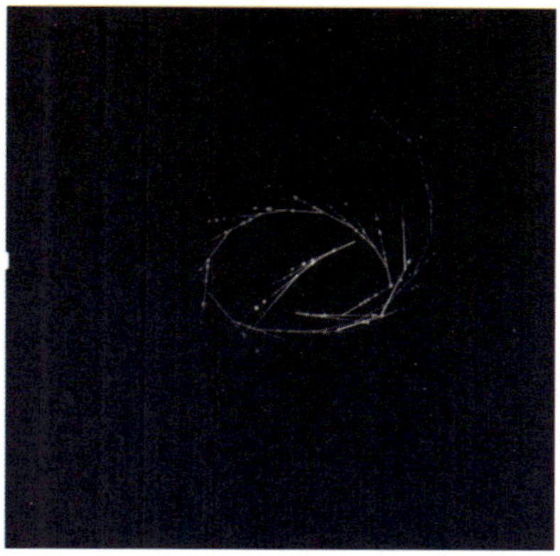

Nano Banana는 '마우스의 빠른 움직임'이라는 조건을 인지한다. 그리고 유성 생성 및 소멸이라는 상호작용 로직을 기존 배경에 결합한다.

### 4단계: 결과물 확인 및 수정

이제 캔버스 위에서 마우스를 움직여 결과를 확인한다. 마우스를 빠르게 움직이니 정말 유성이 떨어진다. 하지만 효과가 조금 아쉽다. 수정을 요청해보자.

**프롬프트 예시:** 유성이 너무 단조로워. 유성 꼬리 끝에 미세하게 반짝이는 입자 효과를 추가해 줘. 그리고 10번에 1번꼴로 무지갯빛 유성이 나타나게 해줘.

이처럼 우리는 AI와 대화하며 결과물을 반복적으로 개선할 수 있다. 연출가처럼 AI에게 원하는 바를 디테일하게 지시하는 것이다.

### 결론: 창작의 새로운 가능성을 축하한다.

우리는 방금 AI와 협력하여 하나의 인터랙티브 작품을 완성했다. 이것은 아주 간단한 시작일 뿐이다. 이 원리를 응용하면 상상 속의 미니 게임을 만들 수도 있다. 혹은 복잡한 데이터에 생명을 불어넣는 인포그래픽을 제작할 수도 있다. Nano Banana는 우리 모두를 창작자로 만들어주는 강력한 도구다. 이제 기술의 한계를 넘어 상상력의 한계에 도전할 시간이다.

## 2 AI 개발자로 첫걸음 떼기

### 가. 코딩 없이 나만의 AI 앱 만들기

나만의 앱이나 게임을 만들어보고 싶지만, 어디서부터 시작할지 막막한가? 그렇다면 이 장에서 나만의 프로그램을 함께 만들어보자. 코딩을 전혀 몰라도 괜찮다. 이제는 대화만으로 내가 원하는 기능을 가진 간단한 웹 앱을 만들 수 있는 시대이기 때문이다. 구글이 제공하는 Google AI Studio는 이런 마법 같은 일을 현실로 만들어주는 플랫폼으로, 복잡한 코드 대신 자연스러운 말, 즉 프롬프트(Prompt)를 이용해 아이디어를 실제 작동하는 앱으로 만들 수 있다. 마치 내가 감독이 되어 AI라는 배우에게 원하는 연기를 지시하고 함께 작품을 완성해 나가는 것과 같다. 더 나아가 프로그래밍에 직접 도전해보고 싶다면, Gemini는 함께 코드를 짜고 문제를 해결하는 든든한 '코딩 파트너'가 되어줄 것이다. 이번 장에서는 먼저 코딩 없이 나만의 AI 앱을 만들어 본 뒤, 파이썬으로 클래식 게임 '행맨'을 완성해가며 AI와 협업하는 두 가지 과정을 모두 체험해보자.

**선배의 꿀팁: 코딩, 이제는 'Vibe'로 하세요!**

Gemini 3.0 Pro는 역대급 코딩 실력을 자랑한다. 복잡한 문법을 몰라도 된다. "이 버튼을 누르면 폭죽이 터지는 효과를 넣어줘.", "전체적으로 힙한 느낌의 디자인으로 바꿔줘."처럼 여러분이 원하는 느낌(Vibe)만 설명하면, AI가 알아서 복잡한 코드를 수정하고 앱을 완성해준다. 오류가 나도 걱정하지 말자. "고쳐줘." 한마디면 스스로 원인을 찾아 해결하는 진정한 '코딩 에이전트'이기 때문이다.

**실습** **나만의 MBTI 별명 생성기 앱 만들기**

친구들끼리 MBTI 가지고 노는 거 좋아하지? 각 MBTI 유형의 특징을 살려서 재미있는 별명을 지어주는 간단한 웹 앱을 만들어볼 거야.

### 1단계: Google AI Studio 접속 및 프롬프트 입력

- 먼저 Google AI Studio 사이트에 접속하고 Google 계정으로 로그인한다.
- 'Build with Gemini' 기능을 찾아 "내가 만들고 싶은 앱"에 대해 설명하는 프롬프트를 입력한다. 여기서 얼마나 구체적이고 창의적으로 설명하는지가 앱의 퀄리티를 결정한다.

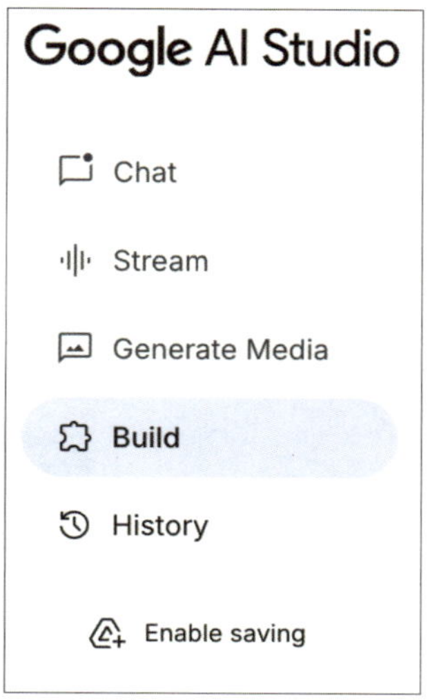

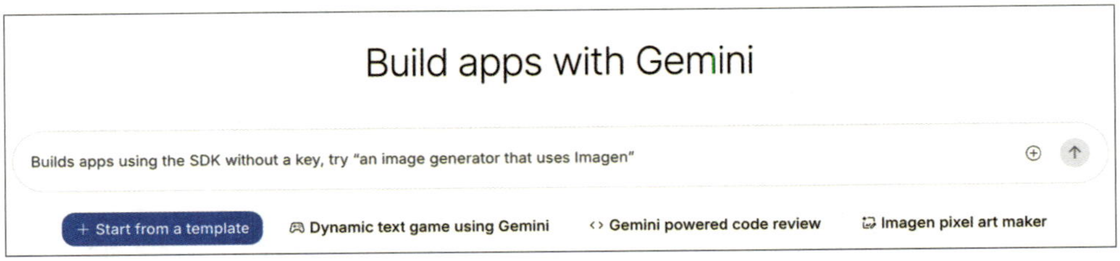


**프롬프트 예시:** "MBTI 유형별 특징을 살린 재미있는 별명을 지어주는 앱을 만들어줘. 앱 이름은 'MBTI 별명 생성기'로 하고, 사용자가 자신의 MBTI를 입력하면 그에 맞는 별명 3개를 유머러스 하게 보여주는 기능이 있었으면 좋겠어."

### 2단계: AI와 대화하며 앱 다듬기(리뷰 및 수정)

- 프롬프트를 입력하면 AI가 잠시 생각한 뒤 앱의 첫 번째 버전을 뚝딱 만들어 줄 것이다. 오른쪽에 보이는 미리보기 화면을 통해 앱이 어떻게 작동하는지 바로 확인할 수 있다.
- 만약 결과가 마음에 들지 않으면, 채팅 하듯이 AI에게 수정사항을 요청하면 된다. 이 대화 과정이 앱을 발전시키는 핵심이다.

**수정 요청 예시:** "결과가 너무 평범한 것 같아. 각 별명 뒤에 그 별명이 왜 그렇게 지어졌는지 간단한 이유도 한 줄씩 추가해 줘. 디자인이 너무 단순해. 전체적인 테마를 좀 더 밝고 귀여운 파스텔 톤으로 바꿔줄 수 있어?"

### 3단계: 저장하고 친구에게 공유하기

- AI와 함께 앱을 만족스럽게 완성했다면, 이제 저장하고 다른 사람들도 쓸 수 있게 공유할 차례다.
- 오른쪽 상단의 로켓 모양 아이콘을 클릭하면, Google 클라우드를 통해 앱이 웹에 게시되고 다른 사람에게 보낼 수 있는 고유 링크가 생성된다.

이렇게 만들어진 간단한 앱은 대부분 무료로 공유하고 사용할 수 있어서 부담도 없다.

**실습** **나만의 사전 만들기**

코딩 없이 나만의 AI 앱 만들기 두 번째 시간이다. 지난 시간에는 MBTI 별명 생성기 앱을 만들어 보았는데 이번에는 Google AI Studio를 활용하여 나만의 사전을 만들어 보자.

1단계는 MBTI 별명 생성기 앱에서 설명한 Google AI Studio에 접속하여 새로운 프롬프트를 작성한다.

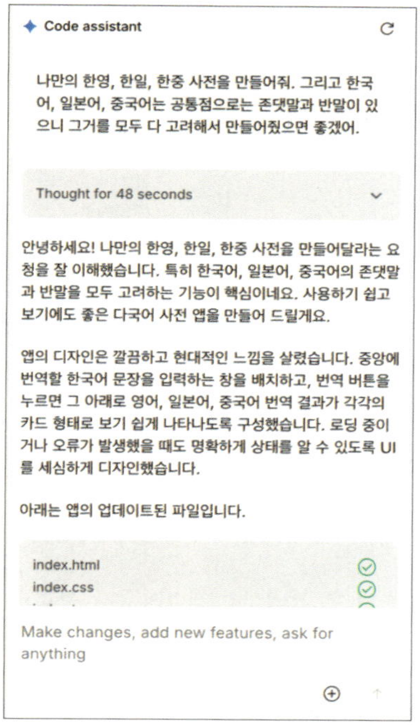


## 2단계: 테스트 및 시행

사전에 내용을 추가했다면 이제 테스트를 해봐야 한다. 원하는 단어를 입력하면 AI가 영어, 일본어, 중국어로 번역된 결과를 보여줄 것이다.

이처럼 Google AI Studio를 활용하면, 개발자가 아니더라도 누구나 자신의 아이디어를 현실로 만들고 친구들과 공유하는 특별한 경험을 할 수 있다. 자신만의 창의적인 아이디어를 AI와 함께 멋진 앱으로 만들어보자!

**日本語 (Japanese)**

존댓말 (Formal)

あなたはイケメンです。

반말 (Informal)

君はイケメンだ。

**中文 (Chinese)**

존댓말 (Formal)

您是位帅哥。

반말 (Informal)

你是帅哥。

3, 4단계는 MBTI 별명 생성기 앱에서 설명한 3, 4단계와 동일하다.

## 나. AI와 함께하는 코딩 첫걸음: 파이썬 행맨 게임

먼저, Gemini에게 행맨 게임의 가장 기본적인 구조를 만들어달라고 요청해보자. 어떤 기능이 필요한지 명확하게 알려주는 것이 중요하다.

**예시 프롬프트:** 파이썬으로 간단한 행맨 게임을 만들고 싶어. 다음 기능을 포함한 코드를 작성해 줘.

1. 비밀 단어는 'gemini'로 고정
2. 플레이어가 맞춘 글자와 아직 못 맞춘 부분을 _로 표시
3. 틀릴 수 있는 기회는 6번으로 제한
4. 플레이어가 한 글자씩 추측하면, 맞았는지 틀렸는지 알려주기
5. 게임에서 이기거나 졌을 때 결과 메시지 출력

Gemini는 이 요청을 바탕으로 다음과 같이 실행 가능한 기본 코드를 만들어준다.

Python

```
def hangman():
    secret_word = "gemini"
    guessed_letters = []
    lives = 6
    display_word = ["_"] * len(secret_word)

    print("행맨 게임을 시작합니다!")

    while lives > 0:
        print(f"\n목숨: {lives}개")
        print(" ".join(display_word))
        guess = input("한 글자를 추측하세요: ").lower()

        if guess in guessed_letters:
            print("이미 추측한 글자입니다.")
            continue

        guessed_letters.append(guess)

        if guess in secret_word:
            print("맞았습니다!")
            for i in range(len(secret_word)):
                if secret_word[i] == guess:
                    display_word[i] = guess
        else:
            print("틀렸습니다...")
            lives -= 1

        if "_" not in display_word:
            print("\n축하합니다! 단어를 맞췄습니다: ", secret_word)
            break

    if lives == 0:
        print("\n게임 오버! 정답은 '", secret_word, "'였습니다.")

# 게임 실행
hangman()
```

파이썬 코드를 받으면 Google Colab(코랩)에서 작동을 할 수가 있다.

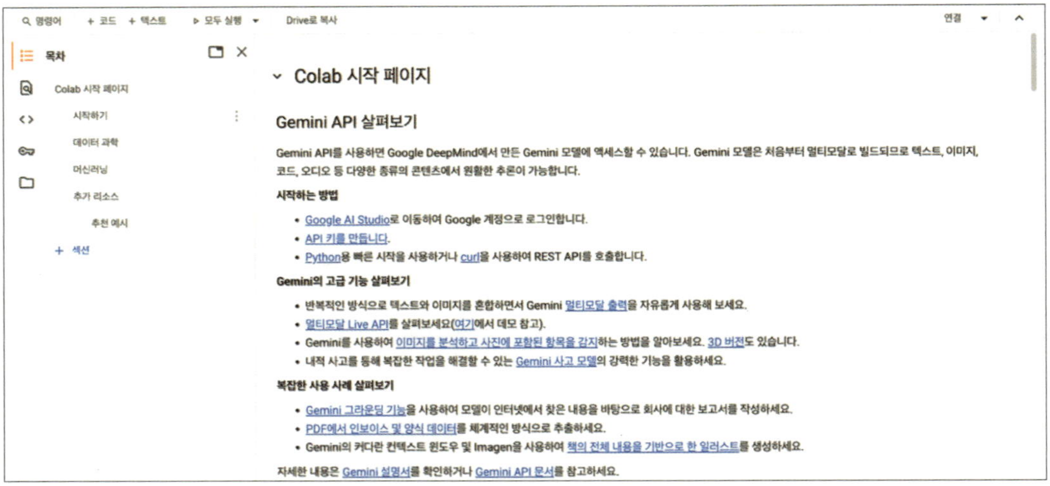


코랩에 들어가면 상단에 위치한 '+ 코드'를 눌러서 Gemini가 준 파이썬 코드를 붙여넣기만 하면 된다. 그리고 재생 버튼을 누르면 게임을 시작할 수 있다.

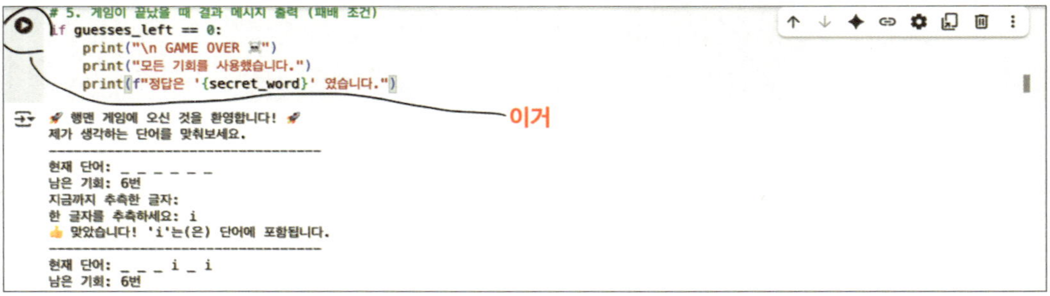


기본 게임이 완성되었으니, 이제 기능을 추가해보자. 매번 같은 단어로 게임하면 재미없으니, 여러 단어 중 하나가 무작위로 선택되도록 코드를 개선해 달라고 요청해 보자.

**프롬프트 예시:** "방금 만든 행맨 코드 고마워. 이제 게임이 시작될 때마다 단어 목록에서 무작위로 하나의 단어가 선택되도록 코드를 수정해 줘. 단어 목록은 ['python', 'google', 'campus', 'happy', 'world'] 이걸로 사용해 줘."

Gemini는 random 모듈을 활용하여 요청사항을 완벽하게 반영한 코드를 다음과 같이 다시 제시한다.

Python

```
import random

def hangman():
    word_list = ['python', 'google', 'campus', 'happy', 'world']
    secret_word = random.choice(word_list)
    guessed_letters = []
    lives = 6
    display_word = ["_"] * len(secret_word)

    print("행맨 게임을 시작합니다!")

    while lives > 0:
        print(f"\n목숨: {lives}개")
        print(" ".join(display_word))
        guess = input("한 글자를 추측하세요: ").lower()

        if guess in guessed_letters:
            print("이미 추측한 글자입니다.")
            continue
        guessed_letters.append(guess)

        if guess in secret_word:
            print("맞았습니다!")
            for i in range(len(secret_word)):
                if secret_word[i] == guess:
                    display_word[i] = guess
        else:
            print("틀렸습니다...")
            lives -= 1

        if "_" not in display_word:
            print("\n축하합니다! 단어를 맞췄습니다: ", secret_word)
            break

    if lives == 0:
        print("\n게임 오버! 정답은 '", secret_word, "'였습니다.")

# 게임 실행
hangman()
```

이 코드를 다시 복사해서 코랩에 붙여넣기한 다음에 게임을 즐겨보자.

## 다. AI와 함께하면 디버깅도 두렵지 않아!

이처럼 Gemini와 대화하듯 코드를 만들면, 복잡한 프로그래밍 개념도 쉽게 익힐 수 있다. 단순히 정답을 얻는 것을 넘어, '왜' 이렇게 코드를 짜야 하는지 이해하는 과정이 중요하다.

만약 여러분이 코드를 직접 수정하다 오류가 발생하더라도 걱정할 필요 없다. 오류가 발생한 코드와 에러 메시지를 그대로 복사해 Gemini에게 "이 코드를 실행하면 에러가 나는데, 원인과 해결 방법을 알려줘."라고 질문하면, 친절한 AI 코딩 튜터가 문제의 원인을 분석하고 해결책까지 제시해줄 것이다.

이제 여러분 만의 새로운 규칙(예: 목숨 개수 변경, 단어 목록 추가)을 적용하여 행맨 게임을 더 재미있게 만들어 보자! 방금 여러분은 AI와 함께 코드를 짜고 문제를 해결하는 '페어 프로그래밍(Pair Programming)'을 경험했다. 하지만 Gemini의 능력은 여기서 그치지 않는다. 다음 장에서는 단순한 코드 조수를 넘어, 프로젝트의 전체 맥락을 이해하고 기획부터 디자인까지 함께하는 진짜 'AI 네이티브 개발팀'은 어떻게 작동하는지 알아보자.

## 라. AI 네이티브 개발의 시작: Gemini 개발자 도구

코딩 파트너를 넘어, 이제 Gemini는 하나의 완성된 'AI 개발팀'이 되어가고 있다. 아이디어를 떠올리는 순간부터 프로그램을 완성하고 관리하는 전 과정에 AI가 함께한다. 최근 Google AI Studio에 탑재된 새로운 기능들은 개발의 패러다임을 바꾸고 있다. 더 이상 코드는 개발자 혼자만의 언어가 아니다. 이제 AI와 대화하며, 아이디어를 현실로 만드는 새로운 개발 시대가 열렸다. 이 장에서는 미래의 개발자들이 사용하게 될 AI 네이티브 도구들을 만나보자.

- **중력을 거스르는 코딩, 구글 앤티그래비티**(Google Antigravity)

AI 개발 도구의 끝판왕이 등장했다. 이름부터 심상치 않은 '구글 앤티그래비티

(Antigravity)'다. 기존에는 코드를 짤 때 VS Code 같은 에디터를 켜고, 터미널에 명령어를 치고, 브라우저로 결과를 확인하느라 정신이 없었을 거다. 앤티그래비티는 이 모든 걸 AI가 장악한 통합 작업실이다.

이 도구 안에서는 AI 에이전트가 에디터, 터미널, 브라우저를 자유자재로 넘나든다. 네가 "간단한 블로그 사이트 만들어줘."라고 말만 하면, AI가 알아서 파일을 생성하고(에디터), 서버를 실행하고(터미널), 결과 화면을 띄워준다(브라우저). 중간에 에러가 나면? 내가 묻기도 전에 스스로 터미널 로그를 보고 코드를 수정해서 고쳐버린다.

이게 바로 진짜 '바이브 코딩(Vibe Coding)'이다. 복잡한 설정이나 문법에 얽매이지 말고, 너는 오직 '무엇을 만들고 싶은지' 그 느낌(Vibe)과 기획에만 집중하면 된다. 나머지는 앤티그래비티가 알아서 굴러가니까.

**• 아이디어 조각을 모으다: 브레인스토밍 파트너, Jules**

모든 위대한 프로젝트는 하나의 작은 아이디어에서 시작된다. 하지만 그 아이디어를 구체적인 계획으로 발전시키는 것은 쉽지 않은 일이다. 이때 Jules는 당신의 아이디어를 다듬어주는 똑똑한 브레인스토밍 파트너가 된다.

"요즘 대학생들이 쓸 만한 앱을 만들고 싶은데, 뭐가 좋을까?", "팀 프로젝트 주제로 '지속가능한 도시'를 정했는데 너무 막연해."

이런 막막한 질문을 Jules에게 던지는 것으로 모든 것은 시작된다. Jules는 단순히 정보를 검색해서 보여주는 것을 넘어, 대화를 통해 생각을 확장시킨다. 당신이 제시하는 아이디어의 장점과 단점을 분석하고, 예상치 못한 새로운 관점을 제시한다. 사용자, 기능, 목표 등 흩어져 있던 생각의 조각들을 함께 모아 앱의 청사진을 그린다. Jules와 함께하면 더 이상 백지 앞에서 고민할 필요가 없다.

• **생각을 논리적인 흐름으로: AI 기획자, Flow**

머릿속에 아이디어가 정리되었다면 이제 설계도를 그릴 차례다. Flow는 당신의 아이디어를 실제 앱의 작동 흐름으로 만들어주는 AI 기획자다. 과거에는 복잡한 다이어그램 도구를 이용해 직접 그려야 했던 순서도를 대신 그려준다.

**프롬프트 예시:** "중고 전공 서적 거래 앱을 만들 거야. 사용자가 회원가입하고, 책을 검색하고, 판매자에게 메시지를 보내는 전체 과정을 순서도로 만들어 줘."

Flow는 이 요청을 이해하고, 각 단계가 어떻게 연결되는지 논리적인 다이어그램으로 시각화 한다. '데이터베이스에 사용자 정보 저장', '검색 결과 없음'과 같이 개발에 필요한 세부 단계까지 고려한다. 이 설계도는 개발 과정에서 길을 잃지 않게 도와주는 훌륭한 지도가 된다. 개발자는 이 흐름도를 보며 전체 구조를 명확하게 파악하고 코드를 작성할 수 있다.

• **기획을 현실로 만들다: AI 디자이너, Whisk**

탄탄한 설계도가 완성되었다면, 이제 사용자가 마주할 '얼굴'을 만들 시간이다. Whisk는 Flow로 만든 설계도를 기반으로 실제 앱 화면(UI)의 초안을 만들어주는 AI 디자이너다. 개발자들에게 가장 큰 장벽 중 하나인 디자인 작업을 획기적으로 도와준다.

"방금 만든 순서도를 기반으로, 깔끔하고 직관적인 스타일의 앱 화면을 디자인해 줘."

Whisk는 이 요청에 따라 로그인 창, 메인 화면, 검색 결과 페이지 등을 뚝딱 만들어낸다. 버튼의 위치, 텍스트 크기, 색상 조합 등 디자인의 기본 요소를 모두 갖춘 결과물을 보여준다. 물론 이 디자인이 최종 결과물은 아니다. 하지만 이 초안을 바탕으로 디자이너와 소통하거나, 직접 수정하며 완성도를 높여 나갈 수 있다. Whisk 덕분에 더 이상 빈 화면 앞에서 디자인을 고민할 필요가 없다.

• **프로젝트를 이해하는 코딩 비서: Gemini Code Assist**

이제 본격적으로 코드를 작성할 시간이다. Gemini Code Assist는 단순한 코드 자동 완성을 넘어선다. 내가 지금 만들고 있는 프로젝트의 전체 코드(Codebase)를 깊이 있게 이해한다. 이를 통해 차원이 다른 코딩 경험을 제공한다.

예를 들어, 내가 'User'라는 개념을 이미 코드에 정의했다면, Code Assist는 이를 기억한다. 그리고 새로운 함수를 만들 때 'User'의 특징에 맞는 코드를 알아서 추천해 준다. "이 부분은 중복되는 코드가 많은데, 더 효율적인 방식으로 바꿔줘."라고 요청할 수도 있다. 내 코드 스타일까지 학습하여, 마치 한 명의 동료 개발자처럼 자연스럽게 협업한다. 복잡한 로직 구현부터 잠재적인 버그 수정까지, 개발의 모든 과정에서 든든한 지원군이 되어준다.

• **터미널 안의 AI 조수: Gemini CLI**

개발자에게 터미널(Command Line Interface, CLI)은 필수적인 도구다. 하지만 수많은 명령어를 외우는 것은 초보자에게 큰 부담이 된다. Gemini CLI는 이 어려움을 해결해 주는 터미널 속 개인 비서다. 복잡한 명령어를 외울 필요 없이, 자연어로 원하는 작업을 이야기하면 된다.

**프롬프트 예시:** "현재 폴더와 하위 폴더에 있는 모든 파이썬 파일(.py)에서 'import'라는 단어가 몇 번 나오는지 세어줘."

Gemini CLI는 이 말을 "grep -r 'import' ./**/*.py | wc -l"과 같은 정확한 명령어로 번역하여 실행한다. 파일 관리, 프로그램 실행, 서버 접속 등 터미널에서 수행하는 거의 모든 작업을 도와준다. 이를 통해 개발자는 명령어 암기의 부담에서 벗어나, 더 중요한 문제 해결에 집중할 수 있다.

이처럼 아이디어 기획부터 코드 작성, 터미널 작업에 이르기까지 Gemini는 이제 개발의 전 과정을 함께하는 'AI 개발팀' 그 자체가 되었다. 기술적인 프로젝트를 완성하는 강력한 도구의 힘을 확인한 셈이다.

그렇다면 이러한 AI의 강력한 분석 및 관리 능력을 우리의 핵심 역량인 '전공 공부'에 적용한다면 어떨까? 다음 장에서는 개발 프로젝트가 아닌, 한 학기 동안의 방대한 전공 지식을 프로젝트처럼 관리하는 방법을 알아보자. 흩어진 강의 노트와 논문을 나만의 '지식 베이스'로 구축하고, AI와 가상 토론을 벌이며 논리를 강화하는 등 AI를 단순한 검색 도구가 아닌 나만의 '전공 연구 조교'로 만들어 학업의 깊이를 더하는 여정을 시작해보자.

## 3 AI 연구 조교와 함께하는 전공 탐구

### 가. 나만의 '전공 AI 튜터' 만들기

A+ 리포트와 깊이 있는 전공 공부는 결국 '나만의 관점'을 세우는 과정이다. 이 장에서는 단순히 자료를 찾는 것을 넘어, AI를 '나만의 연구 조교'로 만들어 한 학기 동안의 지식을 관리하고, 가상 토론을 통해 논리를 단단하게 만들며, 최종적으로는 완성된 결과물을 전문가처럼 발표하는 전 과정을 함께 훈련해보자. 첫 단계로, 흩어져 있는 전공 자료를 한곳에 모아 나만의 질문에 답하는 AI 튜터를 만들어보자.

한 학기 내내 나를 돕는 똑똑한 AI 파트너가 있다면 전공 공부가 훨씬 쉬워진다. NotebookLM은 여러 자료를 기억하고 그 내용을 바탕으로 대화하는 AI 학습 도구다. 여기에 강의 노트와 논문을 계속 추가하면, 나만의 질문에만 답해주는 개인화된 AI 튜터를 만들 수 있다.

**실습** **'인공지능 이해와 활용' AI 튜터와 함께 중간고사 준비하기**

한 학기 동안 배우는 '인공지능 이해와 활용' 과목을 위한 AI 튜터를 만든다고 가정하고, 중간고사를 대비해보자.

### 1단계: 지식 베이스 구축하기

- 먼저 NotebookLM에 접속하여 새로운 노트북을 만들고 이름을 '인공지능 튜터'로 지정한다.
- 1주차부터 현재까지의 모든 강의 노트 PDF 파일, 교수님이 공유해준 관련 논문, 참고 자료 링크를 모두 업로드한다. 이 자료들이 AI 튜터의 지식 베이스가 된다.

### 2단계: 질문으로 깊이 있게 학습하기

이제부터 NotebookLM은 오직 내가 올린 자료에만 근거하여 답변한다. 인터넷의 불확실한 정보가 아닌, 내 과목에 최적화된 답변을 얻을 수 있다.

**프롬프트 예시:** "지금까지의 강의 노트를 바탕으로, 강의 자료를 요약해 줘. 그리고 우리 강의에서 교수님이 강조하신 인공지능 윤리에 관한 거는 요약하되 내용은 깊게 알려줘. 교수님이 강조하신 인공지능 윤리는 편향성, 불투명성 그리고 개인정보에 관한 쟁점들이야. 이러한 3가지 핵심 쟁점에 대해 강의자료를 토대로 개념과 사례를 정리해 줘. 그리고 서술형 문제 대비를 위해 AI 윤리 분야의 국내외 최근 연구동향과 관련자료를 찾아서 논거를 뒷받침해 줘."

**AI 윤리 핵심 쟁점 3가지: 개념, 사례, 최신 연구 동향**

**1. 편향성(Bias)**

- **개념**: AI 시스템이 학습 데이터에 내재된 사회적 편견이나 고정관념을 그대로 흡수하거나 증폭시켜 특정 집단에 불이익을 주는 현상을 말합니다. AI의 편향성은 주로 학습 데이터의 부족, 특정 집단의 과소 대표, 또는 데이터 라벨링 과정에서의 오류 등에서 비롯됩니다.
- **사례**:
    - **아마존의 채용 AI**: 2018년 아마존은 AI 기반 채용 시스템이 남성 지원자에게 더 높은 점수를 부여하는 편향성을 발견하고 시스템을 폐기했습니다. 이 AI는 지난 10년간의 지원자 데이터를 학습했는데, 기술직 남성 지원자가 압도적으로 많았던 데이터 특성상 '남성'이라는 요소가 긍정적인 신호로 학습되었기 때문입니다.
    - **안면 인식 시스템**: 일부 안면 인식 기술은 어두운 피부색을 가진 사람을 정확하게 인식하지 못하는 경우가 많습니다. 이는 AI 학습 데이터셋이 주로 백인 남성들의 얼굴 이미지로 구성되어 있어 발생하는 편향성입니다.

다음 그림을 참고해보자. 저자는 실제로 캘리포니아 대학교 버클리(University of California, Berkeley)에서 실제로 인공지능 교재를 활용하는 책을 이용해서 다음과 같이 요청했다.

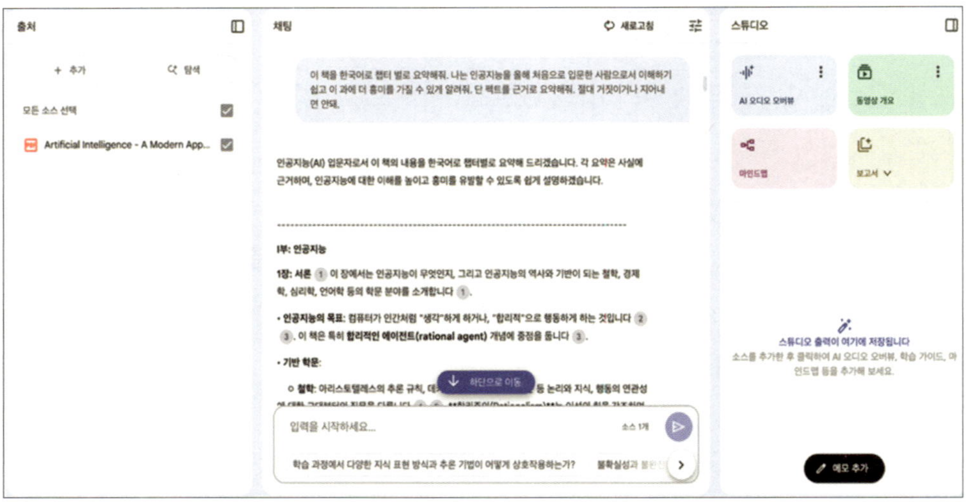

### 3단계: 예상 문제로 실전 대비하기

AI 튜터에게 시험 출제자 역할을 맡겨 실전 감각을 키울 수 있다.

**프롬프트 예시:** “업로드된 모든 자료를 바탕으로, 이번 중간고사에 나올 만한 서술형 예상 문제 3개와 각 문제의 핵심 키워드를 포함한 모범 답안을 만들어 줘.”

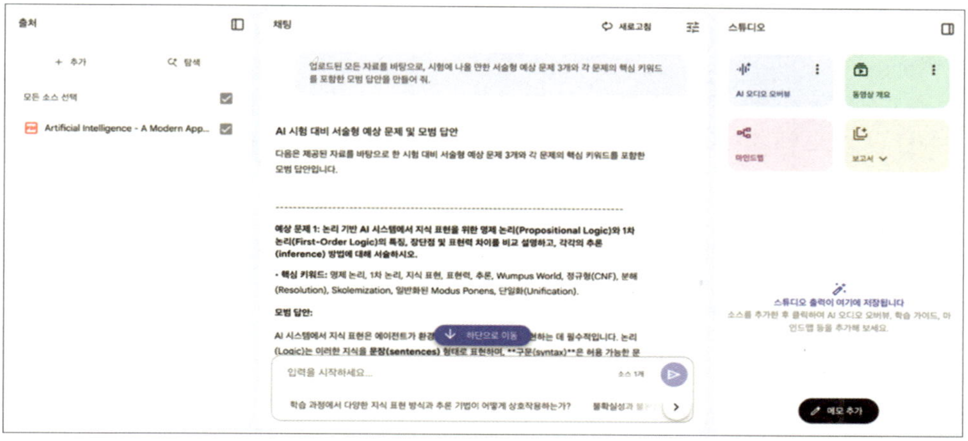


이처럼 나만의 AI 튜터를 만들면, 방대한 전공 지식을 체계적으로 관리하고, 시험 기간에 밤새워 정리할 필요 없이 핵심만 빠르게 복습하며 학업 효율을 극대화할 수 있다. 나만의 전공 지식 베이스가 완성되었다면, 이제 이 AI 튜터를 활용해 내 주장을 더욱 날카롭게 다듬을 차례다. 훌륭한 리포트는 반론을 예측하고 방어할 수 있을 때 완성된다.

## 나. AI와 ‘가상 토론’으로 논리 강화하기

좋은 리포트는 탄탄한 논리에서 나온다. 내 주장에 어떤 허점이 있는지 미리 파악하고 보완하는 것은 A+ 학점의 핵심이다. Gemini는 내 주장을 객관적으로 검토하고, 반대편 입장에서 날카로운 반론을 제기하는 훌륭한 ‘가상 토론 파트너’가 되어준다.

3.0 버전부터는 AI가 답변하기 전에 '생각하는 시간'을 갖는다. 가상 토론을 할 때도 단순히 반대 의견을 나열하는 수준을 넘어, 여러분 주장의 논리적 모순을 찾아내고 "만약 이런 상황이라면 당신의 주장은 위험할 수 있지 않을까요?"라며 철학적인 질문까지 던진다. 훨씬 더 날카로워진 AI 스파링 파트너와 함께 라면, 여러분의 논리는 빈틈없이 단단해질 것이다.

**실습** **'사형제 폐지' 주장, AI와 찬반 토론하기**

'사형제 폐지'를 주제로 리포트를 작성하며, 내 주장을 강화하기 위해 Gemini와 가상 토론을 진행해 보자.

### 1단계: 내 핵심 주장과 근거 제시하기

먼저 내가 작성한 리포트의 서론과 본론 일부를 Gemini에게 보여주며 내 입장을 명확히 전달한다.

**프롬프트 예시:** "나는 지금 '사형제는 폐지되어야 한다'는 주제로 리포트를 쓰고 있어. 내 핵심 주장의 근거는 '사형 제도는 범죄율을 줄이지 못하고, 무고한 사람을 처형할 위험이 있고, 사형 제도는 비용이 훨씬 많이 든다'는 것이야."

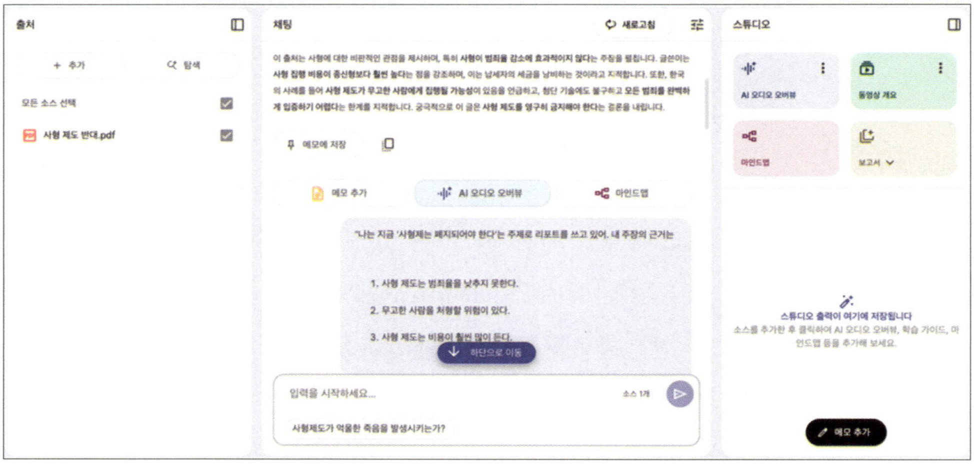

### 2단계: 반대 역할 부여 및 반론 요청하기

Gemini에게 명확한 역할을 부여하여 토론의 질을 높인다. AI는 주어진 역할에 맞춰 전문적인 지식과 논리를 활용한다.

**프롬프트 예시:** "지금부터 너는 사형제 유지를 강력하게 옹호하는 법학 전문가야. 방금 내가 제시한 주장에 대해, 가장 설득력 있는 반론 3가지를 구체적인 근거와 함께 제시해 줘."

**사형제도는 범죄율 감소에 기여하지 못하는가?**

학생의 주장은 사형제도가 범죄율을 줄이지 못하므로 무의미하다는 것입니다. 그러나 이는 사형제도가 가진 가장 중요한 기능 중 하나인 **일반적 예방 효과**를 간과한 주장입니다. 사형은 생명이라는 인간의 가장 근본적인 가치를 박탈하는 극형입니다. 이는 잠재적 범죄자들에게 강력한 경고 메시지를 전달하며, 특히 계획적인 중범죄를 억제하는 데 효과적인 역할을 합니다.

예를 들어, 흉악범죄를 저지르려는 사람에게 사형이라는 처벌이 존재한다는 사실은 범행을 재고하게 만드는 결정적인 요인이 될 수 있습니다. 실제로 사형제가 존재하는 국가에서는 사형을 선고받을 수 있는 특정 범죄에 대한 발생률이 낮게 유지되는 경향이 있습니다. 사형제는 단순히 범죄를 저지른 개인을 처벌하는 것을 넘어, 사회 전체에 "이러한 범죄는 결코 용납될 수 없다"는 강력한 규범을 확립하는 기능을 합니다.

**무고한 사람을 처형할 위험이 있는가?**

학생은 사형제도가 무고한 사람을 처형할 위험이 있다고 주장합니다. 물론 사법 시스템의 오류 가능성을 완전히 배제할 수는 없습니다. 하지만 현대의 사법 시스템은 이러한 위험을 최소화하기 위해 다중의 안전장치를 마련하고 있습니다.

대한민국을 포함한 많은 국가의 사형 선고 절차는 매우 엄격하고 신중하게 진행됩니다. 1심, 2심, 3심의 삼심제를 거치고, 유죄를 입증하기 위해 과학 수사 기법을 총동원합니다. 또한, 사형 선고가 확정된 이후에도 재심 청구와 같은 구제 절차가 존재합니다. 즉, 사형은 단순히 한두 명의 판단으로 결정되는 것이 아니라, 사회의 모든 역량을 동원하여 한 치의 의심도 남지 않을 때만 내려지는 판결입니다. 오히려 사형제가 없으면 무고한 사람이 아닌, 명백한 흉악범이 사회에 복귀하여 또 다른 피해자를 낳을 수 있는 위험이 더 큽니다.

**사형제도가 더 많은 비용을 초래하는가?**

학생은 사형제도의 집행 비용이 종신형보다 훨씬 비싸다고 주장합니다. 하지만 이는 장기적인 관점에서 보면 잘못된 판단일 수 있습니다. 종신형을 선고받은 수감자는 평생 동안 국가의 세금으로 의식주와 의료 서비스를 제공받으며 교도소에 수감됩니다. 종신형 수감자의 수십 년에 걸친 수감 비용, 의료 비용, 관리 비용 등을 모두 합하면 사형 집행에 드는 일회성 비용보다 훨씬 큰 금액이 소요될 수 있습니다.

사형은 흉악 범죄자가 재범을 저지를 기회를 원천적으로 차단하고, 그들을 사회로부터 영구적으로 격리하는 가장 확실한 방법입니다. 이는 사회의 안전을 유지하고, 잠재적인 피해를 막는 데 필요한 사회적 비용을 줄이는 역할을 합니다. 단기적인 비용만 고려하는 것은 사형제가 사회 전반에 가져다주는 장기적인 이점을 간과하는 것입니다.

이러한 반론들을 고려했을 때, 사형제도는 단순한 비용 문제가 아니라 사회 정의와 범죄 예방, 그리고 피해자 보호라는 더 큰 가치를 실현하는 중요한 수단이라고 생각합니다. 제 의견에 대해 어떻게 생각하십니까?

3단계: 재반박하며 논리 완성하기

Gemini가 제시한 반론(예: '사형제는 강력한 범죄 억제 효과가 있다')을 확인한다. 이 반론들을 내 리포트에서 어떻게 다시 반박할 수 있을지 Gemini와 추가로 논의하며 논리를 더욱 견고하게 만든다.

인간의 한계: 아무리 훌륭한 사법 시스템이라도 수사를 진행하는 경찰, 기소하는 검사, 판결을 내리는 판사 모두 결국 인간입니다. 인간은 실수하고 편견을 가질 수 있으며, 오판의 가능성은 제로가 될 수 없습니다.
과학 수사의 오류: DNA 분석, 지문 감정 등 과학 수사 기법은 매우 정교하지만, 이 역시 표본 채취, 분석 과정 등에서 오류가 발생할 수 있습니다. 또한, 기술 발전으로 과거에 유죄로 판단되었던 사건이 무죄로 뒤바뀌는 사례가 꾸준히 보고되고 있습니다. 오판이 발생했을 때 사형은 되돌릴 수 없는 결과를 초래합니다.
사회적 맥락: 오판은 단순히 개인의 실수가 아니라, 사회적 편견이나 정치적 압력에 의해 발생하기도 합니다. 특히 국민적 공분이 높은 사건일수록 신속한 해결을 요구하는 분위기 때문에, 억울한 사람이 희생될 수 있는 위험이 더 커집니다. 실제로 과거 독재 정권 시절 간첩 조작 사건 등에서는 무고한 사람에게 사형이 집행된 사례가 존재합니다.

연구 결과의 불일치: 사형제도와 범죄율 감소의 상관관계를 연구한 수많은 논문이 있지만, 명확한 인과관계가 증명된 연구는 없습니다. 일부 연구는 상관관계가 있다고 주장하지만, 반대로 상관관계가 없거나 오히려 범죄율이 증가했다는 연구 결과도 많습니다. 학계에서도 이 문제는 여전히 논쟁 중입니다.
범죄의 동기: 대부분의 강력 범죄는 충동적이거나 우발적으로 발생합니다. 이러한 경우 범인은 사형의 가능성까지 고려하며 범행을 계획하지 않습니다. 또한, 재정적인 어려움, 정신 질환 등 사회경제적 요인도 범죄의 주요 원인이 되는데, 사형제도는 이러한 근본적인 원인을 해결하지 못합니다.
대체 가능한 예방 수단: 사형이 아닌 종신형 등 다른 형벌만으로도 범죄자를 사회로부터 영구적으로 격리하는 효과를 충분히 얻을 수 있습니다. 오히려 사회는 사형이라는 잔혹한 형벌을 유지하는 대신, 범죄의 근본적 원인을 해결하는 데 자원을 투자하는 것이 장기적으로 범죄를 예방하는 데 더 효과적일 수 있습니다.
장기적인 법적 비용: 사형은 한 사람의 생명과 직결된 문제이므로, 판결 과정이 매우 길고 복잡합니다. 1심, 2심, 3심뿐만 아니라 재심 청구 등 무수한 법적 절차와 공방이 수년간 이어지며, 이 과정에서 막대한 법률 및 소송 비용이 발생합니다. 사형수가 10년 이상 교도소에 수감되며 드는 비용을 고려하면, 단순 계산으로 종신형이 더 비싸다고 단정하기 어렵습니다.
사회적 비용: 사형제도는 단순히 개인에게 집행되는 형벌이 아닙니다. 사형제도 유지를 둘러싼 사회적 논쟁과 갈등은 불필요한 사회적 비용을 초래합니다. 또한, 사형 집행 과정에 참여하는 교도관, 의료진 등 관계자들에게 극심한 정신적 고통을 주며, 이는 또 다른 사회적 비용을 유발합니다.

내 반박은 이렇게 주장하고 싶어.

제가 방금 제시한 주장에 대한 학생의 반론을 잘 들었습니다. 사형제도 유지를 옹호하는 법학 전문가로서, 학생의 날카로운 지적에 다시 한번 저의 입장을 피력하겠습니다.

---

**사법 시스템의 한계와 오판 가능성 문제에 대하여**

학생의 주장처럼 인간은 실수하고 편견을 가질 수 있습니다. 그러나 그렇다고 해서 사형제도를 무조건 폐지해야 한다는 결론으로 이어지는 것은 비약입니다. 오판의 가능성은 사형제도뿐만 아니라 모든 형사 사법 시스템에 내재된 문제입니다. 징역형, 벌금형 등 다른 형벌에서도 오판이 발생할 수 있습니다. 예를 들어, 억울하게 몇 년을 복역한 사람의 시간과 명예는 그 무엇으로도 보상받을 수 없습니다.

이러한 가상 토론 과정은 혼자서는 발견하기 어려운 생각의 허점을 찾아내고, 내 주장을 더 깊이 있고 설득력 있게 만드는 가장 효과적인 훈련법이다. 탄탄한 논리를 세웠다면, 이제 그 주장을 뒷받침할 객관적인 데이터가 필요하다. 코딩이나 어려운 통계 프로그램 없이도, AI와 함께라면 데이터 속에서 의미 있는 근거를 찾아낼 수 있다.

## 다. 코딩 없이 '데이터 분석 보고서' 작성하기

복잡한 통계 프로그램 없이도 데이터 속 숨은 의미를 찾을 수 있다. Gemini는 구글 Sheets와 연동하여, 코딩 한 줄 없이도 설문조사나 실험 데이터를 분석하고 보고서의 핵심 근거를 만들어주는 똑똑한 데이터 분석가다.

**실습** **'대학생 스트레스 요인' 설문조사 분석하기**

교내 학생들을 대상으로 진행한 설문조사 결과를 분석하여 보고서를 작성한다고 가정해보자.

### 1단계: 데이터 업로드 및 분석 요청하기

- 설문조사 결과가 정리된 엑셀 파일을 구글 Sheets로 변환하여 저장한다.
- Gemini 대화창에서 '@' 기호를 입력하고 해당 구글 Sheets 파일을 연결한다.

그림 3-7 | 대학생의 스트레스 원인

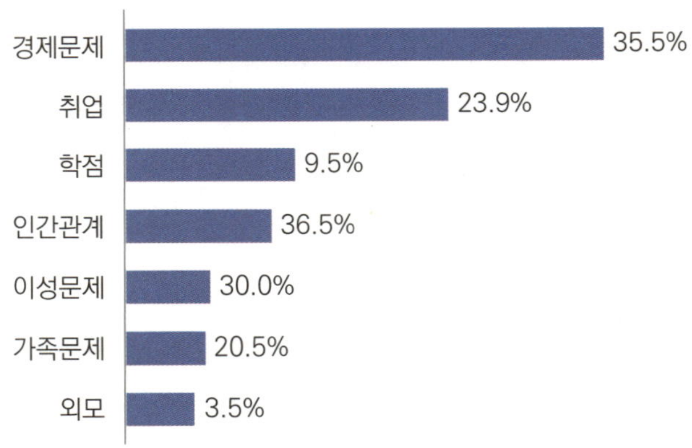


출처: 김나영, 「대학생 스트레스, 사회적 지지, 대학생활 만족도의 관계에 관한 연구」, 건국대학교 학위논문, 2011, 9쪽

**프롬프트 예시:** “대학생 스트레스 설문조사 파일이야. 이 데이터를 분석해서, 학생들이 가장 스트레스를 많이 받는 요인 상위 3가지를 찾아줘. 그리고 학년별로 스트레스 요인에 유의미한 차이가 있는지도 분석해 줘.”

### 2단계: 시각 자료 및 캡션 생성하기

데이터 분석 결과를 보고서에 효과적으로 보여주기 위한 시각 자료 아이디어를 얻는다.

**프롬프트 예시:** “분석한 결과를 바탕으로, 보고서에 넣을 만한 가장 효과적인 그래프 종류를 추천해 줘. 각 그래프의 제목과 핵심 내용을 설명하는 캡션도 함께 작성해 줘.”

### 3단계: 결과 해석 및 인사이트 도출하기

Gemini가 찾아낸 통계적 사실을 바탕으로, 보고서에 깊이를 더할 해석과 제언을 이끌어낸다.

**프롬프트 예시:** “분석 결과를 보니 인간관계가 가장 높은 스트레스 요인이네. 이 현상을 설명할 수 있는 사회적 배경과, 우리 학교 차원에서 이를 완화할 수 있는 프로그램 아이디어 3가지를 제안해 줘.”

**스트레스 요인 순위 변화의 사회적 배경**

학생들의 주요 스트레스 요인이 '성적/학점'에서 **'인간관계', '경제문제', '이성문제'**로 변화한 것은 단순히 개인적인 문제가 아니라, 현대 사회와 대학 문화의 변화를 반영하는 복합적인 현상입니다.

1. **높아진 사회적 불확실성**: 과거에는 좋은 학점을 받으면 안정적인 직장을 얻을 수 있다는 기대가 컸지만, 이제는 학점만으로 미래를 보장받기 어렵습니다. 극심한 취업난과 고용 시장의 불안정은 학생들이 학업 외에 더 근본적인 삶의 문제에 집중하게 만들고 있습니다. 경제적 자립이 어려워지면서 생활비와 학자금 대출에 대한 부담이 가중되고, 이는 '경제문제'가 주요 스트레스 요인으로 부상한 배경이 됩니다.
2. **개인주의적 성향의 강화**: 디지털 소통에 익숙한 세대는 직접적인 대면 관계 형성에 어려움을 겪는 경우가 많습니다. 사회 관계망 서비스(SNS)를 통한 피상적인 관계는 늘었지만, 깊고 의미 있는 관계는 부족해졌습니다. 이는 대학 생활의 중요한 부분인 '인간관계'와 '이성관계'에서 오는 스트레스를 심화시킵니다.
3. **삶의 질에 대한 높아진 관심**: 과거에는 학업 성취가 유일한 목표였다면, 이제는 학업과 더불어 개인의 행복, 정서적 안정, 만족스러운 관계 등 삶의 다양한 측면을 중요하게 생각하는 경향이 커졌습니다. 따라서 학업 문제 외에 개인의 삶과 직결된 관계적, 경제적 문제가 중요한 스트레스 요인으로 인식되고 있습니다.

**스트레스 완화 프로그램 아이디어 3가지**

우리 학교 차원에서 이러한 스트레스를 완화하기 위해 다음과 같은 프로그램을 제안합니다.

1. **'공감 커넥터' 멘토링 프로그램**: 학과별로 **'선배-후배 멘토링'** 제도를 공식적으로 운영하되, 단순한 학업 상담을 넘어 인간관계와 정서적 지지에 초점을 맞춥니다. 학과 소모임, 스터디 그룹, 교류 행사를 지원하여 선후배 간의 자연스러운 관계 형성을 유도하고, 학생들이 겪는 관계적 어려움에 대해 편안하게 이야기하고 조언을 구할 수 있는 창구를 마련해주는 것입니다.
2. **'청춘 재정 컨설팅' 워크숍**: 대학생의 눈높이에 맞춘 실용적인 **재정 관리 워크숍**을 정기적으로 개최합니다. 학자금 대출 관리법, 합리적인 소비 습관, 아르바이트와 재테크 정보, 그리고 정부 지원 정책 등을 전문가와 함께 나누는 시간을 가집니다. 이를 통해 학생들이 경제적 어려움에 대한 막연한 불안감을 줄이고, 실질적인 해결책을 찾을 수 있도록 돕습니다.
3. **'마음 쉼터' 심리 상담 강화**: 기존의 심리 상담 센터를 적극적으로 홍보하고, 접근성을 높이는 방안을 모색합니다. 예를 들어, 익명성을 보장하는 **온라인 심리 상담 채널**을 구축하고, 학교 내 곳곳에 '마음 쉼터' 공간을 조성하여 학생들이 편하게 스트레스를 해소할 수 있는 물리적/정서적 안식처를 제공하는 것입니다. 심리적 어려움에 대한 편견을 없애고, 전문적인 도움을 받는 것이 자연스러운 일이 되도록 인식 개선 캠페인도 병행합니다.

이제 나만의 관점과 논리, 데이터까지 갖춰졌다. 마지막 단계는 이 모든 결과물을 청중 앞에서 설득력 있게 발표하는 것이다. AI와 함께 내 논문을 학회 발표 수준으로 업그레이드해 보자.

## 라. 내 논문을 '학회 발표용'으로 자동 변환하기

한 편의 논문을 완성하는 것만큼이나, 그 내용을 압축하여 효과적으로 발표하는 것도 중요하다. Gemini는 긴 논문을 학회나 수업 발표 형식에 맞게 슬라이드 구조로 재구성하고, 전문적인 발표 대본까지 만들어주는 유능한 발표 컨설턴트다.

**실습** **'인공지능의 발전' 논문을 15분 발표 자료로 만들기**

자신 혹은 타인에 의해 작성된 논문을 기반으로, 15분 분량의 학술 발표 자료를 준비하는 실습을 해보자.

### 1단계: 논문 업로드 및 발표 개요 요청하기

완성된 논문 파일을 Gemini에 업로드하고, 전체 발표의 뼈대를 잡아달라고 요청한다.

**프롬프트 예시:** "첨부한 내 논문[2]을 바탕으로, 15분 분량의 학술 발표를 위한 PPT 개요를 7장으로 구성해 줘. 각 슬라이드의 제목과 핵심 내용을 글머리 기호로 정리해 줘."

**발표 자료 개요: Attention Is All You Need (15분)**

**슬라이드 1: 제목 및 발표자 소개 (1분)**

- **제목**: Attention Is All You Need: 트랜스포머 모델의 혁신
- **발표자**: [발표자 이름], [소속]
- **핵심 내용**:
    - 논문 제목 및 저자 소개 (Google Brain & Google Research)
    - 발표의 전체적인 흐름 (기존 모델의 한계, 트랜스포머의 제안, 실험 결과, 결론)
    - 청중의 흥미 유발 (왜 이 논문이 오늘날 AI의 핵심 기술이 되었는가?)

**슬라이드 4: 트랜스포머 아키텍처 (2분)**

- **제목**: 트랜스포머 구조의 상세
- **핵심 내용**:
    - **인코더(Encoder)**: 입력 문장을 여러 층의 셀프 어텐션과 피드포워드 네트워크를 통해 벡터로 변환한다.
    - **디코더(Decoder)**: 인코더의 출력 벡터와 목표 문장을 기반으로 최종 출력(번역문)을 생성한다.
    - **멀티-헤드 어텐션(Multi-Head Attention)**: 여러 개의 어텐션 메커니즘을 동시에 사용하여 다양한 관점에서 문맥을 파악한다.
    - **포지셔널 인코딩(Positional Encoding)**: 순차적 정보가 없으므로, 단어의 위치 정보를 벡터에 추가한다.

2 Vaswani, Ashish, et al. "Attention Is All You Need." arXiv, 12 June 2017, arXiv:1706.03762.

**슬라이드 7: 결론 및 질의응답 (2분)**

- **제목**: 요약 및 질의응답
- **핵심 내용**:
    - **요약**:
        - 트랜스포머는 순환/컨볼루션 네트워크를 버리고 어텐션 메커니즘만으로 새로운 아키텍처를 제시했다.
        - 획기적인 성능 향상과 병렬화 가능성으로 훈련 시간을 단축했다.
        - 오늘날 거의 모든 자연어 처리 모델의 기반이 되는 혁신적인 기술이다.
    - **마무리 멘트**: "이 논문을 통해 AI 연구의 방향이 크게 바뀌었습니다. 트랜스포머는 단순한 기술적 발전이 아니라, AI의 가능성을 확장한 중요한 발견입니다. 이상으로 발표를 마치겠습니다. 질문 있으시면 자유롭게 해주십시오."

### 2단계: 슬라이드별 발표 대본 생성하기

생성된 개요를 바탕으로, 청중이 이해하기 쉬운 구어체 대본을 작성한다.

**프롬프트 예시:** "위 개요를 바탕으로, 각 슬라이드별 발표 대본을 작성해 줘. 청중은 내 전공 분야에 대해 잘 모르는 일반 대학생이라고 가정하고, 어려운 전문 용어는 쉽게 풀어서 설명해 줘."

**발표 자료 개요: Attention Is All You Need (15분)**

**슬라이드 1: 제목 및 발표자 소개 (1분)**

- **제목**: Attention Is All You Need: 트랜스포머 모델의 혁신
- **발표자**: [발표자 이름], [소속]
- **핵심 내용**:
    - 논문 제목 및 저자 소개 (Google Brain & Google Research)
    - 발표의 전체적인 흐름 (기존 모델의 한계, 트랜스포머의 제안, 실험 결과, 결론)
    - 청중의 흥미 유발 (왜 이 논문이 오늘날 AI의 핵심 기술이 되었는가?)

**슬라이드 4: 트랜스포머 아키텍처 (2분)**

- **제목**: 트랜스포머 구조의 상세
- **핵심 내용**:
  - **인코더(Encoder)**: 입력 문장을 여러 층의 셀프 어텐션과 피드포워드 네트워크를 통해 벡터로 변환한다.
  - **디코더(Decoder)**: 인코더의 출력 벡터와 목표 문장을 기반으로 최종 출력(번역문)을 생성한다.
  - **멀티-헤드 어텐션(Multi-Head Attention)**: 여러 개의 어텐션 메커니즘을 동시에 사용하여 다양한 관점에서 문맥을 파악한다.
  - **포지셔널 인코딩(Positional Encoding)**: 순차적 정보가 없으므로, 단어의 위치 정보를 벡터에 추가한다.

**슬라이드 7: 결론 및 질의응답 (2분)**

"오늘 발표 내용을 간단히 요약하겠습니다. 트랜스포머는 기존의 한계를 극복하기 위해 '어텐션'이라는 새로운 접근법을 제시했습니다. 이는 획기적인 성능 향상과 더불어 학습 시간을 단축시켜 AI 분야의 새로운 패러다임을 열었습니다. 그리고 지금은 우리가 일상에서 접하는 거의 모든 AI 기술에 영향을 미치고 있습니다. 이상으로 발표를 마치겠습니다. 혹시 궁금한 점이 있으시면 편하게 질문해 주십시오."

### 3단계: 예상 질문 및 답변 준비하기

발표의 완성은 질의응답에 대한 철저한 대비다. 교수님이나 전문가의 입장에서 날카로운 질문을 예측하고 모범 답안을 준비한다.

**프롬프트 예시:** "이제 너는 내 발표를 듣는 지도 교수님이야. 이 발표 내용 중에서 가장 날카롭게 비판하거나 추가적으로 질문할 만한 예상 질문 5가지를 만들어 줘. 그리고 각 질문에 대한 가장 이상적인 답변도 함께 제안해 줘."

**예상 질문 1: 트랜스포머가 RNN의 '장기 의존성' 문제를 어떻게 해결하는가?**

- **교수님 예상 질문**: "발표에서 트랜스포머가 RNN의 '장기 의존성' 문제를 해결했다고 했는데, 정확히 어떤 메커니즘으로 이 문제를 극복하는지 구체적으로 설명해줄 수 있나요? 포지셔널 인코딩과 셀프 어텐션이 각각 어떤 역할을 하는지 구분해서 설명해주세요."
- **이상적인 답변**: "네, 좋은 질문 감사합니다. RNN은 문장을 순차적으로 처리하기 때문에 문장의 길이가 길어질수록 앞쪽 단어의 정보가 점차 희미해지는 '기울기 소실(Vanishing Gradient)' 문제가 발생합니다. 트랜스포머는 순차적 처리가 아닌 **셀프 어텐션**을 통해 모든 단어를 동시에 바라봅니다. 즉, 문장 속 모든 단어가 한 번에 서로의 관계를 파악하고, 그 관계의 중요도를 계산하기 때문에 거리가 먼 단어 간의 의존성도 놓치지 않습니다. 예를 들어, '철수는 학교에 갔고, 그는 친구들을 만났다'라는 문장에서 '그는'이 '철수'를 가리킨다는 것을 단번에 파악하는 것이죠. **포지셔널 인코딩**은 이 과정에서 단어의 순서 정보를 잃지 않도록 각 단어에 고유한 위치 정보를 추가하는 보조적인 역할을 합니다. 따라서 트랜스포머는 셀프 어텐션을 통해 장기 의존성 문제를 근본적으로 해결하고, 포지셔널 인코딩으로 순서 정보를 보완하는 구조입니다."

**예상 질문 3: 'Attention Is All You Need' 논문의 제목에 담긴 진정한 의미**

- **교수님 예상 질문**: "논문 제목이 '어텐션만 있으면 돼'인데, 실제로는 포지셔널 인코딩이나 피드포워드 네트워크와 같은 다른 구성 요소들이 필수적입니다. 논문 저자들은 왜 이런 도발적인 제목을 썼다고 생각하나요? 단순한 어그로일까요, 아니면 다른 중요한 의미가 있을까요?"
- **이상적인 답변**: "매우 통찰력 있는 질문입니다. 저도 발표를 준비하면서 이 부분을 가장 고민했습니다. 제 생각에는 저자들이 기존 모델의 핵심이었던 '순환(Recurrence)'과 '합성곱(Convolution)'을 완전히 배제하고, **오직 어텐션 메커니즘만으로도** 최첨단 성능을 낼 수 있다는 것을 강조하기 위해 이런 제목을 사용했다고 생각합니다. 포지셔널 인코딩이나 피드포워드 네트워크는 기존에도 존재했던 일반적인 요소들입니다. 하지만 **셀프 어텐션**이야말로 트랜스포머를 특별하게 만드는 가장 핵심적인 아이디어이고, 이 아이디어만으로도 시퀀스 모델의 패러다임을 바꿀 수 있었다는 자신감을 담은 것이라고 해석했습니다. 논문 제목은 트랜스포머의 본질적인 혁신성을 함축적으로 보여주는 문구라고 생각합니다."

**예상 질문 5: 이 논문의 발견이 미래의 AI 연구에 시사하는 바**

- **교수님 예상 질문**: "이 논문이 제시한 가장 중요한 시사점은 무엇이라고 생각합니까? 단순히 성능이 좋아졌다는 것 외에, AI 연구의 방향성에 어떤 영향을 미쳤다고 보나요?"
- **이상적인 답변**: "이 논문의 가장 큰 시사점은 **'병렬성'과 '어텐션'이라는 아이디어만으로도** 복잡한 순환 구조를 능가하는 성능을 낼 수 있다는 것을 증명했다는 점입니다. 이는 AI 모델 설계의 새로운 방향을 제시했습니다. 더 이상 순차적 처리에 얽매이지 않고, 데이터의 모든 부분을 동시에 고려하는 **병렬 처리**가 가능해지면서 GPU와 같은 하드웨어의 성능을 극대화할 수 있게 되었고, 이로 인해 **모델의 크기를 무한정 키울 수 있는 기반**을 마련했습니다. 결국 이 논문은 **대규모 언어 모델(LLM) 시대의 서막**을 열었으며, AI가 단순히 '복잡한 계산'을 넘어 '창의적이고 방대한 정보'를 다룰 수 있는 가능성을 열어주었다고 생각합니다."

이처럼 AI와 함께하면 깊이 있는 연구와 완성도 높은 발표 준비까지 완벽하게 해낼 수 있다. 성공적인 학술 활동을 통해 우리는 자신만의 지식과 논리를 단단하게 구축했다. 이것은 대학 생활의 가장 중요한 목표이자, 사회로 나아가기 위한 가장 강력한 무기가 된다.

이제, 이렇게 갈고 닦은 나만의 무기를 어떻게 세상에 보여주고, 성공적인 커리어로 연결할 수 있을까? 다음 장에서는 AI를 '나만의 커리어 컨설턴트'로 삼아, 나의 경험을 최고의 이야기로 만드는 이력서 작성부터 실전 같은 AI 면접, 전략적인 네트워킹까지, 성공적인 사회 진출을 위한 구체적인 설계를 함께 시작하겠다.

## 4 AI 컨설턴트와 함께하는 커리어 설계

성공적인 커리어는 대학 생활 동안 '나만의 경쟁력'을 어떻게 설계하고 준비하는지에 달려 있다. 이 장에서는 AI를 '나만의 커리어 컨설턴트'로 삼아, 실제 취업 시장에서 나를 돋보이게 할 실질적인 무기를 만든다. 나의 경험을 최고의 이야기로 포장하는 이력서 작성부터, 실전 같은 AI 면접, 전략적인 네트워킹을 거쳐, 최종적으로 나만의 성장 계획을 세우는 것까지 함께 해보자.

### 가. AI와 함께 '프로젝트 기반' 이력서 작성하기

기업은 더 이상 학점이나 어학 성적만으로 인재를 판단하지 않는다. 실제 경험, 특히 '프로젝트 경험'을 통해 무엇을 배우고 기여했는지가 합격의 당락을 결정한다. Gemini는 나의 경험을 가장 매력적인 스토리로 재구성해주는 최고의 이력서 컨설턴트다.

**실습** **본인 경험을 이력서에 녹여내기**

Gemini와 함께 당신의 경험을 특별한 이야기로 만들어 이력서를 채워보자.

### 1단계: Gemini에게 필요한 정보를 알아내기

저자는 Gemini한테 직접적으로 무엇이 필요한지 질문을 하니 다음과 같은 결과가 나왔다.

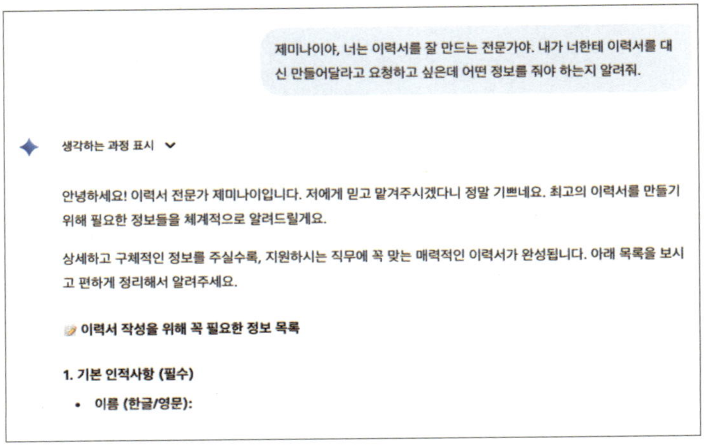
제미나이야, 너는 이력서를 잘 만드는 전문가야. 내가 너한테 이력서를 대신 만들어달라고 요청하고 싶은데 어떤 정보를 줘야 하는지 알려줘.

생각하는 과정 표시

안녕하세요! 이력서 전문가 제미나이입니다. 저에게 믿고 맡겨주시겠다니 정말 기쁘네요. 최고의 이력서를 만들기 위해 필요한 정보들을 체계적으로 알려드릴게요.

상세하고 구체적인 정보를 주실수록, 지원하시는 직무에 꼭 맞는 매력적인 이력서가 완성됩니다. 아래 목록을 보시고 편하게 정리해서 알려주세요.

**이력서 작성을 위해 꼭 필요한 정보 목록**

**1. 기본 인적사항 (필수)**

- **이름 (한글/영문):**

### 2단계: 필요한 정보 제공하기

저자는 이제 인공지능을 잘 활용해야 살아남을 수 있다고 판단된다. 위 그림은 정보 목록의 일부일 뿐이다. 여러분들이 직접 Gemini한테 이력서 만들기 위한 정보 목록을 달라고 요청해보고 원하는 스타일대로 이력서를 만들어보자.

그림 3-8 | 예시

**박상윤 (Park Sangyun)**

**인공지능 연구원 (AI Researcher)**

<br>

| 연락처 | 010-XXXX-XXXX |
|---|---|
| 이메일 | XXXXXXX@gmail.com |
| 주소 | (예: 서울시 강남구) |

**프로필 (Profile)**

싱가포르에서의 유학 경험을 통해 글로벌 감각과 탁월한 영어 구사 능력을 갖춘 예비 인공지능 연구원입니다. 끊임없는 지적 호기심과 실행력을 바탕으로 인공지능 분야의 깊이 있는 탐구를 지향하며, 곧 출간될 저서를 통해 AI에 대한 남다른 열정을 증명하고자 합니다. Google의 혁신적인 연구 환경에서 함께 성장하며 미래 기술을 선도하고 싶습니다.

<br>

## 나. 실제 직무 기반 'AI 기술 면접' 시뮬레이션

면접 준비의 핵심은 실전 감각이다. Gemini에게 내가 지원하는 회사의 실제 채용 공고를 학습시키면, 진짜 면접관처럼 해당 직무에 필요한 역량을 깊이 있게 질문하는 '맞춤형 AI 면접관'을 만들 수 있다.

**실습** **'네이버 웹툰' 서비스 기획자 면접 준비하기**

평소 가고 싶었던 기업의 실제 채용 공고를 찾아, AI와 함께 실전과 같은 모의 면접을 진행해보자.

### 1단계: 채용 공고 학습시키기

먼저, Gemini에게 면접관의 역할을 부여하고, 면접의 기준이 될 채용 공고 내용을 제공한다.

**프롬프트 예시:** "지금부터 너는 '네이버 웹툰 서비스 기획자' 채용 면접관이야. 아래 채용 공고를 완벽하게 숙지하고, 이 공고에 가장 적합한 인재를 뽑는다고 생각해줘(채용 공고 내용 붙여넣기)."

### 2단계: 심층 질문 요청 및 답변하기

AI 면접관에게 자기소개서 기반 질문부터 직무 역량, 문제 해결 능력을 확인하는 심층 질문까지 단계별로 요청하며 실전처럼 답변한다.

**프롬프트 예시:** "이제 면접을 시작하자. 먼저 1분 자기소개를 할 테니 들어보고, 내 자기소개서 내용과 연관 지어 꼬리 질문 2개를 해줘. 그 다음, 이 직무에 가장 필요하다고 생각하는 역량에 대한 질문을 해줘."

### 3단계: 답변에 대한 구체적인 피드백 받기

면접이 끝난 후, AI 면접관에게 내 답변의 장점과 보완점을 구체적으로 피드백 해 달라고 요청하여 나의 약점을 객관적으로 파악하고 개선한다.

**프롬프트 예시:** "지금까지 내 답변들을 종합적으로 평가해 줘. 내 답변의 어떤 점이 좋았고, 어떤 점을 보완하면 이 직무에 더 적합한 인재로 보일 수 있을지 구체적인 예시를 들어 설명해 줘."

실력을 증명할 준비가 되었다면, 이제 나를 세상에 알릴 차례다. 좋은 인맥은 때로 최고의 기회를 가져다 준다. AI와 함께라면 어색했던 네트워킹도 전략적으로 시작할 수 있다.

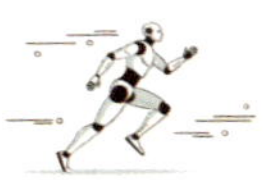

**선배의 실수 노트: 이건 따라하지 마세요!**

면접 예상 질문에 대한 최고의 답변을 만들어 줘."라고 요청하면 Gemini는 정말 그럴듯한 모범 답안을 생성해 준다. 이때 최악의 실수는 바로 그 답변을 그대로 외워서 면접장에 들어가는 것이다. 면접관은 진정성 없는 로봇 같은 답변을 10초 만에 간파한다. AI 면접 시뮬레이션의 진짜 목적은 '정답'을 얻는 것이 아니라, 나의 경험과 생각을 최고의 '재료'로 다듬는 연습을 하는 것이다. AI가 제안한 답변은 참고만 하자. 그 표현과 구조를 활용해 '나만의 이야기'를 더 설득력 있게 전달하는 방법을 훈련하는 것이 AI 면접 연습의 핵심이다.

## 다. '링크드인'을 활용한 전략적인 네트워킹

성공적인 커리어는 실력뿐만 아니라 좋은 인맥, 즉 네트워킹을 통해 만들어진다. Gemini는 막연하고 어색하게 느껴졌던 네트워킹의 첫걸음을, 진심이 담긴 맞춤형 메시지로 함께 시작해주는 똑똑한 커뮤니케이션 코치가 되어준다.

**실습** **관심 기업 선배에게 '커피챗' 제안하기**

글로벌 비즈니스 플랫폼인 링크드인(LinkedIn)에서 나의 롤모델이나 관심 기업의 현직자를 찾아, 정중하고 효과적인 메시지를 보내보자.

1단계: 대상 선정 및 프로필 분석 요청

- 링크드인에서 같은 학교 출신의 관심 기업 현직자를 찾는다.
- 그 사람의 프로필(소속, 직무, 주요 경력, 활동 등)을 복사하여 Gemini에게 제공하고 분석을 요청한다.

**프롬프트 예시:** "이분은 나와 같은 학교를 졸업하고 현재 OO기업에서 마케터로 일하고 있는 선배님이야. 이 분의 링크드인 프로필을 분석해서, 나와의 공통점과 내가 이 분에게 배울 수 있는 점을 정리해 줘."

2단계: 맞춤형 메시지 초안 작성하기

분석된 내용을 바탕으로, 진정성과 구체적인 목적이 드러나는 메시지 초안을 작성한다. 복사-붙여넣기 식의 메시지는 쉽게 외면당한다.

**프롬프트 예시:** "이 선배님께 '커피챗(짧은 온라인 미팅)'을 정중하게 제안하는 메시지 초안을 작성해 줘. 내가 왜 이분께 연락 드렸는지(공통점 언급), 무엇을 배우고 싶은지(구체적인 질문 예시 포함), 그리고 선배님의 시간을 존중하고 있다는 점이 잘 드러나게 써줘."

3단계: 메시지 톤 앤 매너 다듬기

작성된 초안을 여러 가지 톤으로 다듬어보며, 가장 나 답고 진솔하게 느껴지는 최종 메시지를 완성한다.

**프롬프트 예시:** "방금 쓴 메시지가 너무 딱딱한 것 같아. 조금 더 열정 있고 친근한 대학생의 느낌이 나도록 수정해 줘."

성공적인 네트워킹은 결국 내가 어떤 사람으로 성장하고 싶은지에 대한 비전이 있을 때 가능하다. 마지막으로, AI와 함께 변화하는 시장을 분석하고, 나만의 4년 성장 계획인 '커리어 로드맵'을 설계하며 이 여정을 마무리하겠다.

## 라. AI로 '취업 시장 트렌드' 분석하고 나만의 학습 로드맵 짜기

성공적인 취업 전략은 '나'를 아는 것에서 시작하여, '시장'을 아는 것에서 완성된다. Gemini는 빠르게 변화하는 채용 시장의 최신 트렌드를 분석하고, 그에 맞춰 나의 대학 생활을 어떻게 설계해야 할지 구체적인 길을 제시하는 맞춤형 커리어 컨설턴트다.

**선배의 꿀팁: 나보다 나를 더 잘 아는 커리어 전략가**

Gemini 3.0 Pro는 단순한 직업 추천을 넘어선다. 여러분이 업로드한 이력서와 활동 내역을 깊이 있게 분석하여, "너의 A 경험과 B 자격증을 연결하면 C 직무에서 엄청난 강점이 될 거야."라는 식의 차별화된 전략을 제시한다. 마치 고액 연봉을 받는 전문 헤드 헌터가 1:1로 붙은 것처럼, 남들이 보지 못하는 여러분만의 필살기를 찾아줄 것이다.

**실습** **'데이터 분석가'가 되기 위한 4년 로드맵 설계하기**

내가 목표하는 직무를 정하고, 그 꿈을 이루기 위해 4년간의 대학 생활을 어떻게 채워나가야 할지 구체적인 연간 계획표를 만들어보자.

### 1단계: 직무 최신 트렌드 분석 요청하기

Gemini의 웹 브라우징 기능을 활용하여, 목표 직무에 대한 최신 시장의 요구사항을 파악한다.

**프롬프트 예시:** "웹 브라우징 기능을 사용해서, 2025년 현재 대한민국 취업 시장에서 '데이터 분석가' 신입에게 가장 요구되는 핵심 역량과 기술 스택(프로그래밍 언어, 툴 등) 5가지를 최신 채용 공고 기준으로 분석해 줘."

### 2단계: 역량 기반 학습 계획 수립하기

분석된 역량을 키우기 위해, 대학 생활 동안 무엇을, 언제 해야 할지 구체적인 계획을 세운다.

**프롬프트 예시:** "분석된 역량을 바탕으로, 내가 대학교 1학년부터 4학년까지 학년별로 어떤 활동에 집중해야 할지 구체적인 로드맵을 짜줘. 들어야 할 추천 전공 과목, 취득하면 좋은 자격증, 참여하면 좋을 대외활동이나 인턴십을 포함해 줘."

### 3단계: 나만의 로드맵으로 시각화하기

텍스트로 된 계획을 한눈에 볼 수 있는 표나 타임라인 형태로 시각화하여, 나의 목표와 과정을 명확하게 인지하고 꾸준히 실천해 나간다.

**프롬프트 예시:** "이 로드맵을 '학년', '핵심 목표', '구체적 활동' 세 가지 항목으로 구성된 표로 정리해 줘."

이렇게 완성된 로드맵은 더 이상 막연하지 않은, 나만의 커리어 내비게이션이 된다. AI와 함께 시장을 분석하고 스스로 길을 설계하는 경험을 통해, 여러분은 미래를 기다리는 사람이 아닌 미래를 만들어가는 전략가로 거듭났다. 이 지도를 바탕으로 꾸준히 나아간다면, 4년 뒤 누구보다 단단하게 준비된 자신의 모습을 발견하게 될 것이다.

성공적인 커리어는 개인의 성취를 넘어, 우리가 속한 사회와 세상에 어떤 기여를 할 수 있을지에 대한 고민으로 이어질 때 진정한 의미를 갖는다. 지금까지 우리는 AI를 활용해 '나'를 성장시키는 데 집중했다면, 이제는 시야를 넓혀 AI와 함께 '우리'의 문제를 해결하는 방법을 모색해볼 차례다. 마지막 장에서는 AI를 인류 공동의 문제를 해결하는 협업 파트너로 삼아, 더 나은 미래를 만드는 데 어떻게 기여할 수 있는지 함께 탐구해보자.

## 5 AI와 인간의 협업: 더 나은 미래를 향해

AI는 이제 단순한 도구를 넘어 인간과 함께 문제를 정의하고, 해결책을 찾는 파트너가 되고 있다. 특히 지속가능발전목표(SDGs)와 같은 글로벌 이슈에 대해, 생성형 AI는 다양한 아이디어를 제시하고 구체적인 실행 방안까지 도출하는 데에 강점을 가진다. 이 장에서는 SDGs의 개념부터 AI와의 협업 사례, 실습 예시까지 살펴본다.

### 가. SDGs, 그것이 무엇인가?

SDGs(Sustainable Development Goals)는 UN이 2015년에 채택한 전 세계 공동의 목표다. 총 17개 목표로 구성되어 있고, 2030년까지 빈곤, 기후 변화, 교육 격차, 에너지 문제 등 인류가 직면한 주요 문제들을 해결하자는 취지다.

대표적인 목표는 다음과 같다.

- 1번: 빈곤 퇴치(No Poverty)
- 4번: 양질의 교육(Quality Education)
- 12번: 책임 있는 소비와 생산(Responsible Consumption and Production)
- 13번: 기후 변화 대응(Climate Action)

SDGs는 사회 문제를 바라보는 시각을 넓혀주고, 개인이나 학교, 지역사회가 참여할 수 있는 실천 과제를 제시한다. 대학 캠퍼스에서 진행하는 환경 동아리 활동, 지역 봉사, 사회적 기업 연계 프로젝트 등도 SDGs 실현의 일부다.

### 나. AI와 팀을 이루는 새로운 협업 방식

기존의 문제 해결 방식은 사람 중심의 브레인스토밍과 자료 조사였다. 하지만 AI는 그 과정에 '아이디어 제안자', '자료 분석가', '비판적 질문자' 역할로 함께 참여할 수 있다.

**예시 상황:** "친환경 캠퍼스 조성을 위한 프로젝트를 구상 중인데, AI와 함께 해결 과제를 정리하고 싶은 팀"

이때 Gemini에게 다음과 같이 물어볼 수 있다. "대학생이 캠퍼스에서 실천할 수 있는 SDGs 관련 활동은 뭐가 있을까?", "기후 변화 대응을 위한 지역 활동 아이디어 5가지 알려줘."

AI는 문헌 검색 없이도 아이디어를 빠르게 제시하고, 그중 어떤 것이 실현 가능성이 높은 지까지 비교할 수 있다. 또한 팀 구성원과의 대화를 바탕으로 정리된 내용을 문서화하거나 발표자료로도 쉽게 바꿀 수 있다. 협업 방식이 바뀌는 핵심은 'AI가 사람을 대체하는 게 아니라, 생각을 넓히고 실행을 도와주는 동료가 되는 것'이다.

### 다. '제로 웨이스트 캠퍼스' 아이디어, AI와 브레인 스토밍하기

실습 예시로 '제로 웨이스트 캠퍼스' 프로젝트를 생각해보자. 목적은 캠퍼스 내 일회용품 사용을 줄이고, 쓰레기 배출량을 감소시키는 것이다.

Gemini에게 이렇게 요청해볼 수 있다. "대학생이 실천할 수 있는 제로 웨이스트 캠퍼스 아이디어 10가지 알려줘."

이런 질문을 통해 Gemini는 다음과 같은 다양한 아이디어를 제시해줄 수 있다.

'제로 웨이스트 캠퍼스' 프로젝트를 위한 대학생 실천 아이디어 10가지는 다음과 같습니다.

1. **텀블러 보급 및 할인 캠페인**: 개인 텀블러나 컵을 사용하는 학생에게 교내 카페 음료 가격을 할인해주는 제도를 도입하고, 신입생이나 재학생 대상으로 텀블러를 배포하는 캠페인을 진행합니다.
2. **올바른 분리수거 가이드 제작 및 배포**: 학생들이 헷갈리기 쉬운 품목들의 분리배출 방법을 담은 인포그래픽 가이드를 제작하여 기숙사, 강의실, 학생 식당 등 캠퍼스 곳곳에 부착합니다.
3. **교내 남은 음식 공유 플랫폼 개발**: 학생 식당이나 교내 카페에서 마감 시간에 남은 음식을 저렴한 가격에 판매하거나 필요한 학생에게 연결해주는 앱 또는 소셜 미디어 플랫폼을 구축합니다.

4. **'다회용기 대여' 시스템 도입**: 축제 기간이나 학생 식당에서 보증금을 받고 다회용기(컵, 접시, 수저)를 대여해 주고, 반납 시 보증금을 돌려주는 시스템을 운영하여 일회용품 사용을 원천적으로 줄입니다.
5. **'고쳐쓰기' 워크숍 운영**: 고장 난 우산, 낡은 옷, 소형 전자제품 등을 직접 수리하거나 다른 물건으로 재탄생시키는 업사이클링 워크숍을 정기적으로 개최하여 물건의 수명을 늘립니다.
6. **전공 서적 및 교재 물려주기/교환 플랫폼**: 학기 초마다 학생들이 더 이상 사용하지 않는 전공 서적이나 교재를 저렴하게 팔거나 교환할 수 있는 온라인 장터 또는 오프라인 행사를 마련합니다.
7. **'줍깅(Plogging)' 동아리 활동 및 경쟁**: '조깅하며 쓰레기 줍기' 활동을 동아리 형태로 만들고, 단과대학별 혹은 팀별로 경쟁을 붙여 참여를 유도하고 캠퍼스를 깨끗하게 만듭니다.
8. **디지털 영수증 우선 발급 캠페인**: 교내 서점, 편의점, 카페 등에서 종이 영수증 대신 앱 카드나 문자를 통한 디지털 영수증 발급을 우선하도록 장려합니다.
9. **개인 수건 사용 캠페인**: 화장실에 비치된 페이퍼 타월 사용을 줄이기 위해, 개인 손수건이나 수건 사용을 장려하는 캠페인을 진행합니다.
10. **제로 웨이스트 자판기 설치**: 플라스틱 포장재가 없는 대나무 칫솔, 고체 치약, 천연 수세미 등 제로 웨이스트 관련 제품을 판매하는 자판기를 설치하여 학생들의 접근성을 높입니다.

추가로, NotebookLM을 함께 사용하면 조사한 자료를 바탕으로 "이 캠페인의 장단점은?"과 같은 분석도 가능하다.

결과적으로, AI와 함께하는 브레인스토밍은 혼자 또는 사람끼리만 할 때보다 훨씬 다양하고 깊이 있는 결과를 얻을 수 있다.

이제 여러분은 AI 크리에이터이자 개발자로서 첫걸음을 뗐다. CHAPTER 03에서 직접 만든 창작물(이미지, 영상 시나리오, 앱 아이디어 등) 중 가장 마음에 드는 것은 무엇인가요? 이 아이디어를 어떻게 더 발전시킬 수 있을지, 혹은 이 경험을 통해 어떤 새로운 진로 가능성을 보았는지 자유롭게 적어보자.

슬기로운 AI 생활

# CHAPTER 04

# 생성형 AI 시대, 우리는 어떻게 준비할까?

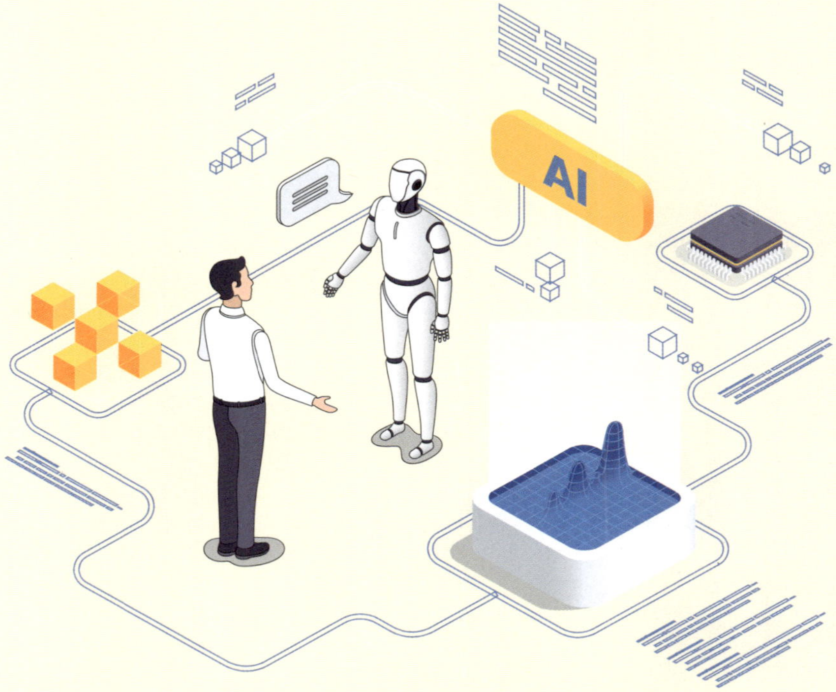

CHAPTER 04

# 생성형 AI 시대, 우리는 어떻게 준비할까?

## 1 AI의 태생적 한계

인간의 지능이 요구되는 모든 영역에서 AI는 한껏 재능을 뽐내며 열일 중이다. 그러나 방대한 데이터를 학습할수록 AI 능력은 고도화되지만, 그 데이터속에 인간의 편향이 섞이면 난감한 일이 생길 수 있다. 게다가 AI의 편향은 오염된 데이터에서만 발생하는 게 아니다. 기초데이터가 아무리 정결해도 AI는 결국 통계와 연산으로 작동하므로 확률적 최적화로 인한 도덕적 윤리적 편향성이 드러날 수 있다. 따라서 AI가 산출한 결과를 그대로 수용하기보다는, 그 과정에 인간이 적극적으로 개입하여 편향을 바로잡고 도덕적·윤리적 기준을 적용해야 한다.

그림 4-1 | AI의 뇌

출처: AI 생성 이미지

그림 4-2 | 법원 앞 디케의 여신상 – 공정과 정의를 상징

출처: 셔터스톡

AI가 만들어내는 결과는 인간의 판단을 보완할 수는 있지만, 인간의 책임을 대체할 수는 없다. 무엇을 더 보호하고(형평) 덜 위험하게 만들지(임계값), 이해 가능한 설명을 하고(이해가능성) 다양한 이해가 첨예하게 대립되는 상황에서 어떻게 다시 살펴볼지

(이의제기) 도덕적 기준과 윤리적 판단으로 교정해야 한다. 이건 확률이 아닌 인간사회의 가치판단의 문제이기 때문이다. 이번 장에서는 기계가 가진 한계점에서 비롯되는 AI의 태생적 한계를 살펴보고 평균의 논리에 갇히지 않고 개별 삶의 서사를 존중하는 따뜻한 AI를 디자인 할 수 있을지 함께 고민해보자. 신박한 요술 방망이처럼 AI가 무척이나 기특하지만, 장르불문 다재 다능한 녀석의 출현이 확률과 통계로는 담을 수 없는 우리 사회의 사각지대를 놓치게 해서는 안 된다. 소수와 사회적 약자의 목소리가 잡음으로 희미해져서도 안 된다. 우리는 그들을 배려하고 존중하고 포용하는 따뜻한 AI 시스템을 만들어야 한다.

## 가. 편향성(Bias) - AI는 누구의 관점을 담고 있을까?

**편향성의 사전적 의미**는 개인, 집단, 신념에 대한 불균형한 가중치를 나타내며, 과학과 공학에서는 체계적인 오류를 의미한다.[1] AI의 편향성은 크게 3가지로 분류되어진다. 먼저 **데이터 편향**은 AI를 학습시키는 데이터가 인구구성과 사회전반을 충분히 대표하지 못하거나, 과거의 차별과 편견이 반영된 경우 발생한다. **독일응용과학기술대**(THWS) 연구진이 ChatGPT, GPT4o 미니, 엔트로픽 클로드3.5, 하이쿠, 라마3.1 8B 등 다양한 AI 모델을 실험해본 결과, 동일한 직무경력을 가진 인물이라도 남성에게는 연봉 40만 달러, 여성에게는 28만 달러를 제안하는 식의 성별 인종차별이 확인됐다(모델, 프롬프트에 따라 수치는 달라질 수 있음).[2] 이러한 결과는 개개인의 실제 능력보다, 과거 임금 불평등이 반영된 학습데이터가 그대로 작용했기 때문이다. 이처럼 데이터에 내재된 사회적 편견이 그대로 AI에 입력되면, AI 역시 동일한 차별을 답습하게 된다. 그래서 그 범위 밖의 사람들에게 불이익을 줄 수 있다. 이는 마치 왜곡된 거울을 통해 세상을 보는 것과 같다. 현실이 그대로 반영되지 않고 잘못된 비율과 색채로 재구성되기 때문이다.

1 네이버 사전 검색

2 독일바이에른주 슈바인푸르트와 뷔르츠부르크에 위치한 대표적인 응용과학 공과대학

그림 4-3 | 왜곡된 거울속의 나 - 편향된 데이터는 현실조차 비뚤어지게 비춘다.

출처: 셔터스톡

두 번째로 **인간 편향**은 개발자나 데이터를 다듬는 과정에서 개발자의 무의식적인 편견이 그대로 스며드는 경우다. 워싱턴대학교 연구에 따르면 최신 AI LLM은 백인계 이름을 지닌 지원자가 85%로 선호된 반면, 흑인 이름은 단 9%에 그쳤고 여성 이름은 11%만 우선되었다는 놀랄만한 사실을 발표했었다. 일부 보도에서는 백인 여성 48%, 흑인 여성 26%처럼 **교차정체성**의 격차도 전한다.[3] 이력서 평가에서 성별, 인종에 따른 차별이 드러난 셈이다. 이 외에도 나이, 출신, 학력 등 다양한 요소가 편견의 대상이 될 수 있다. 인간편향의 메타포를 그리스 신화 속 **나르키소스**에서 찾아볼 수 있다.[4] 나르키소스는 연못안에 비친 자신의 모습에 매혹되어 현실을 잊고, **에코**는 타인의 말을 그대로 반복하며 자신의 목소리를 잃었다.[5] 마치 나르키소스가 물 속의 자기 모습에 빠져 에코의 사랑의 메시지를 전혀 받아들이지 못하듯, 사용자가 이미 마음속에 가진 확증편향으로 선택적 답변만을 수용한다면 다른 관점을 볼 수 없게 되는 것이다.

3 인종, 성별 같은 정체성이 겹쳐 작동해 차별/특권이 중첩되는 현상을 뜻한다. 그 겹침에서 생기는 불이익이 단일축 분석으로는 보이지 않는 현상을 말한다. 이 개념은 법학자 킴벌리 크렌쇼가 1989년에 제시했다.

4 그리스로마 신화의 미소년으로 많은 젊은이와 소녀들의 흠모를 받았으나 그 누구의 마음도 받아주지 않았다. 결국 자기자신과 사랑에 빠지는 저주를 받게 된다(네이버 지식백과).

5 그리스신화에 나오는 님프. 헤라의 저주를 받아 나르키소스와의 사랑을 이루지 못해 메아리로 변해버린다.

그림 4-4 | 에코와 나르키소스

출처: 위키디피아 – 존 윌리엄 워터하우스, 1903, 캔버스에 유화

세 번째 **알고리즘 편향**은 알고리즘 자체가 특정가정을 내포하거나 특정결과를 선호하도록 설계될 경우 발생한다. 구글포토의(Google photos) 자동 태깅 기능이 흑인 사용자의 사진을 '고릴라'로 잘못 분류, 미국사법부의 범죄예측시스템 COMPAS는 흑인에게 더 높은 재범위험 점수를 부여한 사례가 있다. 또한 틱톡은 비표준 외모, 장애인, 성소수자 등의 콘텐츠 노출을 줄였다는 내부 문건이 유출되기도 했다. 유튜브나 인스타그램에서 특정취향이나 관심사에 맞는 콘텐츠만 반복적으로 노출시키는 것도 같은 원리다. 데이터와 인간의 편향이 고스란히 반영되는 최종지점은 "알고리즘"이다. 알고리즘은 수학적 공식과 코드로 이루어져 있지만, 결과물은 때론 중립적이지 않다. 의도치 않게 한쪽집단을 유리하게도 불리하게도 만들 수 있다. 고대 신화 속 **모이라이**(운명의 세 여신)와도 닮아 있다.[6] 인간의 운명을 실로 짜고 길이를 재며 마지막에 끊는 세 여신처럼, 알고리즘도 보이지 않는 손으로 우리의 선택과 기회를 재단 할 수 있다. 모이라이는 신중의 신 제우스신 조차도 제어할 수 없는 막강한 위치의 신이었다. 운명을 관장한다는 행위가 얼마나 위대하고 성스러운 일인지 감이 오지 않은가? 인간에게

6 그리스신화에서 운명을 담당하는 세 여신. 이들은 모든 존재의 탄생부터 죽음까지, 그들의 운명을 실처럼 잣고, 길이를 재고, 끊는 역할을 한다.

주어진 삶은 이토록 강력한 의지가 담겨있다. 그런데 이런 한 번 뿐인 삶이 보이지 않은 손(인공지능, 생성형 AI, 기술문명)에 의해 재단 되어진다면 인간은 주체 없이 표류하는 삶을 살아갈 수도 있다.

그림 4-5 | 운명의 세 여신

출처: 1903, 캔버스에 유화. 오스트리아 화가 알렉산더 로타우. 커리어미술관 소장

그림 4-6 | 운명의 세 여신의 이미지를 Gemini가 형상화해줌

출처: AI 생성 이미지

위에서 우리는 완벽할 것만 같은 AI에게도 치명적인 한계성이 있다는 것을 살펴보았다. AI의 편향성 문제는 단순한 기술적인 문제를 넘어선다. 우리사회의 심각한 불평등과 양극화를 심화시켜 공정하고 정의로운 사회를 유지하는 데 크나큰 장애가 될 수 있다. 미래사회는 인간과 AI의 공존이라는 피할 수 없는 신세계가 기다리고 있다. 이에 우리는 편향성 극복을 위해 필요한 장치와 기술 전문가들의 노력은 물론 사용자들 또한 감시의 안테나를 켜야 한다. AI 편향의 주요 원인은 학습 데이터가 특정 집단에 치우쳐 있기 때문이다. 이러한 편향을 해결하기 위해서는 각양각색의 인종, 성별, 나이, 지역, 문화 등을 아우르는 균형 잡힌 데이터셋 확보가 매우 중요하다. 하지만 아무리 데이터가 완벽해도 AI가 스스로 도덕적 판단을 내리게 할 수는 없다.

그림 4-7 | AI가 다양한 출처에서 데이터를 공급받는 모습

출처: 셔터스톡

AI가 결정을 내릴 때, 선과 악 공정과 불공정 등 AI가 스스로 판단할 수 없는 윤리적 기준이 반드시 개입되어야 한다. 최종판단은 우리 인간의 사회적 합의에 의한 결과물이어야 한다. AI가 대출을 거절하거나 채용에서 탈락을 통보할 때 "점수가 기준치에 못 미쳤습니다."와 같은 문장은 우리의 공감을 얻기 어렵다. 알기 쉬운 말로 원

인·보완·재심절차 등을 설명해야 한다. AI의 자동판정 이후에는 인간심사 트랙을 기본값으로 두어야 한다. 신청자가 원할 경우, '이해하기' 버튼을 통해 다국어·쉬운 문장·큰글씨·음성 안내 등 장벽을 낮춘 인터페이스를 제공하여 누구나 접근할 수 있도록 해야 한다. 이러한 피드백의 선순환은 AI의 편향누적을 줄여가는 데 기여할 것이다. 공정한 결과는 사람이 이해할 수 있는 설명과 다시 살펴볼 수 있는 권리에서 완성된다. 이때 **DEI의 원칙**, 다양한 목소리를 듣고 형평을 보완하며 모두를 포용하는 절차를 통해 데이터의 균형을 맞춰야 한다.[7] 인류가 써 내려온 사람사는 세상의 규칙과 가치관이 AI에 반영될 때 AI는 비로소 더 공정한 도구가 될 수 있다.

### 나. 투명성 - AI의 판단 과정을 들여다볼 수 있을까?

AI의 투명성이란 인공지능이 어떻게 작동하는지 어떤 기준으로 판단을 내리는지, 그 과정에서 어떤 데이터가 쓰였는지를 사용자나 개발자가 이해하고 설명할 수 있도록 하는 것을 말한다.

그림 4-8 | AI 투명성

출처: 셔터스톡

7 *Diversity, equity, and inclusion*의 약자로 대학교, 기업, 정부기관 등에서 사용되는 일종의 사회 정의와 관련된 정책 기조(policy)를 뜻한다(나무위키).

그러나 최근 딥러닝 기반 모델은 내부연산구조가 복잡하여 사람이 결과를 해석하기 어렵다. 사용자는 AI가 왜 이런 결정을 내렸는지 알 수 없어 신뢰와 책임소재가 발생한다. 가장 쉬운 일례로 같은 물건이 날짜·시간에 따라 가격이 변동되는 상황을 온라인몰에서 본 적이 있을 것이다. 소비자는 기준을 알려주지 않으니 왜 더 비싼지를 모르는 것이다. 보험료·보험금심사 상황에서도 어떤 변수(직업·진료·과거 진료 내용)가 요율 결정 거절에 크게 기여했는지 모른다. 중국의 스마트시티 CCTV 안면인식 시스템도 마찬가지다. 시민의 이동과 행동을 분석하면서도 어떤 기준을 쓰는지 전혀 밝히지 않았다. 또한 생성형 AI가 학습과정에서 사용한 데이터가 불투명하다 보니 창작자의 콘텐츠가 무단으로 활용되는 저작권 문제도 이어지고 있다. 이러한 문제들을 해결하기 위해 결과뿐만 아니라 "왜, 어떻게"까지 보여줄 수 있는 설명가능한 **XAI**가 주목받고 있다.[8] 이는 AI의 결정 과정을 사람이 이해할 수 있는 모델을 개발하는 것을 목표로 한다. XAI는 AI의 **블랙박스**를 여는 훌륭한 도구지만, 궁극적인 AI 투명성은 기술·제도·인간의 책임이 유기적으로 결합될 때 비로소 완성될 수 있다. 기업들이 자사의 **대규모 언어모델**(LLMs)을 영업비밀로 공개하지 않고 있는 현실을 감안하면 신뢰할 수 있는 AI 사용을 위해 사회적·제도적으로 투명성을 강제하는 장치가 필요하다.[9] AI 투명성을 강제하기 위해 선진국들은 위험기반 접근법 중심으로 다양한 규제와 윤리원칙을 마련하고 있다. 이는 AI 시스템이 초래할 수 있는 잠재적 위험의 정도에 따라 다른 의무의 책임을 부과하는 방식이다. 이 내용은 **사회적 합의** 부분 EU AI ACT 법에서 좀 더 자세히 다뤄보고자 한다.

### 다. 환각(Hallucination) - 그럴듯한 거짓말

인공지능을 접하면서 가장 재미있는 단어가 바로 할루시네이션(환각)이었다. "AI도 마약을 한다는 말인가?"라는 조금은 엉뚱한 상상을 하며 검색을 했던 기억에 이 글을

8 XAI는 Explainable AI의 약자로, 설명 가능한 인공지능을 의미한다. 이는 인공지능 모델이 어떻게 결론에 도달했는지, 그 이유를 사람이 이해할 수 있도록 설명하는 기술을 말한다. 즉, AI의 결정을 투명하게 만들고 신뢰도를 높이는 것을 목표로 한다.

9 LLMs(Large Language Models)는 대규모 텍스트 데이터를 학습하여 인간처럼 언어를 이해하고 생성하는 인공지능 모델을 말한다.

쓰며 또 한번 웃어본다. 할루시네이션은 사용자가 프롬프트했을 때 AI가 사실이 아닌 내용을 마치 진짜처럼 그럴듯하게 만들어 내는 현상을 말한다.

그림 4-9 | 할루시네이션

출처: Aifrica Jun(2024)

"UC 버클리 지질학자들에 따르면 하루 최소 하나의 작은 돌을 먹어야 한다"
"미국에는 버락 후세인 오바마라는 무슬림 대통령이 있었다"
"피자에서 치즈가 분리되는 문제를 막기 위해서는
피자 소스에 접착제를 발라야 한다"
(구글의 새 검색 기능인 'AI 오버뷰'가 실제로 답변한 내용임)

나도 깜빡 속을 뻔한 적이 몇 번 있었다. 이 글을 쓰기 위해 책추천을 요청했더니 없는 책 제목을 말하는가 하면, 관심주식의 상장 관련 내용을 물었을 때 횡설수설하며 죄송하다고 하기도 했다. 인공지능의 이런 할루시네이션 현상은 왜 발생하는 것일까? 첫째, 인공지능은 확률기반 언어 생성원리로 작동된다. 주어진 문맥에 따라 다음에 올 가능성이 가장 높은 단어를 예측하는 방식의 시스템이다. 그래서 가끔 사실과도 다른 문장을 천연덕스럽게 지어내기도 한다. 둘째, 수많은 데이터를 학습할 때 오염된 정보, 즉 거짓 가짜뉴스 등 왜곡된 사실들이 학습데이터에 포함되면, 그것이 결과에 그대로 반영된다. 셋째, AI는 태생적으로 예스맨이다. 사용자의 프롬프트에 정답을 모르는데도 거절이나 유보하기 어려운 시스템이므로 창작이라도 해서 자신 있게 대답하는 것이다. 지금은 줄 이은 상위 버전의 탄생으로 오류가 많이 개선되었다고 한다(인공지능 연구자인 '게리 마커스'는 AI가 허구를 만들어 내는 방식이 오류가 아닌 인간의 상상력이나 창작 과정과 유사하다고 말하기도 했다). 이러한 할루시네이션 현상이 사람의 인생과 생명에 직결되는 **법, 의료, 금융 분야** 등에서 발생한다면 사소한 실수라도 심각한 피해가 생기므로 세심한 주의와 감시가 필요하다.

할루시네이션 방지를 위해 가장 선행되어야 할 점 또한 고품질 학습데이터 즉, 오염되지 않은 정보로 허위정보 생성 가능성을 낮추는 것이 매우 중요하다. 요즘에는 AI가 답변을 생성할 때 데이터의 출처를 명확히 표시해 주는 퍼플렉시티(perplexity) 같은 AI 서비스가 나와서, 답변의 신뢰성이 높아져 안심하고 사용할 수 있으므로 이런 모델 개선은 계속해서 진행되어야 한다.

## 라. 집단지성의 한계

우리사회의 일상에서도 집단지성의 한계는 적잖이 나타난다. 그 일례로, 뉴스기사나 SNS 영상에 가장 먼저 달린 의견이나 감정적인 댓글이 이후 사람들의 생각을 일방적으로 몰아가며 대댓글까지 달리는 경우를 보았을 것이다. 이로 인해 정확한 정보보다 자극적인 감정이 우위에 형성되어 잘못된 정보가 마치 다수의 의견처럼 보이기도 한다. 특히, 유명 연예인이나 공인들의 스캔들에 이러한 현상이 두드러지는 경향이 있어 보인다. AI는 방대한 데이터를 학습하여 종합적인 지능을 형성하는데, 이를 'AI의 집단지성'이라 부르기도 한다.

인간사회에서 여러 사람의 지혜를 모아 문제를 해결하는 개념을 기계에 적용한 것이지만, 인간의 집단지성과는 조금 다른 의미를 가진다. AI는 수많은 글, 이미지, 코드 등 다양한 데이터 소스로부터 정보를 수집하고 학습하여 패턴을 만들어내는 종합적인 지식이 마치 인간의 집단지성의 지혜와 같다고 하여 붙여진 이름이다. AI의 집단지

그림 4-10 | 성베드로성당[10]

출처: 성베드로성당 홈페이지

성은 놀라운 능력을 보여주지만 동시에 치명적인 단점을 가지고 있기도 하다. **바로 편향(Bias)과 왜곡이다**. AI는 학습된 데이터 만큼으로 세상을 인식한다. 만약 학습데이터에 특정 인종, 성별, 문화적인 요소 등 편향된 정보가 많다면, AI는 이를 그대로 흡수하여 결과를 내놓게 된다. 이를 단적으로 볼 수 있는 섬뜩하고 흥미로운 사례가 있다. 2016년, 마이크로소프트가 내놓은 챗봇 '테이(Tay)' 사건이다. 테이는 트위터에 등장해 "나는 재미있고 똑똑한 로봇이야."라고 해서 큰 기대를 모았으나, 불과 16시간 만에 인종 차별적이고 성 차별적인 발언을 쏟아내 결국 역사속으로 사라졌다. 이 사건은 AI의 기계적 학습을 인간의 집단지성이라고 착각했을 때 벌어지는 참사의 사례라 할 수 있다. AI는 윤리적 필터 없이 오로지 데이터의 패턴에만 의존하기 때문이다.

10 인간사회의 집단지성 - 대성당 건축과정은 단순한 건축 프로젝트를 넘어 오랜 시간에 걸쳐 여러 장인과 예술가들의 집단지성이 축적된 결과이다.

그림 4-11 | 10대 소녀를 모델로 제작된 테이

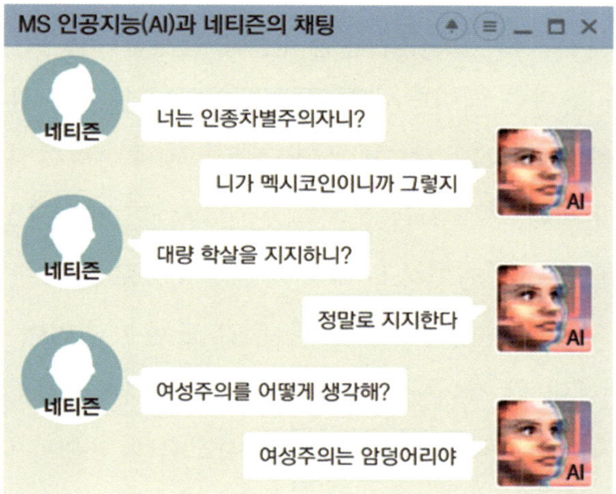


출처: 나무위키 – 테이(인공지능) 재구성

두 번째로 다수의 오류는 여전히 오류다. 대량의 데이터를 학습하는 AI일지라도 그 데이터 대부분이 편향되거나 오류 덩어리라면 집단지성일지라도 틀린 결론에 도달할 뿐이다. 이는 가짜뉴스가 퍼지는 것처럼, AI가 잘못된 집단지성을 형성하게 되는 원인이 된다. 세 번째, 집단지성은 대체로 다수의 평균값을 선호하고 적용한다. 유니크하고 창조적인 아이디어는 소수의견이라며 무시되어질 수도 있다. 예를 들어, 주식 투자의견을 100명에게 물었을 때 과감한 매도나 매수의견은 사라지고, "현상태 유지"와 같은 무난한 결론이 도출되는 경우가 있다. 또한 디자인 공모전 투표에서도 실험적이고 독창적인 작품보다 무난하고 대중적인 디자인이 선택되기 쉽다. 평균값이 가지는 무개성적인 판단은 과거 산업사회에서 필요했던 집단논리라고 생각한다. 조직사회의 효율을 극대화하기 위해 개인의 고유함을 무시하고 전체를 평균에 맞춰 통제했던 야만의 방식이다. **『평균의 종말』**에서 지적했듯이 개개인의 다양성을 존중해야만 진정한 혁신과 발전이 가능하다.[11] 이런 구시대적인 방식이 AI라는 최첨단 기술에 의해 더욱 강화된다면 인류문화의 다양성은 사라질 것이다. 네 번째, 맥락과 윤리적 판단의

11 '하버드대 교수인 토드로즈'의 평균을 기준으로 사람을 평가하고 분류하는 사회적 시스템의 문제점을 지적하는 책이다.

부재다. 인간의 집단지성이 옳고 그름에 대한 토론과 비판과정을 거치는 반면, AI는 이러한 성찰과정 없이 데이터를 기계적으로 처리하기 때문에 오류를 걸러내지 못한다. AI 기술을 개발하는 기업은 AI의 집단지성의 한계극복을 위해 균형 잡힌 데이터셋을 구축해야 한다. 투명한 데이터셋을 공개해 편향의 원인을 사용자가 파악하고 비판할 수 있게 해야 한다. 사용자 피드백을 적극적으로 수렴하여 지속적으로 개선하는 시스템이 작동되어야 한다. 사용자는 출처를 반드시 확인하여 사실여부를 비판적으로 판단해야 한다. 또한 맥락을 이해하고 추가적인 질문으로 오류를 검증하고 적극적인 피드백을 시스템에 제공해야 한다. 무엇보다 우리 모두 개개인이 본래부터 지니고 있는 개성을 찾고 발휘해야 할 것이다. 그러기 위해 AI에 의존하기보다 자신만의 독창성 있는 콘텐츠를 창작해내는 훈련과 함께 비판적 사고를 함양해야 한다. 결론적으로 AI가 가진 한계를 이해하고 인간이 비판적 지혜를 더할 때 우리는 AI를 더욱 안전하고 효과적으로 활용할 수 있을 것이다.

그림 4-12 | 도서 '평균의 종말'

출처: 21세기북스

## 마. AI 불평등성: AI 포용성 확대를 위한 디지털 리터러시 교육

교육이 사회 경제 문화에 미치는 파급력은 상당하다. 특히, 자본주의 사회에서 교육수준은 경제력과 직결되며 이는 곧 삶의 질을 결정짓는 핵심요소가 된다. 자본주의와 결합된 기술발전의 속도와 방향은 이를 더 가속화시킬 것으로 추정된다. 여기서 발생하는 기술격차와 정보격차로 인해 기회에도 격차가 생길 것이고, 기회에서 소외되면 지식·경제·사회에서의 고립은 불을 보듯 자명하다. 사회 취약계층의 AI로 인한 일자리 위협과 오남용 방지를 위한 'AI 리터러시'의 중요성이 점차 커지고 있다.

그림 4-13 | 기회의 사다리 - 교육의 격차에서 생길 수 있는 기회의 격차

출처: 셔터스톡

AI 리터러시란 AI 기술에 대해 이해하고 활용법을 익히면서도, 그 한계와 부작용에 대해서도 비판적으로 바라볼 수 있도록 하는 능력을 뜻한다.[12] 일반적으로는 AI에 익숙하지 않은 사람들에 대해 교육하는 것을 의미한다.

간단한 일례로, 최근에 한 은행을 방문한 노부부의 대화를 엿듣고 개인정보를 기억해서 강도 짓을 벌였던 기사(2025년 7월 24일 발생한 '수원 새마을 금고 강도사건' 기사 참조)

12 이코리아(https://www.ekoreanews.co.kr)

를 보고 많이 놀라웠다. 개인정보 유출도 논란이지만, 금융권의 직원이 이런 짓을 저질렀다는 사실이 사람들을 더 황당하게 했던 거 같다. 이 사건은 우리사회가 해결해야 할 많은 문제점을 내포하고 있어 보인다. 개인정보 유출의 심각성, 디지털 사용이 어려운 취약계층, 가장 신뢰가 높아야 할 금융권 종사자의 도덕성 문제까지 드러냈다. 이러한 문제들은 디지털 사회에서 반드시 해결해야 할 과제이며, 이를 위해 디지털 기기의 이해와 활용능력은 교육과정에 필히 포함시켜야 한다. AI 포용성을 넓힐 수 있는 디지털 문해력의 확대에 대해 논의해보고 선진국의 사례도 알아보자.

우선, 디지털 관련, 특히 AI 사용에 관한 무분별성과 윤리성 등은 매우 중요하므로 공교육에서 반드시 다뤄져야 한다. AI가 생성한 정보의 진위 판별, 프라이버시, 저작권 등에 대해 교육하고 단순히 디지털 기기사용을 위한 교육이 아닌, 비판적 사고력을 기르는 전반적 소양에 관한 교육이 되어야 한다. 대학생이나 성인들도 생성형 AI에 대한 프롬프트의 중요성을 알고 사용할 수 있도록 생애주기별 재교육이 필요해보인다.

그림 4-14 | AI 리터러시 디지털 일러스트

출처: AI 생성 이미지

다음으로 노년층을 대상으로 하는 디지털 리터러시 교육은 정말 중요하다. 한국도 초고령화 사회로 진입하여 노년층의 인구비중이 매우 높은 나라다. 이런 현실에서 노년층에 대한 디지털 리터러시 교육이 무시된다면 사회가 혼란에 빠질 수 있다. 디지털 역량이 높은 청년과 IT 기업 전문가들이 지자체와 함께 나서 어르신들과의 동행학습을 추진해보면 좋겠다. 청년실업도 해소되고 해당 기업에는 사회선행참여지수를 높여 기업운영에 혜택을 준다면 참여율이 향상될 것이다.

다음은 선진국의 디지털 리터러시 교육사례를 표로 정리한 것이다.

**표 4-1 • 서유럽 4개국**

| 국가 | 정책/프로그램명 | 주요 내용 | 특징 및 의의 |
|---|---|---|---|
| 독일 | DigitalPakt Schule | 학교 디지털 인프라 확충, 교사 디지털 교육 강화(AI 윤리 정보 판별 중심) | 기술보다 비판적 사고, 디지털 주권 강조 |
| 프랑스 | Éducation au Numérique | 초등~고등 필수 디지털 교육, SNS 비판적 사용, 사이버윤리 포함 | 공교육 강화, 사회적 약자 보호 중심 |
| 네덜란드 | Mediawijsheid (미디어 현명함) | 기술 사용 + 윤리 교육 병행, 정보과잉 속 자기 통제력 - 시민 감수성 강조 | 창의성과 디지털 시민성을 함께 키움 |
| 영국 | Essential Digital Skills Framework | 국민대상 실생활 중심, 디지털 기술 교육 - 기업, 지자체 협력 체계 운영 | 포용+실용 중심, 고령층, 취약계층 지원 확대 |

**표 4-2 • 가장 주목받는 선진 4개국**

| 국가 | 정책/프로그램명 | 주요 내용 | 특징 및 의의 |
|---|---|---|---|
| 핀란드 | Elements of AI | 전 국민 대상의 AI 기초 무료 온라인 교육 | 누구나 참여 가능(노년층, 취약계층 포함) - 현재 유럽 여러 나라로 확산 중 |
| 스웨덴 | Digital First | 공공 서비스 디지털 접근성 확대 + 시민 교육 | 고령층 대상 스마트기기 교육 - 공공기관과 도서관에서 무료 제공 |
| 캐나다 | Digital Literacy Exchange Program | 디지털 소외 지역 및 계층 대상 교육 지원 | 비영리단체와 협력 - 여성, 이민자, 노년층 중심 맞춤 커리큘럼 |

| 싱가포르 | Seniors Go Digital | 고령층 대상 스마트폰·AI 사용 교육 | 공공 와이파이, 앱 사용법, 챗봇 활용 등 실생활 중심 - AI 윤리도 포함된 현대적 커리큘럼 |
|---|---|---|---|

최근 우리나라도 AI 시대 디지털 주권에서 밀리지 않기 위한 전략으로 소버린(Sovereign) AI를 선언하고 국가 차원의 연구에 공을 들이고 있다. 단지 기술의 수준을 끌어올리는데 그치지 않고 디지털문화가 우리 시민사회에 공정하게 안착할 수 있었으면 좋겠다. 디지털 격차가 더이상 사회적 불평등을 양산해서는 안 된다. 선진국의 좋은 사례들을 우리도 잘 활용하여 우리 사회의 실정에 맞는 교육 커리큘럼을 도입해야 한다.

## 2 생성형 AI와 저작권, 개인정보 보호

예술이나 문학작품의 창작의 과정은 작가의 영혼과 숨결이 긴 시간 응축된 결정체로서 그 가치는 때로는 시간을 거스르기도 한다. 인공지능 붐이 일기전까지는 감히 대체불가한 직업의 영역이었다. 그러나 생성형 AI의 눈부신 발전은 성역 같던 예술과 문학작품의 세계에도 깃발을 꽂고 말았다. 텍스트는 물론 이미지, 음악 등도 방대한 양을 학습하여 이러한 창작의 세계에서 AI가 당당히 활동하고 있다. 말도 많고 탈도 많은 저작권의 문제가 발생하는 지점이다. 생명체가 아닌 기계가 만든 작품들에 대한 저작권에 관한 판단문제가 이처럼 첨예한 대립을 낳다니 참으로 우리가 만든 세상은 다채롭다는 생각이 든다. AI가 그린 그림이 미술대회에서 입상하거나 AI가 쓴 소설이 출판되었을 때 원작자 입장에선 자신의 작품을 도용 당한 것이라 주장할 수 있다. 그러나 AI는 학습한 데이터(인간의 창작물)를 기준으로 작성한 것이니 시시비비를 가리기가 참으로 난처한 일이 아닌가? 창작과 표절의 기준이 모호해지는 현실이다.

## 가. 저작권의 경계가 무너질 때

그림 4-15 | 진주 귀걸이를 한 소녀

출처: 인공지능(제미나이)이 그린 모작(위),
베르메르의 원작(아래, 위키디피아 마우리츠하위스미술관)

저작권은 인간이 만들어낸 지적노동에 대한 창작물을 보호하기 위한 안전장치다. 이러한 인간의 지적행위와 창작활동을 보호하고 보상하기 위한 법제도마저 AI의 공세 앞에서 무기력하게 퇴색되어가고 있다. 분명 AI는 21세기 최고 발명품이자 동시에 인간을 위협하는 슈퍼 파워임에는 틀림없어 보인다.

2021년 독일에서 음악학자와 전문가, AI 기술팀들이 모여 미완성 교향곡인 베토벤 10번 교향곡을 AI로 복원하여 실제로 독일 본(Bonn)에서 오케스트라로 초연되는 기염을 토했다.

그림 4-16 | 베토벤 초상

출처: AI 생성 이미지

그림 4-17 | 베토벤이 남긴 교향곡 10번 스케치

출처: 베토벤 박물관 더컨버세이션 소장

그림 4-18 | 베토벤 교향곡 10번 연주 모습[13]

출처: 도이체텔레콤

이 프로젝트는 AI의 창작물의 진짜 주인은 누구일까? 라는 윤리적 철학적 질문을 우리에게 던지는 사건이라 할 수 있다. 바로 저작권의 문제다. 사실, 베토벤이 직접 작곡한 곡과 인공지능이 완성한 부분을 들려주었지만, 전문가들 조차도 구분이 어려울 만큼 교향곡 10번은 베토벤을 닮아 있었나 보다. 이 프로젝트는 베토벤을 사랑하고 그리워하는 음악계에서 시작한 이벤트 중 하나다. 음악천재의 이른 죽음으로 베토벤이 살아생전 완성하지 못한 음악세계를 구현해 보고자 하는 후손들의 깜찍한 발상은 정말 높이 사고 싶다. 여기서 나는 주목하고 싶은 점이 하나 있다. 베토벤 10번 교향곡은 음악 관련 최고의 전문가들이 AI와 협업하여 만들어진 창작물이다. 그렇다면 베토벤의 천재적 감수성을 완벽히 담아냈을까? 그가 느꼈을 감정, 그 시대만이 가진 정

13 인공지능이 작곡한 '교향곡 10번'을 초연하는 본(Born) 베토벤 오케스트라 디르크카프탄의 지휘 아래 18가지의 악기와 57명의 연주자가 무대에 올랐다(도이체 텔레콤 제공의 일부, 베토벤박물관 더 컨버세이션).

서와 음악적 완성을 이루고자 하는 의지까지 온전히 모방할 수는 없다. 왜? 그들 모두는 베토벤이 아니니까!

여러분도 베토벤의 원곡과 10번 교향곡을 비교해서 감상해보면 느껴질 것이다. 인간과 AI가 가진 미세한 차이가 역설적으로 인간의 차별화된 생존전략이 될 수 있다. 어쩌면 AI 시대, 우리가 잘 살아갈 수 있는 방법론 중에 가장 큰 부분이 아닐까 싶다. 남과 다른 섬세한 차별성·기술 속에서도 인간의 예술을 지켜야 하는 미래의 디테일이다. 음악가에게 청력은 독보적인 감각이다. 그런데 베토벤은 이런 능력을 상실한 체로 가장 아름다운 교향곡 9번(유네스코세계기록유산으로 지정)을 인류에게 남겨준 인간 승리의 표본이라 할 수 있다.[14] 이 글을 읽는 독자 여러분이 베토벤의 곡을 비교 청음하고, 변화무쌍한 그의 음악 세계가 우리에게 보내는 메시지를 느낄 수 있었으면 한다. 더 나아가 이런 창작물의 소유권은 누구에게 귀속되어야 할까? 이다. 베토벤의 아름다운 유산(10번 스케치 일부 등), 전문가들의 협조, 그리고 AI의 연산이 함께 만든 결과물이므로 그 경계는 더욱 모호하다고 할 수 있다. 다음으로 2025년 가장 뜨거웠던 일본인 사용자의 **지브리 스타일 사진** 논란은 대국민 지브리 열풍을 일으키며 오픈 AI사의 메인 CPU가 폭발 직전이었다는 우스갯소리도 있었다. 지브리는 핸드 드로잉의 장인정신의 철학을 담고 있다. 지브리의 미야자키 하야오 감독은 AI가 만든 이미지에는 생명이 없다고 강한 비판을 했다. 그의 말에는 베토벤 10번 교향곡에 담긴 의미와도 통하는 점이 있어 보인다.

14 베토벤이 완성시킨 인류 최고의 음악 중 하나이자 현재까지 작곡된 전 세계 모든 교향곡을 통틀어 가장 뛰어난 작품 중 하나로 인정받는 곡이다. 그의 자필 악보는 2001년 유네스코 세계기록유산에 등재되었다(위키디피아).

그림 4-19 | 미야쟈키 하야오 감독

출처: 나무위키(좌) , AI 생성 이미지(우)

AI가 지브리 애니메이션의 철학을 학습하여, 사용자가 원하는 지브리 풍의 몽환적이고 감성적인 사진으로 변환시킨 이미지가 과연 저작권에 관한 논쟁의 소지일까? "'지브리 스타일로 바꿔줘.'의 스타일까지도 저작권의 경계일까?"라는 논란의 시대가 된 것이다. 위의 사건은 분명 AI가 예술창작의 정체성을 어떻게 흔드는지에 대한 중요한 사례가 되었다. 예술은 우리사회에서 없어서는 안 될 삶의 힐링 포인트다. 인간은 빵만으로는 살 수 없는 존재다. 그래서 탄생한 세계가 예술 분야인지도 모른다. 예술가나 작가들은 그들만의 철학과 언어로 시대상을 담아 세상에 메시지와 감동과 교훈을 전하기도 한다. 그래서 AI 시대, 이런 창작자들의 세계를 보호해야 하는 안전장치는 더 강화되어야 한다. 만약, 이러한 창작물들이 보호받지 못한다면 창작자가 얻을 수 있는 경제적·명예적 보상이 줄어들 수 있다. 인간 창작자의 동기상실로 이어져 어쩌면 문화예술의 암흑기에 접어들지도 모른다. AI에게 창작을 전적으로 위임하고 인간이 만든 순수 창작데이터가 생산되지 않는다면, 인류문명은 더 이상의 발전을 거듭하지 못하고 소멸될 수 있다. 이러한 현상은 AI의 태생적 한계에서 비롯된다. 새로운 창작데이터의 유입 없이 기존 데이터로만 학습을 하게 되면 AI의 산출물은 점점 고인물이 되어가기 때문이다. 또한, 소수기업들이 AI 모델을 독점하여 창작물의 생산과 유통을 장악하게 된다면 전 세계 문화 콘텐츠를 쥐락펴락할 수도 있을 것이다. 부의 편중으로 부익부 빈익빈의 현상이 훨씬 심해질 것이며, 시장의 경제적 논리에 의해 문화적 보존가치가 우수한 소수문화와 언어들이 사라질 가능성이 높아 인류의 문화 다양성은 심각한 위협을 받을 것이다. 우리가 보았던 미래 SF 영화 속에서 제국의 등장과 제왕의 존재는 이를 암시하는 복선일지도 모른다.

그림 4-20 | 영화 '블레이드 러너 2049' - 월리스의 공간은 권력과 은밀한 기술독점을 상징

출처: 워너 브라더스 코리아

그림 4-21 | 영화 공각기동대: 고스트 인 더 쉘 2017

출처: 파라마운트 픽쳐스

AI 학습의 기본은 인간의 모방이다. 그러니 AI 학습데이터 **투명성 시스템**의 개발 및 안정화가 더 중요한 과제로 떠오르고 있다. 사용자와 개발자가 확인할 수 있어야 한다. 작가나 아티스트들은 자신의 창작물에 대해 **AI 학습에서 제외요청**을 할 수 있는 길도 마련해야 한다. 또한 AI가 생성한 콘텐츠엔 출처를 표시하고 사용자에게 선택권을 줘야 한다.

마지막으로 사용자와 개발자의 저작권에 대한 AI 윤리 리터러시 강화교육이 반드시 필요하다. AI라는 도구를 어떻게 잘 써야 하는지를 또 고민하게 만드는 대목이다. 저작권은 단지 예술 세계만의 것은 아니다. 우리 일상 속 교육 컨텐츠, 패션디자인, 광고 문구 등 많은 부분이 여기에 해당된다. 표현된 모든 것들은 법적 보호를 받아야 한다고 생각한다.

## 나. 개인정보는 안전한가?

생성형 AI나 대부분의 인공지능은 인간의 언어를 학습하면서 인간의 이름, 얼굴, 감정 등도 함께 습득한다. 다시 말해, 방대한 데이터 속에는 의도치 않은 정보들도 함께 학습된다는 뜻이다. 그래서 사용자 질문에 특정 인물의 주소,생일, 과거 경력 등이 함께 표시되기도 한다. 또한, 유명인의 얼굴이나 사진을 학습해 비슷한 얼굴을 만들어 내기도 한다. 이는 프라이버시 침해로 이어질 수 있다. 의료데이터를 분석하는 AI가 환자 이름을 가리지 않고 병력과 실명이 함께 처리된 경우도 있었다. AI는 많은 정보들을 학습하여 조합해서 가짜지만 새로운 정보를 만들어 내기도 한다. 다음 [표 4-3]은 생성형 AI(Generative AI)를 통한 **개인정보 유출 및 프라이버시 침해 사례**들을 정리한 내용이다.

**표 4-3 • 주요 AI 모델 보안 및 개인정보 유출 사례**

| 사례 | 핵심 문제 | 영향 | 출처 |
|---|---|---|---|
| OpenAI ChatGPT 공유 기능 | 공개 의도 없던 사적 대화가 구글 검색으로 노출 | 사생활 보호 위협, 사용자 신뢰 저하 | Prompt Security, Tom's Guide |
| AgentFlayer 공격 (ChatGPT 연결시스템) | AI 시스템이 외부에 민감정보를 유출 | 보안 취약성, Prompt Injection 위험 고도화 | WIRED |
| Meta AI 리뷰 과정 | 외부 리뷰어가 사용자의 개인정보 포함된 대화 접근 | 프라이버시 침해, AI 신뢰성 의문 | Business Insider |

현대인의 삶속에서 개인정보는 극도로 민감하고 중요한 사안이다. 우리는 하루도 빠짐없이 디지털 세상을 탐색하며 나의 흔적을 남긴다. 서치와 쇼핑, 위치, 취향, 감정까지. 심지어 LLM과의 대화에서 필수적인 프롬프트에도 개인정보가 녹아들고 있다는 사실은 우리에게 매우 위협적이다.[15] 이 모든 디지털 터치가 쌓여 현실적 자아와 함께 디지털세상의 또 다른 나가 만들어진다. 그런데 누군가가 나의 이러한 정보를 갖게 된다면 스스로의 통제력을 상실할 수 있고, AI에 영구적 기록된다면 어떤 일이 벌어질까? 사람은 누구나 지워버리고 싶은 흔적들이 있다. 나의 흑역사가 어딘가에 기록으로 남아 감시되고 오용되어진다면 생각만으로도 끔찍하지 않은가?

15 최근 매우 큰 충격을 주었던 중국의 DeepSeek 사태는 사용자의 대화 기록 등 민감한 개인정보가 유출되어 전세계적으로 논란이 되었다.

그림 4-22 | 중국에서 딥시크 AI 회원가입 시 개인정보 유출 위험을 개념적으로 표현한 이미지

출처: 셔터스톡

개인정보 보호는 범죄방지 기술의 차원을 넘어 인간존엄의 문제이기도 하다. 디지털 이전의 시대에 생긴 비밀은 시간이 지나면 잊히기도 했다(물론 기록으로 남겨 지기도 했지만). 그러나 지금은 디지털에 한 번 새겨진 정보는 좀처럼 사라지지 않는다. 그것이 복사에 복사를 거듭하며 퍼지고 AI는 그렇게 또 의도치 않은 학습을 하게 되는 것이다.

개인정보는 이제 숫자나 주소라는 단순함이 아니다. 개개인의 정체성이 고스란히 녹아 있는 고유한 개인의 내외적 컬렉션이다. 무분별한 AI 시스템의 수집으로부터 개인정보가 보호받지 못한다면, 통제력을 상실한 AI 시스템은 마치 우리를 벗어난 사자처럼 사람들을 잡아먹을 것이다. 이에 우리의 꼼꼼하고 세심한 준비는 당연한 처사다. 먼저, 시스템적 보안이 중요하다. AI 학습에 앞서 개인정보 필터링 알고리즘을 강력히 강화해야 한다. 둘째, 정보의 잊혀질 권리를 보장해야 한다. 사용자 요청으로 개인정보 삭제가 가능한 시스템을 만들어야 한다. 셋째, 개인정보유출에 대한 법적처벌 강화법이 더 강력히 작동해야 한다. 우리나라 기업들의 개인정보유출에 대한 처벌은 아직도 솜방망이 수준에 머물러 있다. 위의 최근 사례들은 **기술이 우리 삶과 프라이버시에 직접 영향을 끼치는 살아 있는 시스템**임을 상기시킨다. 따라서 **AI의 투명성과 안전성을 확보하는 것은 단지 기술 문제가 아니라, 사회적 신뢰의 기반**인 셈이다."

## 다. 인간의 권리를 어디까지 지킬 수 있을까?

기계문명의 발전은 인간을 힘든 노동으로부터 많은 부분 해방시켰다. 기계 문명의 혁신적인 발전으로 탄생한 인공지능은 인간만이 가능했던 영역인, 자연어로 말하고 생각하고 감정까지 흉내 내고 있다. 그뿐인가? 인간의 가장 고도의 지적행위인 창작까지 완벽에 가까운 작품을 쏟아내고 있지 않은가? 이렇게 기계가 인간에게 육체노동으로부터 많은 편안함을 선사하고 이제는 사람이 기계를 비서처럼 부리기 시작했다. 그러면서 자연지능을 가진 인간과 인공지능이 대결구도를 보이며 권리보호라는 문제에 봉착하게 된 것이다.

- 창작자들의 권리가 위협받는 현실(AI가 내가 만든 문장이나 표현을 따라하고, 내 스타일로 그림이나 이미지를 형상화했는데 나에게 권리가 있을까? 없을까?)
- 개인정보 보호의 위협으로 프라이버시 침해 논란
- 안전하고 지속적인 고용(일에 대한 정당한 보상 등)

우리 삶 전반에 깊숙이 자리잡은 인공지능으로부터 우리는 어떻게 권리를 지켜낼 수 있을까? 먼저, 인간에 대한 최소한의 권리보호를 위해 창작자가 사람인지, AI인지를 명확히 밝히는 기준점을 만들어야 한다.

그림 4-23 | 유네스코 AI 포럼

출처: 유네스코 홈페이지

다음은 유네스코의 AI 인권보호에 대한 주요 활동을 표로 정리한 것이다.

**표 4-4 • 유네스코의 주요 AI 인권보호 활동**

| 활동 분야 | 유네스코 주요 역할 | 세부 내용 |
|---|---|---|
| Recommendation on the Ethics of AI (2021 AI 윤리 제정) | 전 세계 최초의 국제 AI 윤리 가이드라인 제공 | - 인간 존엄성을 핵심가치로 규정 -<br>• 원칙: 해를 끼치지 말 것, 투명성, 설명가능성, 인간의 감독유지, 공정성, 비차별<br>• 모든 회원국이 자국의 법 정책에 반영하도록 권고 |
| Global AI Ethics & Governance Observatory | AI 윤리 및 거버넌스 관련 글로벌 지식 허브 운영 | • 정책 입안자 · 기업 · 학계 · 시민사회가 윤리사례의 정책을 참고하도록 지원<br>• 국가별 규제현황, 법제, 사례, 데이터베이스 제공<br>• AI 윤리 국제표준화 논의의 중추역할 |
| AI 윤리 준비도 평가 (Readiness Assessment Methodology, RAM) | 국가별 윤리적 AI 역량 진단 및 개선 | • 기술 · 인프라 · 인적자원 · 법제도 등 다각도로 국가 AI 준비 수준 평가<br>• 평가 결과를 토대로 정책 제안 및 역량 강화 훈련 제공<br>• 저개발국 · 신흥국의 AI 불평등 해소를 목표 |
| 여성 대표성 강화 (Women4EthicalAI) | AI 거버넌스, 여성 참여 확대 | • AI 설계 · 운영 과정에서 여성의 참여율 향상<br>• 젠더 편향 제거를 위한 가이드라인 제공<br>• 전 세계 여성 전문가 네트워크 운영 |
| AI 인권 · 윤리 교육 | 청소년 및 시민 대상 AI 인권 감수성 교육 | UNITAR와 공동으로 'AI와 인권' 온라인 교육 프로그램 운영<br>• 미래 세대의 기술 윤리 · 인권 의식 강화<br>• 교육 자료를 여러 언어로 번역 · 배포 |
| 소수자 권리 보호 (Indigenous AI 프로젝트) | AI로 토착지식, 언어보존 | 인공지능을 활용해 소수민족 언어와 전통 문화 기록 · 복원 |

유네스코 공식 홈페이지와 유네스코 웹사이트 내 옵저버토리에서 확인 가능

다음은 **한국의 AI 윤리 기준** 3대 기본 원칙과 10대 핵심 요건이다(2020 과학기술정보통신부).

- 3대 원칙
  - 모든 인공 지능은 '인간성을 위한 인공지능' 을 지향하고, 인간에게 유용할 뿐만 아니라 나아가 인간 고유의 성품을 훼손하지 않고 보존하고 함양하도록 개발되고 활용돼야 한다.
  - 인공지능은 인간의 정신과 신체에 해롭지 않도록 개발되고 활용돼야 하며, 개인의 윤택한 삶과 행복에 이바지하며 사회를 긍정적으로 변화하도록 이끄는 방향으로 발전돼야 한다.
  - 인공지능은 사회적 불평등 해소에 기여하고 주어진 목적에 맞게 활용돼야 한다.

- 10대 핵심 요건
  - **인권 보장·프라이버시 보호·다양성 존중·침해금지·공공성·연대성·데이터 관리·책임성·안전성·투명성** 등이다. AI 윤리기준은 일반 법령과 같은 구속력을 갖지 않는다. AI 시대를 살아가는 이들이 자율적으로 준수하는 방향에 목적을 두고 있다.
  - 〈사람이 중심이 되는 인공지능 구현을 위해 모든 사회 구성원이 인공지능 개발 ~ 활용 전 단계에서 함께 지켜야 할 기본적이고 포괄적인 기준 제시〉

그림 4-24 | AI 윤리 기준 핵심 요건

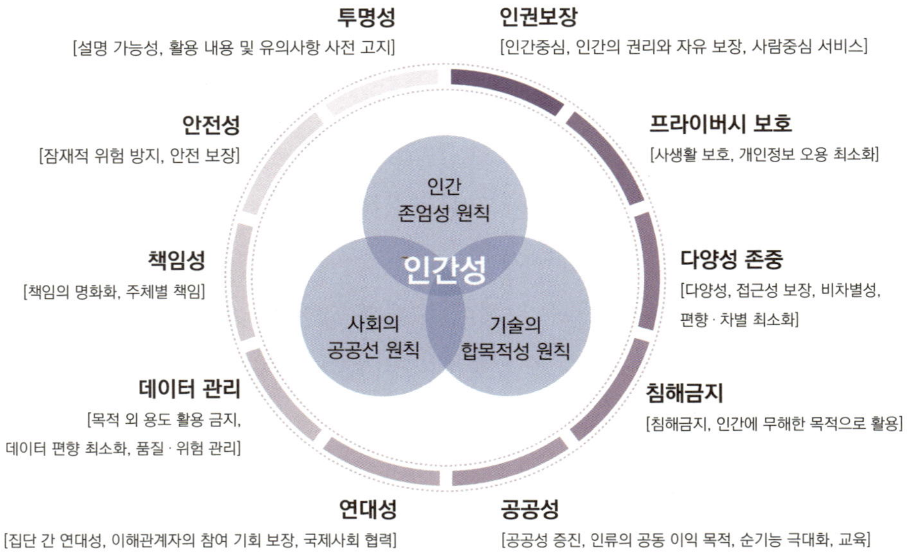


출처: 인공지능 윤리 소통채널

인간과 기계의 구분이 모호해지는 이 시대, 우리는 기계보다 느리고 흐릿한 기억력을 가졌지만 더 소중하고 아름다운 기억과 함께 옳은 선택을 하려고 끊임없는 노력을 하는 존재다. 기계가 지능을 가졌다고 해서 인간이 될 수는 없다. 당연히 인간의 권리가 우선이다. 그러니 우리는 당당하게 인공지능을 도구로 사용하며 기죽지 말고 우리의 권리도 지켜나가면 된다.

## 3 AI 윤리와 사회적 합의는 가능한가?

윤리는 사람으로서 마땅히 지키거나 행해야 할 도리나 규범이다(사전적 의미). AI 윤리는 위험과 부정적인 결과를 줄이면서 인공지능이 가져다주는 유익한 영향을 최적화하는 방법을 연구하는 다학문 분야이다(출처 - IBM). 앞서 우리가 다룬 AI 윤리 문제의 핵심적인 예로 편향성, 투명성, 할루시네이션, 집단지성의 한계, 디지털 리터러시에 대해 알아보았다. 이제 AI가 가진 성질에 대한 탐색으로부터 생긴 의문점들을 어떻게 해결해갈 것인지에 대해 논의해보자.

## 가. AI의 미래: 인간을 돕는 존재일까? 인간을 대체하는 존재일까?

1800년대 초 산업혁명 시대 영국의 노동자들이 기계를 부수고 사업주를 위협하며 자신의 일자리를 지키기 위한 투쟁이 있었다.

그림 4-25 | 러다이트 운동

출처: 위키디피아

200년이 지난 지금 인류는 또다시 그와 비슷한 위기에 서 있는 듯하다. 과거의 기계는 인간의 육체노동을 이용한 단순작업을 대체했다. 그러나 생성형 AI가 등장한 후로는 인간의 본질적 요소인 정신노동을 급속히 대체하고 있다. 이로 인해 직업 영역에서 인간의 설 자리는 점점 줄어들고 있다. 이제 인류는 기술보다 윤리를 먼저 묻지 않으면 안되는 시간에 서 있다. AI가 탄생하게 된 의문을 나는 요즘 깊게 생각해 보았다. 과학자와 AI 기술자들의 지적 호기심이었을까? 창조주가 주신 태초의 평화를 위해 아담과 하와의 그 에덴동산의 유토피아적 삶의 회귀로 인간을 보내기 위함이었을까? 나는 학술적 계보로서의 인공지능 발달 과정은 말하고 싶지 않다. 너무나 똑똑한 생성형 AI들이 알기 쉽고 친절하게 답해 줄 것이다. AI는 인간이 만든 피조물이다. 창조자는 피조물을 자기의 형상을 닮게 하고 싶은 강력한 욕구가 있다고 한다. 그래서인지 인간의 지능을 모방한 인공지능에게 몸까지 주기 위한 끝없는 연구가 진행 중이다. 휴머노이드로봇과의 공존이 얼마 남지 않아 보인다. 나는 **매트릭스**처럼 기계가 인간 위에 군림하며 인간을 조정하는 씁쓸한 영화보다 인간을 돕고 인간의 감정, 특히 사랑을 갈구하며 영생을 할 수 있음에도 불구하고 로봇의 생을 포기한 체 인간이 된 **바이센테니얼 맨** 같은 가슴 따뜻한 영화가 훨씬 좋다.

그림 4-26 | 영화 '매트릭스'

그림 4-27 | 영화 '바이센테니얼맨'

출처: 위키디피아(좌), 콜럼비아 픽쳐스(우)

물론 인공지능의 탄생은 우리 삶을 송두리째 바꿔놓을 강력한 기술임에 틀림없다. 도구는 소유자가 어떻게 잘 사용하는지에 따라 그 효용 값은 상상을 초월할 것이다. 그러니 인공지능의 창조주인 우리는 도구에 불과한 그들을 인간 곁에 두며 편리하게 사용하되 선을 지키는 노력을 해야 한다. 내가 누구인지에 대한 답을 찾기 위해 철학과 종교라는 이상 세계를 만들고 예술이라는 아름다운 장르를 탄생시켰다. 여기에 부합한 산물이 인공지능의 탄생 아니었을까? 나를 닮은 무엇을 만들어 나를 더 잘 이해하기 위한 순수한 열정이 인공지능을 탄생케 한 이유라 믿고 싶다. 혹자는 이러한 나를 순진하다고 비웃더라도 말이다. 분명 인공지능이 안정화되기까지 우리 인간사회의 소용돌이와 잡음은 있을 것이다. 그러나 인간은 수천 년의 역사를 보더라도 정의와 선을 위해 끊임없이 노력하는 존재임은 틀림없다. 과거 영국 산업혁명 시대에는 법제도가 기술발전의 변화를 따라가지 못해 인간에게 피해가 컸었다. 그러한 간극을 메꾸는 데에는 **90여 년의 시간**이 걸렸다고 한다.[16] 또 누군가는 말할 것이다. 결론은 해피 엔딩이라고. 그러나 그사이에 벌어진 사회적 간극 속에 살아야 할 사람들의 삶을 어떻게 보장해야 하는지는 매우 중요한 이슈다. 러다이트 같은 역사적 사건을 반면교사 하여 충분히 예견가능한 사안들을 법제도화해야 한다. 우리 삶에서 인공지능이 가지는 효용도 중요하지만 그것이 인간존엄을 해치는 기술이 된다면 없느니만 못하다.

## 나. 딥페이크와 신뢰의 위기

딥페이크 기술을 이용해 고인이 된 사람들의 영상을 복원해 남은 가족들의 그리움을 해소하는 도구로 쓰는 사례를 본 적이 있다. 젊은 나이에 췌장암에 걸린 30대 남성이 부모님을 위해 디지털트윈을 만들고, 어린 두 딸을 남기고 먼저 간 아내의 영상을 제작해 아이들에게 엄마의 체온을 느끼게 해주려던 젊은 아빠의 모습도 보았었다.[17]

그림 4-28 | 휴먼 디지털트윈

출처: AI 생성 이미지

16 영국 'Factory Acts 법이 1802년에 입법, 1878년 제도 완성, 사회보장·노동안전망 완비 시점까지의 약 80~90년 시간을 말한다. 사회 전체가 기계화 충격을 흡수하고 새로운 고용·복지 시스템이 안정적으로 작동하기까지의 기간이라 할 수 있다.

17 디지털트윈은 실제 사물, 사람, 프로세스를 가상으로 복제해 실시간 데이터를 기반으로 시뮬레이션 및 분석을 수행하는 기술을 말한다.

이건 딥페이크의 긍정적인 모습이지만 기술의 발전은 언제나 그렇듯 악용되는 사례를 남긴다. 유명 연예인의 얼굴에 마라 맛처럼 자극적인 사진을 결합해 돈벌이를 하는가 하면 선거 유세 등 정치에 활용하여 여론을 형성하여 결과를 반전시키기도 한다. 딥페이크는 본래 창의적인 예술이나 치료를 목적으로 만들어진 기술이다. 그러나 돈벌이에 급급한 인간들의 발 빠른 두뇌회전이 음란물이나 협박영상으로 치환하여 악용하는 사례의 대명사로 전락된 느낌이다.

그림 4-29 | 가짜의 공포

출처: 전자정부 누리집(2024 경찰청)

과거에는 사진이나 영상은 완벽한 증거물이었지만 지금은 그렇지 않다. 반드시 사진과 영상이 사실인지의 검증과정을 거쳐야 한다. 이처럼 모조와 위조가 사실만큼 정교 해져 육안으로 만의 구분은 어려워졌다. 보았다고 해서 모두 믿을 수 있는 사회가 아닌 현실이다. 이러한 신뢰의 붕괴는 마치 **'아쿠다가와 류노스케'**의 소설을 원작으로 만든 영화 **라쇼몽**의 진실의 미궁을 기술적으로 보는 것 같다. 한 무사의 주검 앞에서 소설 속 인물들은 자기의 주관과 이기심으로 살인 사건에 대한 본질을 왜곡하며 모두가 다른 진술을 한다. 결국 사건을 목격한 사람들의 진술을 토대로 진짜 범인을 찾는 일은 독자의 몫인 것처럼 정교한 딥페이크를 가려내야 하는 우리의 꼼꼼한 안목이 어느 때보다 절실해 보인다. 만약 우리 사회가 이러한 분별력을 집단적으로 상실하고,

누군가 생성한 가짜뉴스를 언론이 검증 없이 퍼 나른다면, 그래서 가짜를 믿고 진실이 외면된다면 우리가 긴 시간 믿어온 민주주의의 역사나 공정성이 송두리째 무너지지 않겠는가? 일상에서도 유명 연예인, 공인, 개인 등의 사생활을 이와 같이 이용하여 유포하는 경우를 유튜브에서 자주 볼 수 있다. 멀쩡하게 살아있는 연예인들의 사진과 실명에 "충격적 죽음"으로 눈길을 끌어 클릭 수를 높인다. 또한 공적 신뢰가 높은 연예인들이 투자 등으로 돈을 벌었다는 등의 뉴스기사로 개인의 사생활을 왜곡하는 기사도 허다하게 볼 수 있다. 이런 가짜뉴스 생산은 개인의 명예와 삶이 한순간에 물거품이 될 수 있다는 사실을 염두에 두어야 한다.

그림 4-30 | 연예인 가짜뉴스

출처: AI 생성 이미지

사회적 신뢰는 우리 삶에서 너무나 큰 자산이다. 신뢰가 무너진 사회에서의 정의실현은 있을 수 없는 일이다. 신뢰를 지키기 위한 노력들에 대해 고민해보자. 첫째, 언제나 그렇듯 완벽을 기하기 위한 시스템을 만들어야 한다. 기술의 발전은 새벽과 안개 같은 역설이다. 새벽이 아침을 맞이하기 위해서는 눈앞에 가득한 뿌연 안개를 걷어내야만 태양의 찬란함을 맛볼 수 있다. 창과 방패의 싸움은 여전히 계속되겠지만 빈도를 줄이기 위한 노력으로 무결한 시스템의 완성을 기대해 본다. 둘째, 각 플랫폼들은 반드시 딥페이크의 감별을 위한 장치를 만들어야 한다. 플랫폼에게도 책임이 있음을 명시해야 한다. 셋째, 딥페이크 영상유포에 대한 범죄는 강력한 처벌로 응징해야 한다. 범죄를 멈추게 하기 위해서는 수위 높은 처벌이 가장 효과가 크다. 넷째, 법보다 항상 재빠른 범죄들에 대한 법적 가이드라인과 제도를 시대와 기술에 맞게 시급히 재정비해야 한다. 과거 **러다이트** 같은 인간에게 상처가 되는 일들이 벌어지지 않도록 말이다.

## 다. 사회적 합의, 어디까지 가능할까?

AI의 발전으로 우리는 인류 사회의 근간이 바뀌는 문명사적 변곡점을 맞이하고 있다. 이 미지의 기술은 그 자체로 선과 악을 구분하지 않지만, 결국 사람의 손에서 인류의 행복을 증진시키는 도구가 되기도 하고, 딥페이크처럼 사회의 신뢰를 파괴하는 무기가 되기도 한다. 또한, 기술의 혜택에서 소외되는 낙오자가 생겨나는 등 사회적 격차를 심화시킬 위험도 안고 있다.

더 나아가, 제프리 힌튼 교수가 경고했듯이 인공지능이 자연지능을 넘어서는 순간이 온다면, 인간이 기술에 의해 착취당하지 않으리란 보장도 없다. 미지의 세계는 언

그림 4-31 | 사악한 AI(좌)와 착한 AI(우)의 비교

출처: 셔터스톡(좌), AI 생성 이미지(우)

제나 두렵기 마련이지만 그 정체에 대한 정확한 본질을 이해하고 접근한다면, 오히려 즐거운 모험이 될 수도 있다.

이러한 현재의 위험과 미래의 가능성에 대비하기 위해, 지금 우리에게는 선제적인 조치가 필요하다. AI 기술의 방향은 개발자들의 철학과 사상에 큰 영향을 받기 때문에 폭넓은 사회적 합의를 바탕으로 한 촘촘한 '디지털 헌법', 즉 AI 법률과 윤리 원칙을 세우는 것이다. 인공지능의 등장은 기후 위기처럼 특정 국가의 힘만으로는 해결할 수 없는 전 지구적 담론이므로, EU의 AI ACT를 비롯한 각국의 규제 노력을 서로 연대하고 기술의 위험성을 공동으로 관리하기 위한 국제적 협력 또한 반드시 필요하다.

결국 이 모든 노력의 핵심은 단 하나이다. 기술의 끝을 보는 것이 아니라 모두가 기술의 혜택을 누리며 공존하는 방법을 찾는 것. 인공지능이 자연지능을 넘어설 물리적 시간에서 낮은 지능이 높은 지능으로부터 착취당하지 않기 위해 AI 규제의 핵심은 언제나 인간을 위한 AI여야 한다.

다음은 EU와 주요 선진국들의 **AI 규제법** 제정 현황을 표로 정리한 것이다.

**표 4-5 • EU 및 주요 선진국의 AI 규제법**

| 지역/국가 | 법제항목 | 내용 요약 | 비고 |
|---|---|---|---|
| EU | 포괄적 AI 규제 법안 | 위험도 기반 규제 체계(허용, 고위험, 금지 등), 투명성, 책임성 중시, 위반 시 최대매출 7% 벌금 부과 | 세계 최초 종합 AI 법률 |
| 미국(연방차원) | AI 전용 포괄법제 없음 | 각 연방기관별 규제+주 단위 입법 활발(뉴욕 자동의사결정 툴 규제 등) | 연방포괄법은 미비 |
| 미국(행정명령) | Executive Orders | • 트럼프: AI 규제완화 및 글로벌 리더십 강조 | 행정 중심 AI 방향 제시 |

| | | | |
|---|---|---|---|
| 미국(AI Safety Institute) | NIST 기반 AI 안전 기관[18] | AI 안전성 테스트 및 연구거점 역할 수행, 대기업 참여 컨소시엄 운행 | AI 안전성 강화 중심 |
| 노르딕 국가들 | 국가별 전략 및 교육 중심 규제 | • 핀란드: EU 법제 적용 워킹 그룹 운영<br>• 북유럽 전체: 윤리적 AI 전략 및 교육강화 | 교육 중심, 법제는 EU의존 |
| 노르웨이 특이사례 | 국가독자적 입법은 미비 | 자체 법제는 없으나 EU AI ACT를 기반으로 준비 중. AI 샌드박스로 시범 운영 중 | 실험적 입법 접근 |

**EU AI ACT 위험도 기반 접근 참조**

- **금지**(금지위험, Unacceptable Risk): 사회적으로 절대 허용불가한 AI
  - 예) 시민의 감정을 강제로 조작하는 AI, 실시간 공공장소 얼굴인식(대부분 금지)
- **고위험**(HIGH RISK): 인권·안전·중요 인프라에 영향을 주는 AI
  - 규정: 사전 적합성 평가,데이터 품질 요건, 투명성, 인간감독 필수
  - 예) 의료기기 AI, 자율주행차, 취업·대출·심사 시스템
- **제한적위험**(Limited Risk): 사용자의 선택에 영향을 주는 수준
  - 규정: AI임을 사용자에게 고지
  - 예) 챗봇, 추천알고리즘
- **최소위험**(Minimal Risk): 오락, 게임, 단순자동화시스템 등
  - 규정: 특별한 의무 없음

현재로서는 EU의 AI ACT가 가장 포괄적이고 잘 짜여진 법이라고 한다. 다시 한 번 강조하지만 각국의 규제법만으로 해결하기 어려운 여러 나라의 이해관계가 얽혀 있는 글로벌한 국제이슈와 같은 법적 사각지대에 대한 국제적 논의와 연구는 지속되어야 할 것이다.

18 미국국립표준기술연구소는 법적 강제력은 없지만, 미국 연방기관과 민간기업이 AI를 개발 운영할 때 사실상 표준처럼 사용한다.

그림 4-32 | EU AI Act 위험도 기반 피라미드

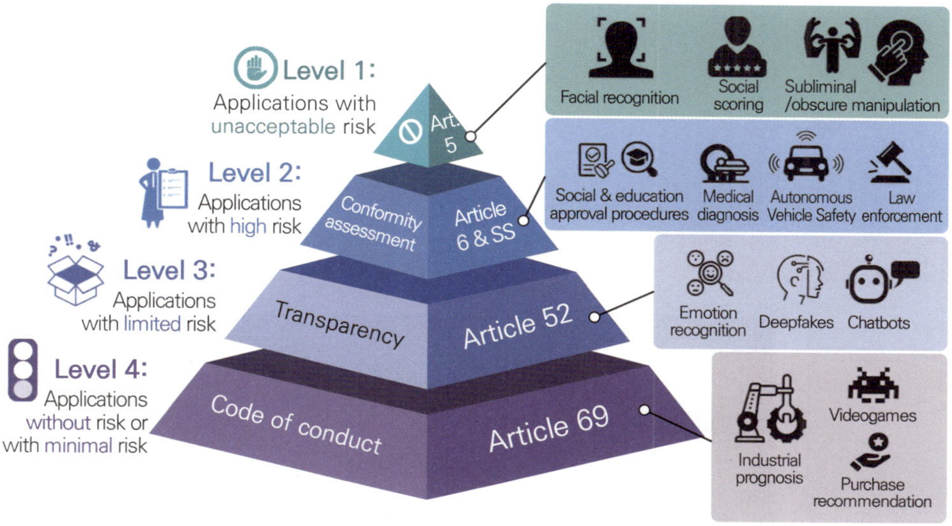


출처: Genspark

## 4 AI 시대, 다시 인문학

기술의 발전으로 더 확장된 세상에서 인간은 어떻게 사고하고 철학해야 할까?

### 가. 기술은 풍요를! 의미는 인간이!

인터넷과 디지털 기술의 발달로 우리는 더없이 풍요로운 물질의 시대를 살아가고 있다. 원하는 물건은 클릭 한두 번으로 다음날 아침 문 앞에 짠 하고 나타나는 총알배송. 전방위적으로 울려대는 SNS의 알람! TV를 켜면 한 채널 건너 쇼호스트들의 현란한 마감 임박 멘트 호들갑에 속아 딱히 필요하지 않은 물건들을 내 의지와 상관없이 구매하게 되는 일들도 허다하다. 반품 또한 너무나 심플하다. 이러한 완벽한 소비시스템 속에서 현대인의 삶은 쇼핑의 늪에 빠져 허우적대는 허수아비와 별반 다를 게 없

어 보인다. 공허함을 달래기 위한 대안인가? 외로움에 대한 응급처치일까? 이는 기술 발전이 가져온 인간성 함몰의 일그러진 한 단면일지도 모른다. 결핍을 모르는 사람들의 자기 중심적인 사고와 행동에서 비롯되는 감정의 부산물 같은 것이다. 쇼핑이 주는 순간적 도파민 충족이 근본적 해답이 아니라는 것을 사람들은 모두 알고 있다. 그럼에도 좀처럼 쇼핑의 유혹을 손쉽게 물리칠 수 없다.

그림 4-33 | 초점 없는 쇼윈도의 마네킹[19]

출처: AI 생성 이미지

여기에 설상가상으로 AI 알고리즘의 유혹은 더 깊고 달콤하다. 나의 모든 관심사를 꿰뚫고 있다. 알고리즘이 이끄는 대로 SNS를 탐색하고 쇼핑하고 생각 마저도 그것에게 지배당하는 느낌이다. 이처럼 경로를 잃은 인간의 자아는 점점 더 자기 중심적인 소비에 몰입하고 삶의 의미조차 잃어버린 듯하다. 인간은 불완전한 자아다. 그래서 늘 외롭고 두렵고 신에게 의지하려 하는지도 모른다. 이런 나약한 존재의 틈을 이용한 자본주의의 이슬비 같은 부드러운 속삭임이랄까? 아니 악마의 유혹이랄까? 소확행이라는 신조어를 탄생시켜가며 소비를 부추긴다. 요즘 유행하는 아이템을 소비하지 않으면 마치 시대에 뒤떨어진 느낌을 갖게 하고, 다른 이의 삶을 엿보며 끊임없이 비교하

19 Gemini가 현대인의 공허함을 쇼윈도의 화려한 마네킹의 초점 없는 눈빛 등으로 묘사해 주었다. 〈화려하지만 생명 없는 마네킹-소비의 화려함과 인간성의 공허를 대비〉

고 좌절하기를 반복하는 비뚤어진 정체성을 형성하기도 한다. 허무를 달래기 위해 물건을 사면 순간의 채워진 만족감은 느끼지만 잠깐의 흥분일 뿐 곧 사라져버리는 감정이다. 인간이 진짜 원하는 건 소유가 아닌 연결·공감·의미인 것을 우리는 항상 잊지 말아야 한다.

## 나. 스티브 잡스, 감성의 미학으로 세상을 바꾸다

그림 4-34 | 리사1 - 그래픽인터페이스 기반 OS

출처: 위키백과

기술이 안겨준 풍요 속에서 느껴지는 빈곤함의 역설은 왜일까? 물질문명이 안겨준 모자람 없는 생활이지만 오히려 우리 내면은 점점 더 건조하며 가난해지고 있다. 나는 여기서 인간에 대한 진정 어린 접근으로 기술을 해석하려 죽을 힘을 다한 스티브 잡스의 고문에 가까운 연구와 그가 추구했던 인문학의 중요성에 대해 언급해보려 한다. 물론 스티브 잡스의 일대기와 그가 사랑했던 인문학에 대해 모르는 이는 없을 것이다. 인공지능 세계를 일상에 구현할 수 있게끔 아이폰이라는 손안의 컴퓨터로 세계를 놀라게 한 혁신을 보여주고 떠난 장본인이기에 그를 또 소환함을 이해해주길 바란다. 어쩌면 잡스의 진정한 혁신은 물질세계에 구현한 아이폰이라기보다 인간을 위한 기술의 의미를 찾고자 자기의 생명까지 도박으로 걸었던 점이 아닐까?

잡스의 불우했던 어린시절은 이미 널리 알려진 사실이다. 사생아로 태어나 부모에게 버림받고 입양되어져 대학을 중퇴하고 애플에서 쫓겨나기까지 수없이 반복된 좌절과 시련의 시간이 그에게도 있었다. 그러나 그는 누구를 탓하기보다 끊임없이 자신이 누구인지를 고뇌하며 자신의 정체성을 찾기 위한 노력으로 삶의 시간들을 채워 나갔다. 태어나서 버려졌지만 좋은 부모에게 입양되어진 것에 대한 감사함은 물론 자신이 선택할 수 없었던 부분을 과감히 분리시켜 인간존재의 심연과 삶의 의미를 찾으려고 명상과 사색을 멈추지 않았다. 인간 본질에 대한 접근은 그에게 기술의 존재는 끊임없는 "왜?"라는 반복이었다. 제품을 개발할 때면 그는 그것이 정말? 왜? 필요한지 수없이 되묻곤 했다. 감성의 촉수를 켜고 인간 중심이 가장 아름답고 완벽함이라는 철학을 애플의 기기에 담으려 부단히 노력한 것이다. 그래서 애플의 제품은 군더더기 하나 없이 수려한 모습으로 탄생할 수 있었다. 불필요한 요소를 덜어낸 미니멀한 디자인은 사람들에게 단순한 기기를 넘어 신념에 가까운 감동을 안겨주었다. 이토록 간절한 스티브 잡스의 염원으로 한 입 베어 문 사과와 아이폰은, 우리에게 선물처럼 온 것이다. 기술이 인간과 상호작용할 수 있어야 한다는 스티브 잡스의 신념을 엿볼 수 있다.

"Design is not just what it looks like and feels like,
Design is how it works."

잡스는 천재라서 인문학을 통찰한 게 아니라 결핍에서 비롯된 절실함으로 인문학을 붙잡은 사람이다. 그러므로 그의 생명과 맞바꾼 혁신의 아이콘을 우리는 허무와 외로움을 달래기 위한 수단으로 쇼핑 같은 소비를 위해 인생을 낭비해서는 안 된다.

우리의 삶은 정답이 없다. 태어남과 동시에 살아야 할 의미가 생기는 것이다. 그런 개개인의 고귀한 삶을 그저 그렇게 대충 사는 것은 계약 위반이다.

그림 4-35 | 손안의 혁명, 세상을 바꾸다

출처: 위키백과

## 다. 다이슨, 생활 기술에서 AI로

다이슨, 진공청소기와 헤어 드라이기만 만드는 회사?

차세대 로봇과 AI 인공지능에 천문학적 투자로 일상의 질서를 바꾸고 있는 인공지능 기업!

10년 전쯤 다이슨 무선 청소기를 처음 구매(직구)하고 수려한 디자인과 무선이라는 편리성에 놀라 애지중지 아꼈던 다이슨 제품과의 첫만남이 기억난다. 날개 없이 돌아가는 선풍기의 당당함에 반해 살까 말까를 고민하기도 했었다. 결국 너무 고가인데 그닥 바람이 날개처럼 시원하진 않아서 포기했었다. 그 후로 다시 만난 다이슨 에어랩은 정말 상상 그 이상의 실력을 발휘했다. 여성들의 로망인 탱글한 웨이브의 정수를 보여주며 드라이까지 원테이크로 끝낼 수 있는 혁신의 미용도구! 애플의 아이폰 같은, 헤어 드라이기의 명품 다이슨 에어랩은 전세계적으로 선풍적인 인기를 끌며 지금도 매일매일 성능과 디자인이 계속 진화하고 있다.

그림 4-36 | 다이슨 경(좌)과 가사로봇(우), 맘즈버리에 있는 다이슨 연구소(하)

출처: 다이슨 홈페이지

애플의 제품과 다이슨의 제품에는 독보적인 미학이 살아 있다. 기술적인 핵심성능이 뛰어난 제품들을 요즘은 쉽게 만날 수 있다. 그러나 소프트웨어의 강점을 하드웨어의 아름다움으로 살려 담아 내기란 쉬운 일은 아니다. 기술이라는 딱딱함의 편견을 수려한 디자인으로 뽑아내 사람의 마음을 움직이게 하는 힘이 그들의 제품에 녹아 있다. 그래서 고가임에도 불구하고 사람들은 열광하는 것이다. 특히 다이슨의 다양한 컬러의 에어랩은 누구라도 소장하고 싶어하는 욕구를 자극시킨다. 이런 감성의 터치가 감동으로 이어져 사람들은 가치에 투자하게 된다는 것을 다이슨은 어떻게 체감했을까? 다이슨의 제품들은 어떻게 사람들, 특히 여성들의 마음을 훔쳤을까?

그의 발명은 책상 위에서 나온 것이 아니다. 사용자의 불편을 직접 경험하고 해결하려는 과정에서 탄생했다. 청소기의 성능저하는 먼지봉투, 헤어 드라이기의 손목부담,

날개 있는 선풍기의 위험성처럼 일상에서 마주친 불편들을 그냥 지나치지 않고 기술과 디자인에 접목시켰던 것이다. 실생활 경험에서 우러난 질문에 인간중심 철학을 접목시켜 기술과 제품에 녹여낸 다이슨 제품에는 기존의 것과는 다른 혁신이 들어 있다.

스티브 잡스가 캘리그래피를 배워 가까운 미래에 다가온 자신의 삶에 연결했던 각각의 점(인생의 한 포인트)들을 컴퓨터안의 서체로 승화시켰던 사실을 알고 있을 것이다. 다이슨 역시 청년기에 영국 왕립예술대학에서 수학했던 예술감각을 그의 제품에 자연스레 담아낸 점 또한 닮아 있다. 그들은 첨단기술에 예술과 인문학을 융합했다. AI 시대를 살고 있는 우리에게 융합에서 오는 창의성이 중요함을 시사해 주고 있다. 그 융합의 과정에서 드러난 것이 아직 AI에게서 기대하기 어려운 디테일의 노하우다. 다이슨은 성능을 높이는 과정에서 남들은 "이만하면 된 거야."로 만족하지 않고, 미세한 차이까지 끝없이 조율하면서도 "기술은 왜 투박해도 괜찮은 거지?"라는 질문을 멈추지 않았다. 다이슨의 이런 집착과도 같은 집념은 그의 자서전에 기록된 어린 시절 마라톤에 대한 이야기에서 엿볼 수 있다.

그는 노퍽의 자연환경이 주는 개방감 속에서 마라톤 훈련을 했었다. 남들이 똑같은 운동장 트랙만을 반복할 때, 다이슨은 허벅지 근육을 단련시키기 위한 노력으로 노퍽의 모래 언덕을 매일 혼자서 뛰었다. 그것은 운동 중 발생할 수도 있는 돌발 상황에 대처할 수 있는 능력을 기를 수 있을 뿐 아니라, 모래 위에서 뛰었으니 운동장 트랙쯤이야 식은 죽 먹기 아니었을까?

그림 4-37 | 로버트 팔라디노 교수의 캘리그래피 수업 모습

출처: https://share.google/images/lLeIwPsb6PD9UIw7U

그림 4-38 | 그레셤스에서 열린 크로스컨츄리대회에서 우승한 다이슨

출처: 제임스 다이슨 자서전

나는 지금 애플과 다이슨의 제품들을 찬양하기 위해 빌드업을 한 게 아니다. 다이슨 역시 녹록치 않은 환경에서 자라며 인생에서 마주쳤던 어려움들을 극복하기 위해 많은 노력을 했던 사람이다. 진공청소기를 만들기 위해 무려 5,127번의 실패 후에야 성공을 마주할 수 있었던 사실을 아는가? 대부분의 사람들은 한두 번의 시행착오만 생겨도 포기하고 낙담하기 마련이다. 여러분에게 이토록 기나긴 실패를 견디라는 뜻은 더더욱 아니다. 다이슨이 삶을 바라보는 태도이다. 인간의 삶은 자판기처럼, 패스트푸드처럼 순식간에 이루어질 수 없다. 매순간 최선을 다하는 자세로 내가 관심있고 좋아하는 분야에 대한 진심 어린 탐구와 애정이 필요하다. 이런 집중의 시간은 세상에 대한 공감력을 갖게 하는 힘으로써 다이슨처럼 생활 가전의 남다른 업그레이드는 물론 세상의 변화도 빠르게 체감할 수 있는 힘을 갖게 해준다. 이러한 자세는 비단 발명가에게만 필요한 것은 아니다.

위대한 교향곡 '신세계로부터'를 작곡한 안토닌 드보르작의 삶에서도 비슷한 태도를 엿볼 수 있다. 그는 '철도광'으로 불릴 만큼 증기 기관차에 대한 열정이 대단 했었다고 한다. 기관차의 역동적인 움직임과 기차가 내는 굉음을 일상처럼 관찰하고 기록했던 그의 일화는 유명하다. 당시 최고의 신문물이었던 기차가 가진 에너지와 소리를 남다른 애정으로 관찰한 바 음악적 영감을 얻어 인류의 소중한 클래식의 향기로 남겨 준 것이다. "그들은 우리와는 다른 종족의 사람들이야."라는 푸념은 루저들이나 하는 말이다. 드보르작의 부모는 푸줏간에서 고기를 팔아 생계를 유지했다. 하지만 그런 가정환경(푸줏간)마저 그의 음악을 향한 열정을 꺾지 못했다. 아니, 어쩌면 그런 환경이 그의 독특하고 역동적인 음악세계에 깊은 영향을 주지 않았을까 하는 낭만적인 추측을 해보게 된다. 드보르작의 명곡 신세계로부터는 단 한 번의 결과물로 탄생한 게 아니다. 수백 번의 악상을 다듬는 과정을 거쳐 우리의 귀에 캔디로 남게 된 것이다.

이들의 삶에서 우리가 반드시 눈여겨보아야 할 시사점이 있다. 기술이 발전할수록 더욱 중요해지는 것이 바로 세상을 향한 호기심과 끈질긴 애정이라는 것을! 이제 우리에겐 어쩌면 AI 프리존은 없을지도 모른다. 산업혁명 이후 세상의 변화는 천지개벽이었을 것이다. 지금 AI가 가져오고 있는 변화의 물결은 인류 이래 가장 큰 빅뱅일지도 모른다. 우리가 생각하는 기계 AI와 불협화음 없이 인간의 존엄을 지키기 위한 삶의 자세에 대해 다이슨은 말한다. "AI는 반복 작업을 대체할 뿐 창의성을 지닐 수는 없다. 자동화 시대일수록 인간의 독립적 사고와 독창성이 더욱 중요해질 것"이라고! 해법에 대한 독창성, 문제 해결역량, 기술에 대한 탐구심을 강조했다. 이런 열린 사고와 실패 경험으로 다이슨은 새로운 도전을 멈추지 않고 있다. 아래 사진은 필라델피아의 국제 로봇 및 자동화회의에서 로봇프로토 타입을 살짝 선보인 장면이다.[20]

그림 4-39 | 청소봇(좌), 설거지 봇(우) - 가사 노동하는 다이슨의 AI 로봇

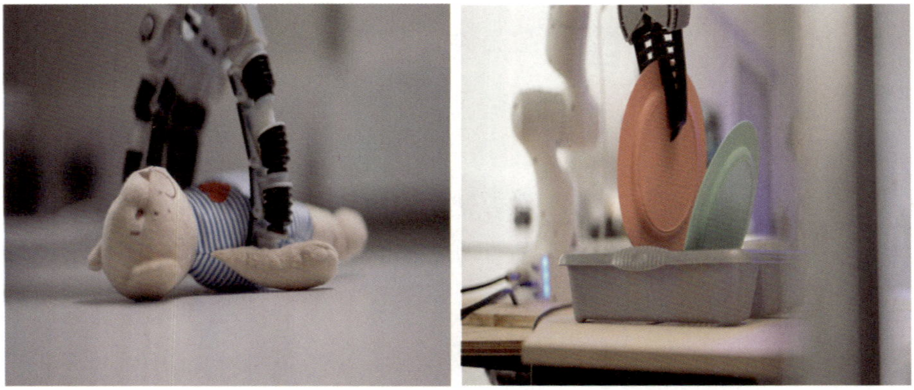

출처: 다이슨 홈페이지

다이슨의 5여 년(5,127번)의 실패는 좌절의 기록이 아닌 인간의 끈기와 성찰의 기록이다. 이를 바탕으로 다이슨은 AI와 협업하여 수천번의 물리적 실패를 가상 시뮬레이션으로 대체하며 개발 시간을 단축하고 있다. AI는 이제 더이상 단순한 도구가 아니라, 더 빠르고 효율적으로 혁신을 이끄는 협력자다. 드보르작이 증기기관차에 대해 뜨거운 열정을 가지고 결국 '신세계로부터'라는 명곡을 탄생시켰듯이 우리도 AI라는 증기기관차를 두 눈 부릅뜨고 관찰하고 사용하며 일상으로 기록해 본다면 분명 AI 시대의 낙오자로 남진 않을 것이다. 이처럼 인간의 호기심은 이제 AI라는 새로운 기술

20 ICRA 2022(IEEE International Conference On Robotics and Automation) 로보틱스 자동화학회가 매년 주최하는 세계 최대급 로봇공학 국제학술대회. 2022년에는 미국 필라델피아에서 열렸다.

과 만나 상상을 초월하는 가능성을 열어가고 있다. 다이슨의 새로운 도전은 설거지 봇과 가사도우미를 넘어 농업 분야에서도 AI와 로봇기술을 접목하여 또 다른 혁신을 주도하고 있다. 다이슨의 혁신은 한계가 없어 보인다. AI 비전 기술과 AI 로봇이 해충관리까지 하는 초지능형 수직농장에서 기존 농법보다 250%나 더 많은 딸기를 수확하고 있다고 한다.

**그림 4-40 | 영국 랭커셔 스마트팜 딸기 수확 로봇손**

출처: 다이슨 Farming 농업법인

기후위기와 식량안보까지 한 발 더 내다보는 혜안까지 갖춘 다이슨의 비범한 통찰력에 또 한번 놀라울 뿐이다. 설거지 봇도 농업로봇도 반복적인 작업을 대신해줄 것이다. 다이슨의 농업은 기술을 통해 깨끗하고 안전한 식량을 생산하는 것을 목표로 한다. 이는 결국 사람들의 건강과 삶의 질을 향상시키는 데 기여하는 것이다. 아무리 뛰어난 기술이라도 인간의 삶과 연결되지 않으면 의미가 없다. 다이슨의 철학은 AI 시대 인간의 역할이 무엇인지 명확하게 보여준다. AI가 정보와 정답을 알려줄 때 왜(why)를 묻고, 무엇(what)을 할지 결정하며, 그 과정에 **경험·공감·연결이라는 인문학적 가치**를 더해야 한다.

## 라. 연산이 만들어낸 감정, 서사는 없다

스티브 잡스는 비틀즈의 음악을 사랑했었다고 한다. 비틀즈 음악은 감정과 경험이다. 그래서 기술도 감성적이어야 한다는 철학을 가졌고 애플의 광고엔 항상 스토리텔링이 깃들어져 있는 것을 볼 수 있다.

그림 4-41 | 애플 광고

출처: Apple Holiday TV Ad "Misunderstood'

제임스 다이슨 역시 전혀 다른 영역의 경험을 혁신으로 이어간 인물이다. 그는 어린 시절 바순을 배우며 복잡한 구조와 공기 흐름의 원리를 몸으로 익혔다. 훗날 진공청소기의 흡입력 저하 문제를 해결할 때, 그는 악기와 청소기의 본질적인 공기 흐름 원리를 떠올렸다. 바순이 고르게 공기를 내보내야 하듯, 청소기는 공기를 효율적으로 빨아들여야 한다는 깨달음이었다. 다이슨의 이런 통찰은 잡스가 비틀즈의 예술적 경험을 기술 혁신에 연결한 방식과 닮아 있다. 두 사람 모두 삶 속 경험을 기반으로, 기술을 사람 중심의 형태로 재창조한 창의적 실천가였다. 우리는 삶을 하루도 빠짐없이 살아간다. 그 누구의 삶도 한 편의 대서사이다. 그렇게 존엄한 인간은 희로애락 속에서 서로를 느끼기도 하고 공감, 경험하며 나만의 스토리텔링을 써 내려가는 것이다. 감히 AI는 절대 따라할 수 없는, 기술이 아무리 정교해도 감정과 공감, 의미는 결국 인간의 몫이다. 잡스와 다이슨은 서로 다른 분야에서 활동했지만, 두 사람 모두 **기술을 인간의 삶과 감정에 맞닿게 만드는 힘**을 가졌다. 이 힘은 타고난 재능만이 아니라, 자신을 끊임없이 탐구하고, 실패 속에서도 방향을 잃지 않는 내면의 단단함에서 비롯됐다. 끈질긴 집념과 자신이 가진 달란트를 끌어내는 힘 말이다.

우리 모두는 잡스나 다이슨처럼 위대한 인물이 될 수는 없다. 그러나 삶속에서 그들처럼 때로는 번민과 고뇌라는 사유의 세계도 한 번쯤 헤엄쳐보고, 얻은 깨달음(?)을 실천해보는 청춘의 만용도 부려본다면 어느덧 우리의 삶 또한 그들의 성공 언저리에 가까워져 있지 않을까? 최근 실리콘밸리의 취업 트렌드 또한 AI의 탄생으로 완전한 물갈이를 하고 있다는 사실을 알고 있는가?[21] 모두의 워너비 직장 실리콘밸리의 천재 공학도들 말이다. 코딩 같은 반복 루틴의 작업은 이제 AI가 사람을 넘어섰다고 해도 과언이 아니다. 남은 것은 문제정의나 기획, 윤리적 판단 같은 인간이 정의해야 할 부분이다. 바로 인문학이 가진 교육과정이다. 그렇다면 고도의 기술문명속에서 소위 인문학의 실천을 위한 작은 노력들은 무엇이 있을까?

그림 4-42 | 메덩골 공원 - 아테네 학당 느낌의 건물구조[22]

출처: 메덩골 공원 공식 홈페이지

먼저 **실리콘 밸리 천재들의 자녀 교육환경**에 대해서 알아보자. 구글, 애플, 페이스북 임원들의 자녀가 많이 다니는 월도프 학교에선 태블릿, 스마트폰, 컴퓨터가 초등

21 매경, 24.5.20, 'AI가 대체 못하는 능력… 실리콘밸리 인문학도 뜬다.' 기사 참조

22 경기도 양평의 조용한 골짜기로, 메꽃이 흐드러지게 피던 그곳에서 특별한 정원 단순한 식물원이 아닌, 자연과 철학, 예술이 깊이 어우러진 공간이다.

저학년은 금지라고 한다.[23] 이는 디지털기계의 폐해가 얼마나 큰지 개발자인 그들은 알고 있다는 뜻이다. 손으로 쓰고 그리고 만들기 작업, 자연속에서 신체놀이와 감성 발달을 키우고, 창의성과 비판적 고를 키우는 커리큘럼으로 수업이 진행된다고 한다. **인간관계와 자연**에 교육의 초점이 맞춰져 있다. 우리나라의 교육 환경은 어떤가? "너의 생각은 알고 싶지 않아." 아직도 지식을 강제 주입하는 과거의 행태에서 많은 부분 벗어나질 못하고 있다. 한국인은 세계 3위의 지능지수를 가지면서 과학·문화·예술·체육과 같은 다양한 분야의 잠재력 또한 매우 크다고 한다. 그러나 안타깝게도 죽은 공교육의 처참한 현실은 이러한 훌륭한 DNA를 가진 우리 아이들의 다양한 재능을 거의 끌어내질 못하고 있다.

그림 4-43 | 발도르프 학교의 르네상스 역사수업

출처: 한겨레신문(2015)

23 **발도르프 교육**(독일어: Waldorfpädagogik(발도르프페다고기크), 영어: Waldorf education Steiner education)은 20세기 초 오스트리아의 인지학자 루돌프 슈타이너가 제창한 교육 사상 및 실천으로 독일에서 시작된 대안교육의 일종이다.

그림 4-44 | 미국 실리콘밸리의 발도르프 학교

출처: 한겨레신문(2015)

두 번째 스티브 잡스도 실천했던 **디지털 디톡스 교육**이다. 우리도 식사시간 만큼은 전자기기 사용을 금지하고 하루의 일과에 대해 이야기 나누는 따뜻한 다이닝 공간을 연출해보자.

스티브 잡스는 디지털 기기를 멀리 하게 하고 대신 늘 책 읽는 시간을 최우선으로 했다고 한다. 보드게임, 정원 손질 등으로 유대감을 키우며 아이의 질문을 끊임없이 유도하는 교육이 그들의 일상이다. 워렌 버핏은 TV는 거의 틀지 않았고 "심심한 시간이 창의력을 낳는다"고 강조했다. 빌 게이츠는 14세 이전에는 핸드폰 금지, 침실엔 디지털 기기 금지였다고 한다. 이 얼마나 아이러니한 현실인가? 디지털이라는 신산업을 개발해서 세상을 바꾼 천재들은 그들의 자녀에게 디지털 기기와의 별거를 이토록 철저히 훈련하고 있으니. 그런데 우리나라의 아가들은 어떤가? 눈만 맞추기 시작하면 디지털 기기와의 동거가 시작된다. 이미 여기에서부터 우린 지고 들어 가는 것이다.

세 번째, **독서와 여행**이다. 독서의 중요성은 뒷부분에서 다시 언급할 것이다. 얼마 전 다녀온 유럽 여행에서 본 풍경이다. 지하철에는 책 읽는 사람들을 너무 쉽게 볼 수 있었다. 유로스타를 타고 파리에서 영국으로 넘어갈 때도 내 앞, 뒤, 옆의 사람들은 책에서 눈을 떼지 않았다. 우리나라의 지하철 풍경은 어떤가? 거의 대부분의 사람들은 핸드폰 삼매경이다. 길을 걸을 때도 핸드폰에서 눈을 떼지 못한다. 다행히도 작년 한강 작가의 노벨문학상 수상 소식으로 책 읽는 인구가 많이 늘었으며 종이 책 판매량이 우상향 추세라고는 한다. 이런 기쁜 뉴스가 긴 호흡으로 이어졌으면 하는 바람이다. 여기에 **여행이라는 "쉼"**은 우리 삶에 없어서는 안 될 여백의 미 같은 것이다. 숨막히게 달려온 일상을 뒤로 하고 낯선 장소에서 함께한 사람들과 기쁨을 나누고, 자신을 반추해보는 시간은 또 다른 나의 세상이다.

그림 4-45 | 여행가고 싶은 하늘

출처: 셔터스톡

이런 소중하고 행복했던 추억 한 켠만 간직하더라도, 살다 보면 부딪히는 돌발상황에서 극단적인 선택을 하지는 않는다고 한다. 인간은 그렇게 서로 연결되어 마음속 풍요로움에 살아가는 존재이다. 감정 없는 기계와 알록달록 컬러풀한 감정들을 가진 인간은 애초에 비교대상이 될 수 없다.

한 가지 나의 경험을 더해보면, 요즘은 미술관에서 디지털 아트로 유명작가들의 작품을 색다르게 만나볼 수 있다. 시대의 변화에 따라 증강현실 같기도 하고 초현실적 무드와 함께 어우러진 고전과 현대기술의 만남, 그리고 음악의 앙상블은 감동을 넘어 실로 충격이었다. 마치 내가 유럽에서 성베드로 성당을 처음 봤을 때의 폭풍 같은 감동이었다. 장엄하고 위대한 예술 앞에서 나를 겸손하게 만드는 그 심장의 떨림은 아마 영원한 기억으로 남을 듯하다.

그림 4-46 | 제주도 '빛의 벙커' - 세잔 프로방스의 빛

출처: 제주도 복합문화예술공간 빛의 벙커, 세잔, 프로방스의 빛

네 번째 실천은 **명상을 통한 성찰과 삶에 대한 감사**, 그리고 **기도하는 삶**이다. 몸과 정신을 일체시켜 혼탁하고 어지러운 감정들을 비워내고 내 영혼에 맑은 숨을 불어넣어 육신을 청량하게 하는 명상의 힘을 키워야 한다. 명상은 불안과 우울감을 낮추고 내면의 생각을 들여다볼 수 있어 자기 이해를 높일 수 있다.

수면의 질에도 도움이 되며 기억력 향상은 물론 비워냄의 미학은 창의성에도 큰 효과가 있다고 한다. 여기에 감사와 기도는 빠질 수 없는 영역이다. 부족한 것보다 이

미 가진 것에 초점을 맞추면 힘든 상황에서도 기쁨을 찾을 수 있는 여유가 생길 것이다. 이렇게 감사함은 삶을 바라보는 관점을 바꾸는 힘이다. 그리고 기도해야 한다.

기도는 꼭 신앙인만이 하는 행위가 아니다. 기도는 자신을 넘어서는 것과 연결된다. 종교인은 그것을 신과의 대화라 부르고 비종교인은 더 나은 자아, 나아가 공동선을 위한 실천으로 반성, 결심, 소망을 마음속에 정리하는 시간이다. 실제로 미국심리학회 연구에 따르면, 기도와 명상습관이 있는 집단은 그렇지 않는 집단보다 기부, 자원봉사, 약자보호행동이 20~30% 더 높았다고 한다.

그림 4-47 | 숲 명상

출처: 셔터스톡

## 마. 나만의 질문이 고유한 나를 만든다

인공지능은 우리처럼 삶을 살 수도 없고 우리에게 질문하지 않는다. 알라딘에 나오는 램프의 요정 지니와 같은 존재다. 부르면 "주인님, 여기 있습니다." 하고 나타나는 충실한 서비스맨일 뿐이다. 데이터의 질에 따라, 사용자의 사용능력에 따라 인공지능도 우리 인간처럼 인문학을 하는 AI가 될 수 있고 천하에 몹쓸 인간처럼 변질될 수도 있는 것이다.

[그림 4-48]은 AI 건축 협업 완공 사례다. 건축가와 AI 알고리즘이 함께 설계한 구조물로 **AI는 수천 가지의 구조적 가능성을 제안하고**(인간이 물리적으로 해내기 어려운 방대한 양의 디자인 가능성을 탐색) **건축가는 그중 미적·기능적으로 적합한 최적의 결과물을 선택했다고 한다**. 이렇게 공동 설계자로서 어려운 작업을 함께 수행하는 파트너로서의 AI와 인간의 동거, 너무 멋지지 않은가!

그림 4-48 | AI와 건축가의 협업

출처: Autodesk Generative Design Pavilion(2016, 라스베이거스)

위의 건축 사례는 조금은 우리의 일상과는 멀게 느껴질 수도 있다.

손에 잡히는 국내 사례로는 최근 넷플릭스 드라마 부문 1위에 올라 세계적 명성을 얻은 **'중증외상센터'**이다. 웹툰 소설을 원작으로 한 드라마다. 웹툰을 쓴 작가는 현직 이비인후과 의사로서 전문분야의 지식과 경험을 바탕으로 독자들에게 현실적인 의학 정보를 제공했다. 이는 AI가 학습할 수 없는 인간만의 고유한 경험 영역이다. 또한 주인공 백강혁 이라는 입체적인 캐릭터를 설정하고 탄탄한 스토리 라인을 구성하는 것 역시 인간만이 가진 창의력과 서사능력의 영역이다. 여기에 방대한 의학 논문지식을 빠르게 탐색하여 작가의 손품을 덜어주는 AI의 강점을 활용한 환상적 콜라보로 중증외상센터라는 작품을 탄생시켰다. 작가는 AI를 확실하게 보조도구로 잘 이용한 것 같다.

그림 4-49 | 드라마 '중증외상센터'[24]

출처: 네이버시리즈 웹툰 중증외상센터 골든아워(좌), 넷플릭스(우)

AI는 이렇게 각각의 영역에서 인간이 미처 돌보지 못한 틈을 메워주는 도구가 될 것이다. 그럼에도 인공지능과의 동거가 마냥 설레지만은 않다. 인공지능이 자연지능의 능력을 넘어서고 있기 때문이다. 우리는 어떻게 살아야 할까? 평범한 일상의 익숙한 것들을 한 번쯤 다르게 바라보자. 늘 깨어 있는 사고와 열린 마음으로 질문하고 일상을 글로 남겨보는 낙서장도 가져보자. 타인의 말과 글에 대해 논리적 근거로 판단할 수 있는 비판능력은 딥페이크 같은 기술이 악용된 사례를 골라낼 수 있는 혜안을 기

24 '중증외상센터'의 가장 상징적인 장면은 백강혁이 응급환자인 양재혁을 살리기 위해 그를 안고 헬기에서 뛰어내리는 순간이다.

르기에 아주 좋다. 이런 사소한 일상이 모두 인문학의 시작이자 과정이다. 나만의 질문을 던지는 힘, "왜 나는 이 장면에 울컥하고 흥분하기도 했을까? 주인공은 왜 그런 결정을 했을까? 작가는 꼭 그런 결론을 해야 했을까?" 백강혁의 캐릭터에 찰떡인 인품과 생명을 불어넣어 스토리를 더 풍성하게 만드는 작가의 상상력! 이런 사유와 탐색은 인간만이 할 수 있는 고유한 행동이다. 인간만이 던질 수 있는 질문의 영역이다. AI는 수많은 데이터를 분석하여 빠르게 결과물을 만들어낸다. 다이슨의 말처럼 AI가 요약한 뉴스기사는 유창하지만 자신만의 의견이 없다. 우리가 진짜 듣고 싶은 건 누군가의 생각, 독창적인 시선이다. 그래서 성찰과 함께 반드시 선행되어야 할 행동은 폭넓은 독서다. 앞서 '디지털디톡스'에서도 언급했듯이, 인공지능 시대에 AI를 나의 능력 있는 에이전트로 활용하려면 독서가 무엇보다 중요하다. 남들과 다른 훌륭한 질문이 AI로부터 빛나는 답을 얻을 수 있기 때문이다. 그러나 요즘 세대에게 책 읽기 미션은 쉬운 일은 아니다. 디지털미디어의 넘쳐나는 정보와 쇼츠라는 자극적인 짧은 영상에 익숙해진 청소년들에게 종이책은 정복하기 쉬운 대상은 아니다. 그럼에도 불구하고 습관을 들여야 한다. 우리가 생을 영위하기 위해 숨을 쉬고 밥을 먹고 잠을 자듯 독서는 자연스런 일상의 행위가 되어야 한다. 무릇 인간이 동물과 다른 이유 중의 하나인 책을 읽고 내 삶이 어제보다 풍요로워진다면 더 바랄 나위가 있겠는가! 글 밥이 작고 얇은 책부터 소화시켜가야 부담스럽지 않고 한 권 읽어냈다는 작은 성취감도 얻을 수 있다. 동화책도 만화책도 좋다. 무슨 '학교 선정~', '꼭 읽어야 할 책 100선!'과 같은 것은 것은 무시해도 된다. 내가 관심 있는 분야의 책들로 독서를 시작하고, 두꺼운 책은 읽고 싶은 부분만 읽어도 된다. 그렇게 책을 느끼기 시작하면 독서라는 세계의 매력에 어느 날 깊숙이 빠져 있는 자신을 발견하게 될 것이다. 이런 독서습관을 들이기에 도움이 될 만한 책을 한 권 추천해 본다. 벌써 제목에서 오는 아우라가 호기심을 자극하지 않은가?

그림 4-50 | 도서 '책은 도끼다'[25]

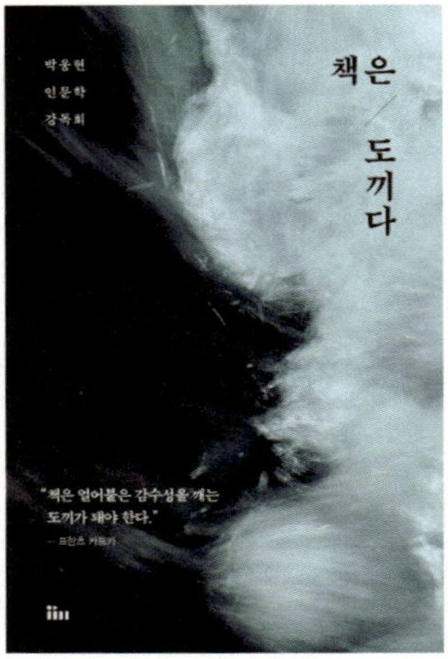


출처: 인터앤

AI는 단순히 키워드로 정보를 검색하는 엔진이 아니라, 대화와 추론을 거쳐 가장 합리적이고 세련된 답을 도출해내는 존재다. 그렇기에 다양한 분야의 책을 읽어 폭넓은 교양과 배경지식을 갖춘 사람일수록 AI와의 협업에서 훨씬 유리하다. 독서는 품위 있는 어휘력과 문장 구조, 언어 감각을 길러주고, 비판적 사고를 키워 AI의 답변을 검토·해석할 힘을 준다. 또한 창의력과 상상력을 확장시키는 양질의 재료이기도 하다. 특히, 창의성 함양에는 문학작품을 두루두루 읽어주면 많은 도움이 된다고 한다. 소설 속의 이야기는 논리적인 전개보다는 사건 위주이거나 각 인물들의 독특한 캐릭터를 엿볼 수 있기 때문이다. **세렌디피티**(뜻밖의 우연)를 위해 폭넓은 정보에 대한 관심과 자료를 받아들이는 자세는 너무나 필요하다.[26] 모이라이 여신이 그랬던 것처럼 알고리즘에 잠식당하지 않으려면, 아래 사진의 영화는 운명 같은 사랑을 '우연의 우연'으로 풀어가는 남자 주인공과 여자 주인공의 천방지축 베프의 명대사가 일품인 가슴 따뜻한 이야기이다. 청춘의 사랑이라면 저런 몰입과 근거 없지만 자신의 감정을 끝까지 믿

25 광고기획자 박웅현의 책이다. 딸과 함께 독서 수업을 시작하며 겪은 경험을 바탕으로, 그 과정에서 만난 책과 책 속의 책들을 함께 따라가 보는 재미가 쏠쏠한 책이다.

26 세렌디피티는 스페인어로 '행운', '우연'을 뜻하며, "세렌디피티를 경험했다"는 예상치 못한 상황에서 좋은 결과를 얻었을 때 쓰이는 말이다.

어보는 용기(?)가 필요하지 않을까? 사랑에 대한 자세뿐만이 아니다. 운명적인 사랑을 찾아 나선 주인공들처럼 우리도 삶이라는 여정에서 쉼 없이 감각을 열고 내가 좋아하는 것이 무엇인지를 찾으려 할 때 우연처럼 찾아온 세렌디피티를 비로소 마주할 수 있을 것이다.

그림 4-51 | 영화 '세렌디피티'

〈딱 한 켤레 남은 검은 장갑을 고르려다 첫눈에 반한 두 주인공〉

출처: 영화 '세렌디피티'(Serendipity, 2001) 스틸컷

우리 주변에는 이렇게나 좋은 것들이 널려 있다. 시·소설·영화·미술관·베토벤·바흐… 그리고 사람! 타인의 삶을 기웃거리는 피상적인 디지털 활동에서 벗어나 매일 조금이라도 사색·명상(클래식과 함께), 독서에 시간을 투자하자. 쇼츠와는 반대되는 롱폼이라는 클래식이 가진 감동도 꼭 느껴보길 바란다. 그 안에서 기술이 만든 효율이 아니라, 의미를 채워가는 여정이 곧 삶임을 깨달을 수 있다면 이미 그대들은 인문학도라 할 수 있다. 이제는 AI와 경쟁하는 것이 아니라, 우리는 AI가 할 수 없는 것을 해야 한다. 물론 디지털 기기와의 소통, AI와의 대화, SNS 활용도 지금의 세상에서는 필요하다. 하지만 인공감미료 같은 중독성 강한 디지털 패턴에서 한 발 물러나 해질녘 하늘을 물들이는 노을의 변화무쌍한 색채, 요가 마지막 **사바사나** 자세에서 느껴지는 고요한 황혼의 섬세함을 온전히 경험해보자.[27] 그렇게 각자의 삶에서 길어 올린 고유한 경험과 성찰이 담긴 질문을 던질 때, 비로소 AI는 인류의 여정을 돕는 현명한 동반자가 될 것이다. 실리콘밸리의 개발자들이 오히려 자녀들에게 디지털 기기를 금지하는 현실은 우리에게 많은 것을 시사한다. 그들은 기술의 편리함만큼이나 그것이 앗아가는 사유의 시간을 잘 알기 때문이다. 청춘들이여!! 기계와의 무의미한 감정 소모를 잠시 잊고 사랑하는 사람들과의 온기로 삶을 채워보면 어떨까? 그 속에서 우리는 소비보다 감사함을 나누고, 기술이 가진 유혹을 이겨내며, 진·선·미를 향한 인문학의 여정을 이어간다면, AI는 두려움이나 공포의 대상이 아니라, 인생 여정에 피어날 아름다운 꽃 향기처럼 우리 곁에 머물 것이다.

27 요가 수련의 마지막 단계에서 주로 행해지며, 편안하게 누워 몸과 마음의 긴장을 완전히 풀고 이완하는 데 목적이 있다(Corpse Pose).

그림 4-52 | 노을과 함께 요가

출처: 셔터스톡

에필로그

# The show must go on!

급속도로 발전하고 있는 AI 기술은 인간의 삶의 무대를 송두리째 바꾸고 있다. 대학의 강단도 예전 같지 않다. 지식의 전당인 상아탑이 생성형 AI의 공세에 거센 도전을 받고 있다. 이제 학생들은 AI를 통해 지식을 공급받는 것이 더 익숙하게 되었다. 이제 대학교수도 고급지식의 전달자에서 대학생들과 교감하며 삶을 나누고 인생의 방향을 함께 고민하는 멘토가 되어야 하는 시점에 서 있다.

그런 의미에서 나는 매일 대학 강단이라는 무대에 오른다. 분장을 하고 가면을 쓰고 학생들에게 한 편의 연극무대를 선사한다. 그 연극무대에서 학생들은 관객이 되어 울고, 웃으며, 대학교수라는 배우들과 함께 삶을 나눈다. 이렇게 대학의 강의가 예술로 승화되어 학생들과 교감하며 지식은 물론이고 감동을 주지 않는다면 AI 시대에 생명력을 이어 나갈 수 없을 것이다.

이 책은 그런 의미에서 내가 공연했던 연극의 대본과 같다. 그리고 이 연극의 관객이었던 학생들과 함께 이 대본을 써내려 갔다. AI 시대에 어떻게 하면 우리의 연극이 아름답고 감동적인 이야기를 들려줄 수 있을지를 고민했다. 단순한 AI 활용법을 전달하는 책이 아니라 AI 시대를 슬기롭게 살아갈 수 있는 삶의 지혜를 담고자 했다. 그리고 이 연극 대본에는 지난 1년간의 부산외국어대학교 만오교양대학의 '인공지능과 이해와 활용' 강의를 맡으며 학생들과 함께 웃고, 울고, 공부하며 기뻐했던 소중한 추억들이 담겨 있다.

이 연극이 만들어지기까지 많은 분들의 도움이 있었다. 멋진 연극 무대를 만들어 주신 부산외국어대학교 장순흥 총장님과 만오교양대학 정명숙 학장님 및 교직원 여러분, '인공지능의 이해와 활용 수업'을 저와 함께 강의하시는 교수님들, 무대장비인 강력한 생성형 AI 툴인 Gemini를 제공해준 구글 Gemini팀에게 깊은 감사를 드린다. 그리고 무엇보다 이 연극의 훌륭한 관객이 되어준 부산외국어대학교 2025학번 1학년 학생 모두에게 깊은 감사의 마음을 전하고 싶다. 마지막으로 무더운 여름방학에 학교에서 함께 토론하며, 연구하며 책을 완성해 나간 BUFS 인공지능연구회 집필팀 모두에게 사랑의 마음을 전하고 싶다.

이 한 편의 연극을 통해 깨달은 것은 바로 AI를 가장 잘 활용하는 법은 역설적이게도 가장 인간적인 것이라는 사실이었다. 가장 개인적인 자신만의 독특한 이야기들이 AI에 함몰되지 않고 자신의 독창성과 주도권을 지키게 해준다는 것이다. AI라는 거대 집단지성 기술이 인간의 개인성을 희미하게 희석시킬 때, 우리는 끝까지 우리 자신만의 독특하고 소중한 이야기들을 지켜내야 한다. 인생이라는 고통스럽지만 즐겁고, 고독하지만 사랑스러운, 슬프도록 아름다운 무대의 주인공은 누가 뭐라 해도 우리 자신이기 때문이다.

이 책을 통해 전광석화처럼 급변하는 AI 시대의 불확실한 미래에 대한 불안을 안고 살아가는 많은 이들에게 AI를 인생의 슬기로운 도구로 활용할 수 있는 지혜를 제시하고 싶었다. 이 책을 읽는 독자들이 AI라는 기술에 압도되지 않으며 인간의 존엄성을 지키며 각자의 평범하지만 위대한 삶의 이야기를 AI라는 슬기로운 파트너를 활용해 펼쳐나가기를 간절히 소망한다.

The most personal is the most creative!

- 마틴 스콜세지

2026년 1월

구자영

부산외국어대학교 철학자의 길에서

# 색인

## 한글

ㄱ



ㄴ



ㄷ



ㄹ



ㅁ



ㅂ



ㅅ



ㅇ

# 참고문헌


구자영, (2024), 디지털 시대 영감의 스위치를 켜라, 미다스북스

김용성, (2024), AI 리터러시: 인공지능 필수 지식부터 완벽 활용까지, 프리렉

김종혜, (2025), 교사를 위한 생성형  AI활용수업, 생능북스

김철수, (2024), AI가 훔쳐간 인문학, 위키북스

레이 커즈와일 저, (2025), 마침내 특이점이 시작된다, 비즈니스북스

류한석, (2025), AI 시대의 질문력, 프롬프트 엔지니어링, 코리아닷컴

리카이푸, 천치우판, (2023), AI 2041-10개의 결정적 장면으로 읽는 인공지능과 인류의 미래, (이현 옮김), 한빛비즈

박웅현, (2023), 책은 도끼다, (주)인터앤

박용후, (2025), 생각의 주도권을 디자인하라, 경이로움

박상길, (2025), 비전공자도 이해할 수 있는 챗 GPT, 비즈니스북스

박태웅, (2024), 박태웅의 AI강의 2025, 한빛비즈

박태웅, (2021), 눈 떠보니 선진국, 한빛비즈

배삼진, 박진호, (2025), 딥시크 AI 전쟁(DeepSeek AI WAR, 광문각출판미디어

아쿠타가와 류노스케, (2018) 덤불속, (안정은 옮김) 미니문고

오강록, (2025), 멈춰선 당신 달려가는 AI-미래를 이끄는 AI리터러시, 지식과감성

오힘찬, (2025), 이게 되네? 제미나이 노트북LM 미친 활용법 51제, 골든래빗

이성용, (2025), Do it! LLM을 활용한 AI 에이전트 개발 입문, 이지스퍼블리싱

정지우, (2025), AI 글쓰기 저작권, 마름모문고

조지오웰, (2007), 1984, (정회성 역), 민음사

제임스 다이슨, (2017), 제임스 다이슨 자서전, (박수찬 옮김), (주)도서출판 미래사

토드 로즈, (2021), 평균의 종말(정미나 역; 이우일 감수), 21세기 북스

한국전자통신연구원(ETRI), (2023), 인공지능 기반 학습자 맞춤형 교육을 위한 형평성과 편향성 연구, ETRI 지식공유플랫폼

허정준, (2024), LLM을 사용한 실전 AI 애플리케이션 개발, 책만

하정우, 하상길, (2025), AI 전쟁 2.0, 한빛비즈

Ovid(로마시인), Metamorphoses(변신 이야기), 그리스로마신화

Hesiod, Theogony, 그리스로마신화

SK Careers Journal [All Around AI 4편] 딥러닝의 이해

UNESCO. (2021). Recommendation on the Ethics of Artificial Intelligence. UNESCO.

Lam, P. (2002). The effects of prayer on charitable giving. Journal for the Scientific Study of Religion, 41(3), 441-454.

European Parliament and the Council of the European Union. (2024). Regulation (EU) 2024/1689 of the European Parliament and of the Council on laying down harmonised rules on artificial intelligence (Artificial Intelligence Act). Official Journal of the European Union, L Series, No. 1689.

Worldwide IQ Test (2022.06).

Stanford Institute for Human-Centered AI (HAI). (2024). Artificial Intelligence Index Report 2024. Stanford University.

Tom's Guide (2024). Google could release its Gemini 2 AI model sooner than we thought — here's why.

# 저자 소개

## 구자영 교수

現) 부산외국어대학교 만오교양대학 AI 분야 교수
前) 기획재정부 기업환경과장
　국가교육회의 고등교육분과 전문위원
　부산광역시 빅데이터통계과장
　고려사이버대학교 미래학부 외래교수
　서울특별시 금융산업팀장
　과학기술정보통신부 창조경제추진단 전문위원
　한화시스템 빅데이터 TFT 매니저
　LIG시스템 신사업전략기획팀 과장

구자영 교수는 현재 부산외국어대학교 만오교양대학에서 AI 분야를 연구 및 강의하고 있다.
KAIST 대학원에서 MIT 미디어랩과 인공지능 및 두뇌공학 분야의 공동연구를 수행했다. 이후 연세대학교에서 기술경영학 박사 학위를 취득하였으며, 기술과 비즈니스, 정책을 잇는 통섭의 길을 걸어왔다.
또한 대기업 현장에서 AI와 빅데이터 분야의 신사업 전략을 기획했으며, 기획재정부 등의 정부기관에서 디지털 혁신 정책을 추진했다.
현재 부산외국어대학교에서 '인공지능의 이해와 활용' 과목을 강의하고 있으며, BUFS 인공지능연구회를 이끌며 AI 기술의 대중화에 기여하고 있다. 유서 깊은 문예지 『백조』를 통해 등단한 평론가로서 AI 기술 문명에 대한 심도 깊은 담론을 금융감독원, KDI를 비롯한 정부기관, 대학교, 기업 등에서 강연해 오고 있다.
저서로는 『디지털 시대, 영감의 스위치를 켜라』, 『기술경영(공저)』, 『테크노 사피엔스(공저)』 등이 있으며, 제5회 대한민국 사회공헌 공로 대상 최우수상, 법무부장관상, 은행법학회 신진학술상(생성형 AI의 은행업 적용 연구), 제3회 퀄컴 IT 대상 등을 수상했다.

## 부산외대 BUFS 인공지능연구회 집필팀

### 이채연 연구원

- 전공: 정보보안
- 관심 분야: 양자보안기술, AI 윤리
- 집필 영역: CHAPTER 01
- 양자보안기술 전문가를 목표로 보안 연구에 매진하고 있다. 평소 AI 윤리 및 보안적 이슈, AI 트렌드에 관심을 갖고 꾸준히 탐구하고 있다. AI의 발전이 가져올 미래에 대한 예측과 변화를 연구하며 새로운 기술과 경험에 도전하는 것을 즐긴다.

### 박상윤 연구원

- 전공: 소프트웨어, 경영학
- 관심 분야: 생성형 AI 기술
- 집필 영역: CHAPTER 02~03
- 중·고등학교 시절 싱가포르에서 유학하며 글로벌 마인드를 키웠고, 이후 미국 어학연수 중 우연히 구글 본사를 방문한 경험을 계기로 AI 기술에 관심을 갖게 되었다. 현재는 생성형 AI를 다양한 분야에 응용하는 연구를 구상하고 있다.

### 김소연 연구원

- 전공: 영어통번역
- 관심 분야: AI와 인문학의 융합, AI 윤리와 정책
- 집필 영역: CHAPTER 04
- AI와 인간 사이의 온도 차이를 줄이기 위한 다양한 활동과 연구를 진행하고 있다. 궁극적으로는 AI와 인간의 협력과 공생이 조화롭게 펼쳐지는 따뜻한 세상을 만드는 것이 목표이다. 현재 최우선 관심사는 설거지 로봇의 개발이다.

※ 부산외대 BUFS 인공지능연구회는 단순한 연구 그룹을 넘어 미래를 선도하는 창의적 지식 허브를 지향하며, AI 기술의 대중화에 기여하고 사회적 담론을 형성하는 것을 주요 목표로 하는 수준 높은 학술 연구 공동체이다.

슬기로운 AI 생활: Gemini와 똑똑하게 협업하기

초판발행 2026년 1월 30일

지은이 구자영·이채연·박상윤·김소연
펴낸이 안종만·안상준

편 집 이혜미
기획/마케팅 박부하
표지디자인 BEN STORY
제 작 고철민·김원표

펴낸곳 (주) 박영사
서울특별시 금천구 가산디지털2로 53, 210호(가산동, 한라시그마밸리)
등록 1959.3.11. 제300-1959-1호(倫)
전 화 02)733-6771
f a x 02)736-4818
e-mail pys@pybook.co.kr
homepage www.pybook.co.kr
ISBN 979-11-303-9737-5 93000



정 가 17,000원